KB265923

폭군의 셰프 1

폭군의 셰프 1

초판 1쇄 찍은날 2025년 11월 21일
초판 1쇄 펴낸날 2025년 11월 28일

글 김지영
펴낸이 서경석

총괄 서기원 **편집** 배현아 서지혜 손다인 황창선
기획·마케팅 박문수 **디자인·제작** 이문영

펴낸곳 도서출판청어람
출판등록 1999년 05월 31일(제38-7-1999-000006호)

주소 서울특별시 구로구 디지털로272, 404호
전화 02-6956-0531
팩스 02-6956-0532
메일 chungeoram_book@naver.com

ISBN 979-11-04-20005-2 04680
　　　　979-11-04-20004-5 (세트)

〈COME BACK HOME〉 가사 사용은 (주)서태지컴퍼니의 승인을 받았습니다.

김지영 대본집
폭군의 셰프

일러두기

1 이 책의 편집은 김지영 작가의 집필 방식을 따랐습니다.

2 드라마 대사는 글말이 아닌 입말임을 감안해, 한글맞춤법과 다르다 해도 그 표현을 살렸습니다.
지문의 경우 한글맞춤법을 최대한 따르되, 어감을 살리기 위해 그대로 둔 표현도 있습니다.

3 물음표, 마침표, 쉼표 등 문장 기호의 표기 역시 인물의 성격과 장면의 분위기를 살리기 위하여 그대로 둔 표현이 있습니다.

4 미방영 내용이 포함되어 있으며, 방송된 부분과 다를 수 있습니다.

기획의도

이 드라마는
폭군이자 절대 미각을 겸비한 왕 '연희군'과 미래에서 온 셰프 '연지영'이 만나
요리의 맛에 진심을 느끼고 요리의 완성을 위해 목숨을 거는 왕과 요리사의 사랑,
그리고 시대와 세대를 초월한 '요리정치'에 관한 이야기이다.

대체 왕의 사랑과 정치가 요리와 무슨 상관이냐고?
시대를 막론하고 요리는 정치와 함께 성장해 왔다.
언젠가 사랑을 위해 순정을 바치는 것이 당연했던 것처럼.
왕은 배성을 배불리 먹이기 위해 정치를 했고,
신하는 왕을 배불리 먹이기 위해 헌신했고,
부모는 자식을 배불리 먹이기 위해 일을 했고,
자식은 부모를 배불리 먹이기 위해 열심히 살았다.

이토록 사랑하는 자들은 사랑하는 이들을 배불리 먹이기 위해
자신의 모든 것을 바쳐 살았고, 그것은 결국 우리가 살아가기 위해 가장 중요한 것은
'먹는' 것이라는 사실을 일깨운다.
아마도 먹이기 위한 행위와 먹는 것 사이 그 어딘가쯤 정치가 있을 것이다.

결국 요리(料理)란, 헤아리고 다스린다는 그 뜻처럼,
사람의 마음을 어루만지고 헤아릴 수 있는 가장 강력한 사랑이자,
사람과 사람의 사이를 잇는 가장 강력한 정치 수단이었다.

이 드라마는 그러한 '요리'에 주목하고자 한다.
각기 다른 색과 맛을 지닌 그들의 사연과 사랑 이야기.
그리고 그들이 만나 벌이는 요리정치의 세계.

정성이 담긴 요리를 먹으면 사람은 건강해진다.
그것이 민심과 멀어진 채로 폭정을 일삼으며 살아가던 연희군을 변화시킨
연지영의 요리 신념이다.

용어정리

S# Scene. 같은 장소와 시간 내에서 이루어지는 행동이나 대사가 하나의 씬을 구성한다.

E Effect. 소리만 나오는 경우에 주로 사용하며, 입말이 아닌 마음속 소리, 내레이션 등을 표현할 때 쓰인다.

Na Narration. 장면의 내용이나 줄거리, 등장인물의 독백 등을 장면 밖에서 설명하는 것을 말한다.

VFX Visual Effects. 촬영 영상에 디지털 효과, 합성, CG 등을 더해 장면을 구현할 때 쓰인다.

INS Insert. 특정한 동작이나 상황을 강조하는 장면을 넣거나 동일 씬에서 다른 장소를 삽입할 때 쓰인다.

Cut to 한 장면에서 다른 장면으로 전환될 때 쓰인다.

F.C Flash Cut. 인물의 기억, 과거, 감정 등이 짧은 컷으로 빠르게 전환되는 장면 연출 방식을 말한다.

O/L Overlap. 화면이 겹치며 전환되는 효과를 주며 한 장면이 완전히 사라지기 전에 다음 장면이 겹쳐 들어올 때 쓰인다.

CG Computer Graphic. 화면에 후처리로 삽입되는 그래픽 요소. 자막, 문자, 지도, 그래픽 등을 삽입할 때 쓰인다.

V/O Voice Over. 인물의 속마음, 내레이션 등 얼굴이 보이지 않는 상황에서 쓰인다.

Contents

● **연지영** 파리 미슐랭 3스타 레스토랑의 헤드셰프

한국대학의 저명한 사학자 연승우의 외동딸로 어머니를 일찍 여의었다. 프랑스 최고 요리대회 '라 포엘 도르'에서 우승한 다음 날, 아버지의 부탁으로 고서적 '망운록'을 전달받고 한국행 비행기에 오른다. 그런데 그녀에게 믿을 수 없는 일이 벌어진다. 일식과 함께 비행기 화장실 안에서 망운록이 펼쳐지더니 과거로 시간여행을 하게 된 것.

미슐랭 3스타 레스토랑 '해피큐어'의 헤드셰프가 될 일만을 남겨두고 있었는데.. 터진 김밥처럼 복잡해진 머리를 쥐어뜯고 있을 때, 어떤 정신 나간 남자를 만난다.

"과인이 이 나라의 왕이니라."
그는 최악의 폭군으로 기록된 연희군이었다!
과거로 온 것도 기가 찰 노릇인데, 하필 왕 폭탄을 만나다니. 그녀의 인생이 실타래처럼 꼬여가고 있었다.

● 이헌(연희군) 군주

태어나 보니 왕이었다. 운이 좋았다. 하지만 그 행복은 그리 오래가지 않았다. 이헌이 8살이 될 무렵, 인주대왕대비의 한씨 가문의 주도 아래 모친 연씨가 폐비가 되었다. 어린 이헌이 세자로서 할 수 있는 일은 하나도 없었다. 운이 나빴다. 이헌은 어머니의 죽음에 얽힌 진실을 알기 위해 사라진 그날의 기록, '사초'를 찾기 시작했다.

그는 폭주기관차처럼 힘의 균형을 잃고 폭정을 시작했다. 사람들은 그를 폭군이라 불렀다. 하지만 이헌에게 호칭 따위는 중요하지 않았다. 그러던 어느 일식이 일어나던 날, '귀녀' 연지영을 만났다. 알고 보니 이 귀녀의 정체는 요리사란다. 지금 말로 수라간의 대령숙수란다. 귀녀에게 끌려다니다가 찾은 금표 안 초가집에서 귀녀가 만든 '불난집 비빔밥'을 맛보았다.

그런데 이 맛은?! 난생처음 느껴 보는 알싸한 매운맛에 처음엔 독이라 생각했다. 수많은 생각이 머릿속을 스쳐 가던 그 찰나, 그 맛을 계속 맛보고 싶은 본능이 일었다. 심지어 배불리 먹고 난 뒤에 밀려오는 오랜만에 느끼는 이 편안함은 대체 뭐란 말인지. 이헌은 귀녀 연지영에게 품었던 경계를 풀고, 그녀를 수라간 '대령숙수'에 임명한다.

● **강목주** 숙원, 이헌의 후궁

천하절색의 미인. 제산대군의 심복. 제산대군의 눈에 들어 그를 통해 노래, 춤, 가야금 등을 배웠고, 장안의 이름있는 기녀들에게 남자의 마음을 훔치는 기술을 섭렵했다.

대외적으로는 왕의 승은을 입고 숙원의 자리까지 오른 여인으로 알려져 있으나, 제산대군을 위해 궁 안의 온갖 정보를 퍼 나르는 첩자 노릇을 하고 있다. 가장 낮은 곳에서, 가장 높은 곳으로, 가장 높은 곳에서, 가장 낮은 곳으로 추락하는 비운의 악녀(惡女).

● **제산대군** 사옹원 제조

이헌의 숙부. 왕족으로, 선왕인 선종(宣宗)과 배다른 형제다. 부왕인 임종이 승하하고 적장자인 선종이 즉위하며 한씨 가문이 권세를 잡자, 목숨을 보존하기 위해 바보 행세를 하며 살았다.

그러나 허허실실 웃으며 뒤에서는 극악무도한 짓을 서슴지 않는 냉혈한이다. 이헌에게 희대의 요녀 강목주를 바치고 어머니의 복수를 부추기며, 호시탐탐 반정의 기회를 노리고 있다.

<수라간 사람들>

● **서길금** 냄새를 잘 맡는 소녀

절대 후각의 소유자.
전라좌수영 군관이었던 아버지를 찾아 한양길에 올랐다가 화적떼를 만나 어머니마저 잃고, 홀로 금표 안 초가집에서 살았다. 미래에서 왔다는 지영의 말을 유일하게 믿어주는 지영의 든든한 지원군이다.

• **엄봉식** 선임 숙수, 종 7품 선부(膳夫)

세습된 숙수 집안에서 자랐다. 기본적으로 밝고 쾌활한 성격이지만, 요리할 때
만큼은 엄하다. 지영이 대령숙수가 되기 전까지 맹숙수와는 라이벌 관계였으
며, 이헌의 건강 상태와 안위를 살피기 위해 인주대왕대비가 심어둔 인물이다.

• **맹만수** 선임 숙수, 종 8품 조부(調夫)

왜관에서 음식을 배웠다. 음식에 관해선 학구파로, 늘 노력하고 요리 공부에 매
진한다. 반찬류 요리를 잘 만들어 궐 안의 실세인 숙원 강목주의 총애를 받고
있으며, 처음엔 지영에게 질투심을 느끼고 온갖 해괴한 짓을 벌이다가 점점 그
녀의 요리 실력을 인정하게 된다.

• **심막진** 보조 숙수, 임부

불 다루는 일을 담당하는 정9품 임부(飪夫).
수라간의 공식 주당(酒黨)으로 엄숙수를 믿고 따른다.

• **민개덕** 보조 숙수, 반공

밥 짓는 일을 담당하는 반공(飯工).
가볍고 수다스러운 성격으로 심숙수와 달리 맹숙수를 잘 따른다.

• **윤춘식** 설리, 수라간 관리내관

수라간의 모든 살림을 책임지는 사옹원 소속 설리.
깐깐한 인상과 달리 지영과 숙수들을 물심양면으로 돕는다.

<이헌의 사람들>

● 임송재 도승지

이헌의 누이 휘숙옹주의 부마. 권모술수에 능한 모략가이자 지략가. 옹주와 혼인하고도 이헌의 엄청난 총애를 받으며 도승지 자리에 올랐다. 아버지 임서홍과 함께 채홍사 노릇을 자처하며 희대의 간신이라 손가락질 받지만, 어심을 헤아리지 않는 충심은 필요 없다고 생각한다. 이헌이 '귀녀' 지영에게 호감을 보이자, 이헌의 총애를 강목주에게서 지영에게로 옮겨 강목주를 제거하려는 계획을 세우고 있다.

● 신수혁 우림위장

타고난 무사 기질로 불같은 성정의 이헌의 곁을 묵묵히 지킨다.

● 공길 비밀이 많은 이헌의 광대

사당패의 꼭두쇠이자, 처용무로 이헌의 마음을 빼앗은 광대.

● 창선 상선

선대왕 시절부터 왕을 2대째 모시고 있는 내관. 입이 무겁고 지혜롭다.

● 최말임 대전 상궁

창선과 함께 이헌을 오래 보필한 지밀상궁.
예의 바르고 위엄이 있다. 지영을 좋아하고, 지영의 요리는 더욱 좋아한다.

● **폐비 연씨** 이헌의 생모

이헌이 어린 시절, 모종의 이유로 폐서인된 후에 죽음을 맞이한다.

<내명부 사람들>

● **인주대왕대비** 이헌의 조모

임종이 죽기 직전 들였던 마지막 왕비로, 임종이 승하하고, 아들인 선종 역시 자신보다 먼저 승하하자, 무소불위의 권력을 쥐게 된다. 친손자이자 세자인 이헌을 보위에 올렸으나, 폐비 연씨 사건의 전말이 드러날까 매일 전전긍긍하는 인물로, 폐비 연씨 사건의 핵심 키를 쥐고 있다.

● **자현 대비** 이헌의 계모

폐비 연씨가 쫓겨난 후, 선종의 새로운 왕비로 간택되어 진명대군을 낳았다. 이헌을 친자식처럼 대하고 키웠으나, 왕실의 비밀인 폐비 연씨 사건의 전말이 드러날까 이헌을 늘 걱정하는 인물이다.

● **양귀인** 선왕의 후궁

이헌의 부왕인 선종이 총애하던 종1품 귀인.
나이를 떠나 밝고 때 묻지 않은 명랑한 성격으로, 인주대왕대비와 자현대비의 손과 발, 귀 역할을 한다.

● **성귀인** 선왕의 후궁

이헌의 부왕인 선종이 총애하던 종1품 귀인.
선종이 승하하자 부쩍 외로움을 느끼며 양귀인과 친자매처럼 지내고 있다.

● **진명대군** 이헌의 이복동생

역사에서는 이헌이 '갑신사화'를 일으켜 폐위되며 보위에 오른다.

● **김복순** 제조상궁

상궁 중 가장 지위가 높은 어른 상궁으로, 왕명을 받들고 내전의 재산 관리를
담당하는 업무를 맡았지만, 내명부의 실세인 인주대왕대비를 주로 보필한다.

● **추월** 감찰상궁

궁녀들의 부정부패를 감시하고 조사하여 처벌하는 임무를 맡았지만, 사실 목
주가 심어놓은 첩자다. 궐 안에서 각종 염탐, 거짓말, 이간질, 모함을 일삼는다.

<조정 대신들>

● **임서홍** 공조참판

임송재의 부친이자 사육신 변절자의 후손으로 대를 이은 간신이다. 정치보다
는 돈과 여자, 이익에 관심이 많다. 상대방의 비위를 잘 맞추고, 살살 웃으며 아
첨도 잘하고, 뒤돌아서 욕도 잘한다.

● **한민성** 한민성파

영의정. 인주대왕대비의 오라버니로, 현 조정을 움직이는 실세.

● **박원준** 한민성파

좌의정. 이헌의 올바르지 못한 행실에 충언을 일삼는다.

● **유형민** 한민성파

예조참판. 명나라 사신단을 맞이하는 원접사.

● **성인재** 제산대군파

우의정. 제산대군을 등에 업고 새로운 나라를 꿈꾸고 있다.

● **유문정** 제산대군파

이조판서. 무인사화 때 가족을 잃고, 제산대군의 편에 섰다.

● **김양손** 제산대군파

홍문관 대제학. 무인사화 때 동생 김이손을 잃고, 이헌에게 적대심을 지니고 있다.

<주변 인물들>

● **홍경달** 경기감영 관찰사

신하들의 존경을 받는 충신이자, 폐비 연씨 사건에 연루된 인물.

● **홍언욱** 참봉

홍경달의 아들. 딸 미향의 채홍을 막기 위해 지영을 위기에 빠뜨린다.

● **덕출** 제산대군의 호위무사

제산대군의 은밀한 명을 받아 수행한다.

제 1 부

1. 봉덕궁 / 외경 / 낮

∥자막. 연희군 10년, 갑신(甲申)년∥

궁지기들이 위엄 있는 얼굴로 서 있는 봉덕궁 앞.

창선   (E) 전하, 수라간의 '연지영'을 잡아 대령했사옵니다.

2. 편전 안 / 낮

편전의 문이 열린다. 수혁이 앞장서서 오랏줄에 묶인 지영을 데리고
들어선다. 긴장된 분위기 속에 청, 홍색의 관복을 입은 조정 신하들이
마주 보며 서 있다.
어좌에 앉은 붉은 곤룡포 차림의 왕 연희군(이하 '이헌', 29세).

지영   (Na) 지금 내 앞에 있는 저 사내는 조선 최고의 미식가이자.
최악의 폭군으로 불렸던 연희군.

수혁, 지영을 중앙에 무릎 꿇리고 옆으로 물러서면, 외딴섬처럼 엎드
리는 지영.
이헌, 천천히 걸어 내려와 지영의 앞에 선다.

이헌　　이 여인은, 어젯밤 해괴한 수라상을 올려 과인을 미혹하였으니,

지영, 긴장된 얼굴로 고개를 들어 올린다.
이헌, 씨익. 잔인한 미소를 짓고, 수혁(우림위장)의 검을 잡아 뽑는다.
섬뜩한 쇳소리에 조정의 대신들 한층 더 머리를 조아린다.

이헌　　지금 당장 이 여인을..... (칼끝을 겨누며) 수라간 대령숙수에 임명하라!!
지영　　(당황) ..예?

사방에서 작게 술렁이는 신하들의 소리.
대령숙수? / 어찌 여인이 대령숙술.... / 이제는 수라상도 여인에게 맡
기시려는가... 하.. (탄식)

이헌　　(입꼬리가 올라가며) 오늘부터 그대는 하루도 빠짐없이 과인을 위해
요리하라. 단!

신하들, 긴장된 표정으로 다시 이헌을 본다.

이헌　　하루라도 같은 음식을 올리거나, 나의 입맛에 맞지 않을 시에는.
(한층 서늘한 목소리) 극형에 처할 것이다.

지영　　(Na) ..돌아버리겠다..
난 지금까지 미슐랭 3스타 셰프를 꿈꿨는데...
..오늘 폭군의 셰프가 되었다.

역광 때문에 제대로 볼 수 없지만 이헌의 훤칠한 실루엣과,
겨누고 있는 칼날만은 아찔할 만큼 선명하다.
연지영, 당돌한 얼굴로 턱을 치켜들고 이헌을 본다.

이헌　(이것 봐라?) 뭐. 달리 할 말이 있는 것인가..? 아니면,

이헌, 칼끝을 서서히 내리다가 지영의 오랏줄을 슥- 베어버린다.
놀라는 지영! 반항심이 어린 눈으로 이헌을 노려본다.

이헌　지금 죽고 싶은 것이냐.
지영　(Na) 후~ 결국 나를.. 죽이려는 거겠지?

이제 어쩔 건데? 하는 표정으로 지영을 내려다보는 이헌.

지영　(Na) 난, 어떻게든 살아 돌아갈 거다. 반드시.

질끈 눈 감고 고개 숙이는 지영. 어쩔 수 없다. 뭔가를 결심한 듯 눈을
뜬다.

지영　전하~ 전하를 음식으로 미혹한 제가 죄인입니다.
　　　비록 불공정한 계약이긴 하나, 소녀 끝까지 최선을 다하겠나이다~

지영, 땅에 얼굴이 닿을 정도로 넙죽 절한다. 벙찐 표정의 신하들. 해
맑은 지영.
이헌, 흡족한 표정으로 칼을 거둔다.

지영　(Na) 내 이름은 연지영.
　　　믿어지지 않지만, 나는 2025년에서 왔다.
　　　(카메라 힐끔 보며).. 여기 어떻게 오게 됐냐구? 그건....

타이틀. **"폭군"** 뜨면,
식칼이 슝! 하고 날아와 꽂히고 칼자국 사이로 흘러내린 글자가 문장
을 완성한다.
"폭군의 셰프"

- Course N˚1 고추장 버터 비빔밥 -

3. 2025 현재 / 파리 / 방송 스튜디오 / 낮

∥자막. 라 포엘 도르 최종전. Paris∥ (프랑스어는 이탤릭체)
TV쇼 〈마스터 셰프〉 느낌으로 꾸며진 방송 스튜디오 오픈키친 안.
최종 후보인 튀르키예, 프랑스, 한국, 포르투갈의 셰프들이 정신없이
요리를 마무리하고 있다.

진행자　　혁신적인 신예 셰프를 뽑는 프랑스 최고의 요리 대결 콘테스트,
라 포엘 도르![1]
결승전 과제 '황제의 식탁' 답게 화려한 요리들이 눈길을 사로잡고 있
는데요. 한 달간의 대장정이 이제 마지막 5분만을 남겨두고 있습니다!

전광판의 남은 시간은 5분대로 접어든다.
3번 테이블 앞, 지영이 난감한 얼굴로 토치를 눌러보지만, 화구에 불이
붙질 않는다.
지영, 심호흡을 한 후, 다시 해보지만 소용없다. 고장이다. 스태프를
향해 불만스럽게 손짓한다.

스태프1　　*(다가와서) 무슨 일이죠?*

---

[1] La Poele d'Or. '금빛 프라이팬'이라는 뜻

지영 (인상 찌푸리고) 제 화구가 고장 난 것 같은데요.

스태프1 (당황해서) 예?

스태프1, 직접 해보지만, 불이 붙지 않자 당황해서 화구를 살펴본다.
지영, 아랫입술을 꽉 깨물고 주위를 둘러본다. 다른 요리사들의 화구
는 정상이다.
긴장한 듯 잠시 눈을 감고 심호흡하는 지영.
삐- 소리와 함께 전광판의 시간이 3분대로 진입한다. 지영의 눈이 번
쩍 떠진다.
여기저기 셰프들이 완성을 알리는 종을 누르는 소리가 들린다.

진행자 종료 4분 전! 입니다!
시간 내에 완성하지 못하면 무조건 탈락인데요.
최종 우승자는 10만 유로의 상금과 '폴 보나르'가 운영하는 미슐랭 3스
타 레스토랑 '해피큐어'의 헤드셰프라는 파격적인 기회를 얻게 됩니다!

지영, 재료들이 놓인 팬트리로 달려가 식재료를 쓸어버리고, 밑받침으
로 깔린 지푸라기를 잔뜩 챙겨온다.
그리고 지푸라기를 냄비에 잔뜩 집어넣고 토치로 불을 붙이려는 순간!
스태프1 다가오며.

스태프1 어?! 이봐요! 지금 뭐 하는 거예요? 당신 미쳤어요?

지영 (시니컬하게) 뭐, 약간은?

스태프1 (황당하고) 허가받지 않은 도구로 불을 피우는 건 금지예요! 금지!

지영 (뻔뻔하게) '완성되지 못한 요리만큼 끔찍한 것은 없다.' 프랑스 속담
이죠? (싱긋 웃으며) 전적으로 동감이에요.
(한국말로) 그럴 바에야 차라리 살짝 미치는 게 낫지.

스태프1 !! (말문이 막히고)

거침없이 지푸라기에 불을 붙이는 지영. 순식간에 불길이 일며 연기가 자욱하게 피어오른다.
참가자들과 심사위원들 모두 놀라서 지영 쪽을 쳐다보는데.

지영　(석쇠를 꺼내며 E) 이제 '씨어링'이다! 직화구이!
　　　이미 속까지 익은 스테이크지만, 이걸 꼭 해야 하는 이유는..

지영이 스테이크를 올린 석쇠를 짚불이 피어오른 냄비 위에서 뒤집으며 익히는 '시어링'을 하는데.

지영　(E) 스테이크의 겉면이 갈색으로 변하면서 특유의 풍미와 향기를 만드는 마이야르 반응 때문이다.

그 순간. 스테이크 위에 떠오르는 아미노산과 환원당의 구조식. (VFX) 고유한 색을 가진 분자 구조들이 서로 엉겨 붙으며 멜라노이딘 구조식이 완성되고,

진행자　*종료 2분 전! 모두 속히 요리를 마무리해 주십시오.*

지영, 어느새 먹음직스러운 짙은 갈색으로 변한 스테이크 표면을 눈과 향으로 확인하고, 스테이크에 뚜껑을 덮어 훈연시킨 후에 빠른 손동작으로 플레이팅을 시작한다.
접시 위에 홍삼 복분자 소스와 콩가루 소스를 붓으로 척 바르고, 스테이크를 반으로 썰어서 놓는다.

진행자　*종료 1분 전!*

튀긴 깻잎과 탱자슬라이스, 복분자를 스테이크 옆에 놓고, 탱자청캐비어와 사슴뿔튀일로 가니쉬를 끝내는데.

거의 동시에 타이머의 시간이 0으로 바뀌며 뿌붐. 뿌붐. 종료 시그널이
울린다.

진행자　*Time's up! 세계적인 셰프 보나르가 선택하는 단 한 명의 셰프!*
이제, 그 영광의 주인공을 가리는 숨 막히는 심사가 시작됩니다!
채널 고정!

시간 내에 간신히 완성된 스테이크 접시를 내려다보며 가볍게 상기된
얼굴로 숨을 고르는 지영.

4. 파리 / 방송 스튜디오 / 심사위원석 / 낮

참가자들이 각자의 테이블 앞에 서 있고, 심사위원인 스타셰프 보나르
와 음식평론가 마샬이 차례대로 자리를 옮겨가며 간단한 인터뷰와 시
식을 진행한다. 1번 튀르키예 참가자.

마샬　요리 소개 좀 부탁드릴게요.
튀르키예1 튀르키예어로 '폐하께서 기뻐하셨다'는 뜻의 '휜카르 베엔디'라는 요리
입니다. 오스만 제국 시절, 프랑스 요리사와 튀르키예 궁정요리사가 함
께 만든 것이 그 유래입니다.
보나르　제가 아는 '휜카르 베엔디'는 이런 모양이 아닌데.. 독특하네요.
튀르키예1 가지 속을 파내 그 안에 라구스튜를 넣었습니다. 튀르키예 요리인 '파
틀르잔 돌마'에서 영감을 얻었구요.
마샬　*(기대하며)* 오케이~ 먹어 볼게요. *(테이스팅하는)*

알 수 없는 표정의 보나르와 마샬. 한입 맛본 후. 냉정하게 말하는 보
나르.

마샬	창의적인 조합인데.. 너무 익숙한 맛이 나네요.
보나르	튀르키예보다 프랑스의 맛이 더 강하게 느껴지기 때문이죠.

페하는 별로 기뻐할 것 같지는 않군요.

난처한 튀르키예 참가자 1의 얼굴.
2번 포르투갈의 자리로 옮기는 보나르와 마샬. '폴보 아 라가레이로(Polvo a Lagareiro)' 요리.

보나르 포르투갈은 문어요리가 유명하죠. 재료를 보니 '폴보 아 라가레이로' 군요.

포르투갈2 맞습니다. 포르투갈 알가르베 해변에서 공수한 문어를 클로브와 함께 데친 후, 엑스트라버진 올리브오일과 감자, 마늘을 곁들여 구워냈습니다.

마샬 '황제의 식탁'이라기엔 너무 평범한데요.

포르투갈2 대항해시대에 클로브 같은 향신료는 금보다 귀했습니다. 당시 왕실에서는 이런 향신료 요리를 먹으며 권력을 과시했지요.

폴보를 맛보고 서로 마주 보는 보나르와 마샬.

보나르 솔직히 말하면 어울리지 않는 조합입니다. 그러나 문어의 맛 사이로 툭 튀어나온 클로브의 향은 여운이 있네요. 이런 게 권력의 맛인가요?

끄덕이는 마샬. 긴장하는 포르투갈 참가자 2.
3번 프랑스 참가자의 자리로 옮기는 보나르와 마샬. '터키 롤라드'(크림소스 칠면조 요리) 요리.

프랑스3 루이16세의 왕비, 마리 앙투아네트가 즐겼던 '터키 롤라드'입니다.
칠면조 가슴살과 소고기 양지로 속을 채우고 사보이 양배추로 감쌌습니다. 거기에 샐비어와 바질, 샬롯을 섞은 크림 소스를 곁들였습니다.

프랑스 참가자 3의 요리를 먹어보는 보나르와 마샬.

마샬 와우~ 씹을 때마다 새로운 맛이 느껴지네요.

보나르 기술적으로는 나무랄 데가 없는데… 가운데 소고기 양지가 어울리는
조합일까요?

살짝 일그러지는 프랑스 참가자 3.
마침내 지영의 앞으로 다가오는 보나르. '사슴고기 샤또브리앙' 요리.

보나르 (미소) 당신이군요. 규정을 위반한 문제의 참가자가.

마샬 (심사대를 보며) 오늘 어떤 음식을 준비하셨어요?

지영 제가 준비한 요리는 사슴고기 샤또-브리앙입니다.
사슴의 안심을 짚불로 훈연하여 리버스 시어링한 스테이크에
한국산 홍삼 복분자 소스로 씁쓸한 단맛을 살리고 소이빈 에스쁘아,
미숫가루 튀일을 올렸습니다. 그 위에, 4년간 발효시킨 탱자청 캐비어
를 서브했고요.

F.C_ 짚불에 고기를 올리고 석쇠를 뒤집으면서 시어링하는 훈연 컷 /
소스팬에 복분자주와 홍삼 진액을 넣고 불을 붙여(플람베) 끓이는 컷 /
에스쁘아와 홍삼 복분자 소스를 붓으로 바르는 컷 / 튀일을 올리는 컷 /
탱자청 마무리 컷

보나르 (궁금해서 킁킁- 코를 대다가, 오홋) 훈연향이 강렬하네요.

마샬 (스테이크 보며) 생각보다 컬러도 잘 나왔고.

지영 (됐다! 도발적인 미소) 이 스테이크는 조선시대부터 비롯된 수백 년
전통의 짚불구이 비법으로 완성된 궁중 요리죠.

보나르 조선시대요?

지영 에, 한국이 오래~전 조선왕조일 때에,
당대 최악의 폭군이자 최고의 미식가였던 왕,

연희군이 가장 즐겼던 궁중 요리가 바로 이 사슴 직화구이거든요.

보나르 (찡끗) 오케이. 그럼 한번 먹어볼게요. (한입 잘라 먹고 음미하는)

마샬 음,.. (스테이크를 홍삼 소스에 찍어 먹으며) 달면서도 씁쓸한 이 소스
가 킥이네요.

지영 네. 이건 한국의 특산품 홍삼으로 만든 소스인데, 사포닌 성분이 면역
강화에도 좋죠.

보나르 (씹으며) 짚불로 구이라.. 난해한 시어링인데~ (음미하며) 음.. 열전
달이 완벽하고, 짚불의 훈연향이 사슴고기의 비린내를 잘 잡았어요.

지영 (긴장된 표정으로 보나르를 보면) …고맙습니다.

진행자 (E) 혁신적인 신예 셰프를 가리는 최고의 요리쇼! 라 포엘 도르 시즌5.

5. 파리 / 방송 스튜디오 / 무대 / 낮

긴장된 분위기, 심사위원들 채점을 끝내고 마지막 상의 중이다.

진행자 한 달간의 치열한 여정이 모두 끝났습니다. 지금 이 순간, 영광의 우승
자가 결정될 텐데요. 총상금 10만 유로와 함께 미슐랭 3스타의 헤드
셰프의 기회를 거머쥘…
다섯 번째 주인공은..

긴장하는 지영. 심사위원석 뒤, 대형 LED 패널에 이름이 표시된다.
'마담 연(한국)'

진행자 네~ 놀랍습니다. 한국에서 온 마담 연지영! 축하드립니다.
앞으로 나오시죠.

팡! 하고 터지는 팡파레! 울먹이는 지영이 무대 한가운데로 나오면 박

수 치며 축하해주는 심사위원들.

보나르 축하합니다. 마담. 조선왕조의 음식을 멋지게 해석한 샤또-브리앙 훌륭했습니다. 화구가 고장 났는데도 순발력 있게 짚불로 시어링한 것이 인상 깊었어요.
레스토랑 '해피큐어'의 헤드세프가 될 자격은 충분히 갖춘 것 같네요.

지영 (믿기지 않는 얼굴로) 영광이에요 보나르!
감사합니다! (주위를 향해 꾸벅) 감사합니다! 감사합니다!

실감 나지 않는 듯 눈시울이 붉어지는 지영, 우승메달을 목에 걸어주며 지영을 토닥이는 보나르.
각 나라의 요리사들이 '지영 축하해' '지영 대단했어!' 등을 말하며 지영, '고마워' 손 흔들고.
10만 유로의 총상금이 적힌 라 포엘 도르의 팻말과 황금 프라이팬 트로피를 받아들고 사진 펑! 펑!

6. 파리 / 지영의 하숙방 / 작은 베란다 / 밤

하숙집 작은 베란다. 와인과 우승 트로피가 놓인 작은 테이블 앞에 앉아 있는 지영.
뭉클한 감정으로, 파리의 에펠탑을 보며, 와인을 한잔 마시는.

지영 C'est une belle nuit. (정말 아름다운 밤이에요)
Bonne nuit Paris. (굿나잇~ 파리)

7. 파리 / 지영의 하숙방 / 낮 (다음 날)

짐이 여기저기 어질러져 있고, 캐리어 가방이 열려 있다.
짐을 싸면서 휴대폰으로 아빠와 통화 중인 지영.

지영 미슐랭 3스타 레스토랑의 헤드셰프 된 거라고!! 대박이지?! 상금도 무
      려 10만 유로!
승우 (E) 그래~ 장하다. 정말 잘했어. 오늘 오는 거야?
지영 응~ 지금 짐 싸서 공항 가~ 나 아직도 심장 떨려. 미쳤다. 흐흐흐.

8. 서울 / 지영의 집 / 아빠의 서재 / 밤 / 교차편집

INS_ 연희동 한옥풍의 단독주택 외경

노트북 화면에 '한국인 최초, 여성 셰프 연지영, 라 포엘 도르 우승!' 뉴
스가 떠 있다.
벽면이 책으로 꽉 채워진 학자의 서재. 아빠, 연승우(남, 60대)가 지영
과 통화 중이다.
우승뉴스 옆 다른 뉴스 헤드라인, '파리, 370년 만의 개기일식'이 보이고,

승우 (미소) 피곤할 텐데, 좀 더 쉬었다 오지 그러니? 오늘 개기일식도 있다
      는데.
지영 (E) 개기일식? 난 오히려 좋은데? 일식 보면서 비행기도 타고.
승우 알았다~ 서울 오면 아빠가 새로 찾은 궁중 요리책을 보여주마.
지영 (E) 와 진짜? 그럼 빛의 속도로 갑니다~
승우 아, 그리고 지영아, 올 때 책 한 권 챙겨 와야겠다.

9. 파리 / 지영의 하숙방 / 낮 / 교차편집

지영   (멈칫) 무슨 책?

승우   (E) 16세기 조선시대 사료인데 파리3대학 피에르 교수님에게 부탁했다.

        하숙집으로 보낸다고 했으니까 꼭 챙겨와라.

        그거 잃어버리면 큰일 난다~

지영   알겠어요~ (전화 끊고 빛의 속도로 짐 싸고)

10. 파리 / 지영의 하숙집 앞 우체통 / 낮 / 교차편집

캐리어를 끌고 나오는 지영, 하숙집 앞 우체통에서 망운록을 꺼낸다.

지영   아, 이건가?

지영, '파리3대학. 피에르 교수' 포스트잇 확인하고, 책을 가방에 쑥 넣
는다.
발걸음도 가볍게 떠나는 지영.

(E)   비행기 소리.

11. 비행기 안 / 낮

INS_ 구름을 뚫고 날아가는 비행기

이코노미석에 타고 있는 지영. 에피타이저로 나온 빵과 버터를 주머니
에 챙기고, 가방에서 고추장튜브를 꺼내 기내식 리조또에 뿌리며.

지영   챙겨두길 잘했네~ 한국인은 역시 고추장이지~ (하는데)

| 기장 | *(영어 E) 승객 여러분, 지금 창밖을 보면 아주 특별한 장면을 보실 수 있습니다.* |

지영, 고추장튜브를 주머니에 넣으며 창밖을 바라본다.

| 기장 | *(E) 저희 비행기는 지금 개기일식 경로를 통과하고 있습니다.* |

INS_ 운항 중인 비행기의 뒤로 달이 서서히 해를 가리기 시작한다.

| 기장 | *(E) 이렇게 비행 중에 우연히 일식을 만나는 건 특별한 행운이죠. 승객 여러분의 여정에, 오늘의 일식보다 더 특별한 행운이 가득하길 바랍니다.* |

지영, 신기한 듯 고개를 쑥 빼서 창밖을 바라본다. 일식이 시작되는 중이다. 얼굴 위로 서서히 그림자가 드리우는데.
이때, 옆 좌석의 남자가 일식을 보려고 창 쪽으로 몸을 기울이다가 커피를 지영의 옷에 쏟는다.

| 남자 | *(급히 냅킨을 건네주며)* 오! 죄송합니다. *(Je suis désolé 주 시 디졸리)* |
| 지영 | 괜찮아요. *(닦다가 보면 가방 속 책 봉투에도 커피가 잔뜩 흘렀다)* |

지영, 커피를 닦다가 난감한 표정으로 일어나서 숄더백과 책 봉투 들고 기내 화장실로 들어간다.

12. 비행기 / 화장실 안 / 낮

화장실 거울 앞에 선 지영. 휴지를 뽑아서 물에 적셔 옷 앞섶과 숄더백, 책 봉투를 닦는다.

지영	(박박 문지르다가 봉투에서 조심스레 책을 꺼내며) 어우 클났네.. 이거 고선데..

지영, 휴지로 책을 살살 닦는데 끝에 매달린 옥으로 된 나비 장식이 보이고.

지영	(촤르륵) 휴 다행이다. 표지만 젖었네. (한자 제목 보고) 망..운..록?

INS_ 일식은 계속 진행되고 그 아래 점처럼 날아가는 비행기 실루엣.

지영, 촤르륵 책장을 넘겨 보는데 음식 레시피가 그려져 있다.

지영	(신기해하며) 무슨.. 레시피 같은데.. 이거 조리선가? (후룩 넘기다 찢겨진 마지막 장에서) 음..세..웅? **(자막 : 환세반)**

한자로 환세반(還世飯)이라는 제목만 남고, 아래 본문 페이지는 찢겨 있다.

지영	오잉? 이거 왜 찢겨 있어? 다른 덴 괜찮나?

책 앞부분을 살피다가 표지 다음 장에 있는 서문(언문)을 보고 저도 모르게 소리 내어 읽어보는 지영.

지영	연모하난 그대가 언젠가 이 글을 읽난다면, 내 겨테 돌아오기를? (피식) 크~ 조선시대 로맨스네~

이때, 망운록의 글자들이 빛나기 시작한다.

INS_ 갑자기 난기류를 만난 듯 거칠게 흔들리기 시작하는 비행기.

휘청하는 지영. 다급히 세면대를 잡고 질끈 눈을 감는다.
90도로 천천히 기울어 가는 비행기. 문 쪽으로 곤두박질치는 지영.

지영　(화장실 문 두들기며) 저기요! 밖에 누구 없어요! 여기 사람 있어요!

끼이익. 비행기의 기체가 반대로 기운다. 마치 바닥으로 추락하는 느낌이다.

지영　(세면대 쪽 거울로 떨어지며) 사람 살려! 아악!

그 순간, 거울이 깨지면서 모든 것이 아주 느리게 보이며, 망운록에서 환한 빛이 쏟아져 나오고,

이헌　(E) 연모하는 그대가 언젠가 이 글을 읽는다면, 나의 곁에 돌아오기를.

환청처럼 들리는 이헌의 목소리. 토네이도처럼 글자에 휘말려 책 속으로 빨려 들어가는 지영.
펼쳐진 망운록의 한 줄이 뚜렷이 보인다.

#'송치제 17년. 갑신년 戌(술)월. 구름을 뚫고 나타난 귀녀가 수라간의 대령숙수가 되다.' (한자로 쓰인 일기 / 한글 자막)

다음 순간 팟! 하며 망운록도 사라진다.

13. 살곶이 숲 일각 / 낮

'아~~~악!' 구름을 뚫고 숲속으로 뚝 떨어지는 지영. 덫을 건드려 그물에 확 낚아채여 나무에 대롱대롱 매달린다. 기절한 지영.

14. 봉덕궁 / 침전 / 낮

이헌, 속살이 비치는 무명옷 차림으로 매화 그림 밑에 한자로 일기를
쓰고 있다.
책 끝에 나비 옥장식이 달려있다.

이헌　　(求之不得 적으며, E) 구하여도 얻지 못해.
　　　　(寤寐思服 적으며, E) 자나 깨나 생각하니.
　　　　(悠哉悠哉 적으며, E) 지난 밤이 길고도 길었어라.
　　　　(輾轉反側 적으며, E) 이리저리 뒤척이며 잠 못 이루네.

이헌, 붓을 내린다. 고개를 들어 매화나무 분재를 아련히 본다.

이헌　　(간절하게) 어머니... 그립습니다.
최상궁　　(E) 전하. 등청하실 시간이옵니다.
이헌　　(아쉽지만) 들라.

Cut to_ 이헌의 단장이 시작된다. 조용히 눈을 감으면, 신중히 단장을
돕는 궁녀들.
머리를 틀어 상투를 매는 사이사이 향합(香盒)을 임금의 코 밑에 가져
간다.
향로에 곤룡포를 훈증하는 궁녀들.
이헌, 일어서서 팔을 벌리면, 양쪽으로 서서 곤룡포를 입히는 궁녀들.
옥대를 채우고 검정색의 녹피화를 신는 이헌.
마지막으로 궁녀가 내민 익선관을 머리에 쓴다.

15. 봉덕궁 / 궁문 앞 / 낮

줄을 지어 엎드린 수십 명의 유생들, 한목소리로 외친다.

유생대표 통촉하여 주시옵소서! 전하~

유생들 (따라 하는) 통촉하여 주시옵소서~

16. 봉덕궁 / 편전 안 / 낮

유생들 소리가 편전 안으로 이어지고, 양옆으로 주요 대신들이 자리하고 있다.

시선 고정한 채 서늘하게 옥좌에 앉아 있는 헌.

한민성(영의정) 전하, 숙원마마께서 사사로운 욕심으로, 과할 정도로 많은 진주를 바치라고 하셨다고 하옵니다. 해서 영월의 어부와 잠녀(해녀)들이 무리하게 물질을 하다가 익사를 했다고 하니, 이는 분명 중죄이옵니다.

임송재(도승지) (말을 끊고) 모함입니다. 잠녀들이 진주를 채취하다 익사했는지, 무리하게 전복을 따던 중 익사했는지, 이를 어찌 알 수 있단 말입니까?

임서홍(공조참판) (말을 받아서) 일개 지방관의 상소를 다 믿을 수는 없지요.

박원준(좌의정) (임부자를 보며) 말씀이 지나치시오. 유생들의 고변을 모른 척하실 셈이오?

임송재(도승지) 급한 정무가 쌓여있는데 확실치도 않은 사안을 가지고 왈가왈부하고 있으니 드리는 말씀입니다.

유형민(예조참판) 어허! 이보다 급한 정무라니요?!

이헌 (살기) 그만, 그만들 하라. 허면 과인더러 숙원을 내치라. 이 말이냐?

조용해지는 편전. 침묵이 흐르고.. 서로의 눈치를 살피는 대신들. 이헌의 눈이 날카로워졌다. 장계를 다시 들어 내용을 다시 본다. 이헌의 시선으로, 장계의 색깔이 점점 흑빛으로 변한다. 식은땀을 흘리는 이헌.

목주　(E) 뭐라? 지금 유생들이 나를 몰아내라 탄원을 하고 있단 말이냐?!

17. 봉덕궁 / 자홍원 / 목주의 처소 (행운당) / 낮

목주와 추월이 마주 보고 앉아 있다. 쾅! 하고 분한 듯 서안을 내려치는 목주

추월　고정하시옵소서 마마.
목주　지금 내가 고정하게 생겼느냐!
　　　　관찰사 홍경달 그 늙은이가 결국 일을 내는구나! 유생들을 움직여서 나를 쳐내려 하다니!
추월　(작게) 곧 도승지께서 채홍을 나가실 것이옵니다. 허면, 오늘이 홍영감의 제삿날이 아니겠사옵니까.
목주　(분을 참으며) 도승지에게 분명히 일러두었느냐?
추월　예, 이번 채홍은 경기감영의 홍경달의 손녀, 미향이란 년을 잡아 오는 것이 마마님의 뜻임을 분명히 전하였습니다.
목주　(악랄한 미소) 한 치의 차질도 없어야 할 것이다.
추월　예, 마마. (하는데)

나인　(급히 E) 숙원마마, 전하께서.. 전하께서..

추월, 문을 홱 연다.

추월   (엄한 표정으로 나인에게) 무슨 일이냐.

나인   전하께서 발작을 시작하셨사옵니다...

목주, 일어서서 홱 나가면. 추월이 고개를 조아리며 뒤를 따르고.

(E)   와장창! (그릇 깨지는 소리)

18. 봉덕궁 / 침전 / 낮

'죽여주시옵소서!' 소리가 터져 나오는 침전 안. 엎어진 수라상. 흩어
진 음식들.
곤룡포 차림의 헌, 멀쩡한 은수저를 손에 들고, 퀭한 눈을 뒤집으며 숨
을 몰아쉰다.

이헌   ... 누구냐...

수라궁녀를 비롯한 최상궁과 궁녀들 모두 엎드려 부들부들 떨고 있고.

이헌   누가 수라에 독을 탄 것이냐!!

최상궁, 부들부들 떨며 이헌을 본다.

이헌   (최상궁의 앞으로 걸어와 노려보는) 최상궁, 너냐?!

최상궁   (눈물) 천부당만부당 하옵니다. 전하.

이헌   (수라궁녀를 노려보면) 허면, 너냐?!

수라궁녀   (부들부들) 아, 아니옵니다. 전하. (울먹) 사, 살려 주십시오... 전하..

이헌   내 이대로 무너질 줄 아는가? 어림없는 소리! 내 모조리 요절을 낼 것
         이다!

이헌, '으아아!' 광분하며, 엎어진 수라상을 다시 뒤엎고, 흩어진 음식을 짓밟고 난리법석이다.
다음 순간 상궁과 궁녀들이 일제히 한목소리로 외친다.

궁녀들 죽여주시옵소서~ 전하! (하는데)

다음 순간 '숙원마마 듭시옵니다' 소리와 함께 목주가 들어와서 예를 갖추며 고개를 조아린다.
가체를 실타래처럼 틀어 올린 트레머리에, 삼회장저고리, 삼천주(三千珠, 왕비의 노리개)를 달고, 속옷을 겹쳐 입어 화려한 연분홍 치마에 풍성하게 부풀린 화려한 차림의 강목주.

목주 전하! (다급히 다가가) 전하!! 어찌 이러시옵니까!
이헌 (멀쩡한 은수저를 바닥에 내팽개치고) 은수저의 색이 변했다.
누군가 수라에 독을 탄 것이 분명해.
목주 (익숙한 듯) 모두 물러가거라.
이헌 (O/L) 숙원!!!

궁녀들, 목주의 말을 기다렸다는 듯 우르르 몰려 나간다.
그러자 목주, 이헌의 품에 와락 안긴다.

목주 진정하십시오. 전하. 망상입니다.

목주, 가슴의 향낭을 툭툭 치더니 손에 쥐고 이헌의 코에 가져다 댄다.

목주 마음을 안정시키는 토번의 감향이옵니다.

코로 숨을 쉬는 이헌. 호흡이 편안해지면서 손 떨림이 점차 잦아든다.

| 목주 | 수저를 다시 자세히 보시어요. |

이헌, 다시 은수저를 보면, 멀쩡하다.

목주	...이제 보이십니까. 전하?
이헌	아까는 분명 은수저의 색이 까맣게 변했었다.
목주	(옷고름으로 눈물 찍고) 전하, 독살을 시도했던 대령숙수는 이미 능지처참으로 죽었사옵니다. 지금 보이는 것들은 다 마음의 병 때문이옵니다.

이헌, 한숨 깊게 쉬고 일어서서 창밖을 보며 낮은 목소리로.

이헌	새로운 대령숙수는 알아보았고?
목주	수라간의 맹숙수가 어떠십니까? 왜관의 찬방에서 10년을 지냈던 맹만수라는 자로, 썩 믿을 만하옵니다. (하는데)
이헌	(O/L) 아니다! 지금 수라간에 있는 놈들은 아무도 믿을 수 없다! 다른 자들을 알아봐라! (휙 일어선다)

이헌 휙 나가면, 목주가 /전하, 전하!/ 하면서 따라 나가고.

19. 봉덕궁 / 후원 뒤뜰 / 낮

우림위장 신수혁(남, 31세)과 창선이 사냥 갈 채비가 된 복장으로 고개를 조아리며 서 있다.
철릭(사냥복)을 입은 이헌, 말에 오르려 하는데. 옆에 선 창선, 안절부절못하며 하늘을 보는,

| 창선 | 전하. (망설이다가) 하온데...(하늘을 보며 불길한 듯) 오늘은 일식이 |

있는 날이옵니다. 이제 구식례에 가서야 하옵니다.
**자막 | 구식례 : 일식(日蝕)이나 월식(月蝕) 때 임금이 조정대신들을 거느리고 월대(月臺)에서 기도
하며 자숙하는 의식**

이헌, 하늘을 보면 해가 달에 가리는 중이다.

이헌   (하늘을 보며) 지금 과인의 사냥을 막는 것이냐? 상참에 시달린 것도
        모자라, 이젠 월대에 나가 기도나 하라?

창선   전하, 하늘과 사람은 서로 긴밀히 연결되어 있사옵니다.
        법도를 거스르면 아니 되옵니다.

이헌   창선! 사서를 보아라! 성군의 통치에도 일식은 일어난다.
        본래 천도(天道)란 이렇게 조리가 없는 것이다!

창선   전하, 인간사 음양의 조화가 깨어지면 하늘의 경고가 이어지는 법이
        옵니다. 부디 거동을 멈추어 주소서. (양팔 벌려 가로막는)

이헌   (파르르) 비켜라.

창선   (부복하며 가로막는) 송구하오나, 아니 되옵니다.

이헌   (수혁에게) 가자! (말에 올라타고)

이헌, 창선의 앞으로 말을 몰아 달려 나간다.

창선   (급히 피하며) 전하!!! (쫓아가며) 전하!!!

20. 왕의 사냥터 / 살곶이 숲 / 낮

천천히 어둑해지는 조선의 하늘. 초승달 모양이다.
군관들이 모습을 드러낸다. 사슴 몰이꾼은 꽹과리를 치며 사슴을 몰고.
기척에 귀를 쫑긋 세운 사슴 / 활을 겨누는 이헌 / 쏜살같이 도망치는
사슴 / 쫓아가는 이헌.

F.C_ (이헌의 거친 호흡 속에 컷컷 보이는 상상 몽타주)
/ '중전을 끌어내라!' 소리치는 선종
/ 끌려 나오는 폐비 연씨 '전하 어찌 저에게'

순간, 눈을 감고 호흡을 가다듬는다.

F.C_ (다시 이어지는 흐릿한 장면들)
/ 일각에 숨어 끌려 나가는 어머니, 폐비 연씨를 몰래 바라보는 어린
이헌(7살).
/ 창선이 이헌의 입을 막으며 뛰쳐나가려는 이헌을 끌어안는다. 이헌,
새어 나오는 울음소리를 참고 있다.

다시 눈을 뜨는 이헌. 팅! 하고 시위를 떠난 화살이 날아가 사슴의 다
리에 박힌다.
이어지는 사슴의 비명! 달려간 군관1, 사슴이 쓰러진 곳에 긴 깃발을
땅에 확 꽂는다.

군관1　(큰 소리로, E) 관중이요!!

달려와 말에서 내리는 이헌. 단도로 서슴없이 사슴의 숨통을 끊는다.
이헌의 얼굴에 튀는 핏방울.

이헌　(일어서며) 상선!

창선, 새우처럼 허리를 숙이고 '예, 전하' 하고 다급히 달려온다.

이헌　군관들에게 일러 사슴을 사옹원으로 옮겨라.
자막 | 사옹원 : 궁궐의 음식을 관장하던 부서

창선　…예, 전하. (망설이다가) 헌데, 하늘이 너무 어두워졌사옵니다. 이만

환궁하심이.. 어떠신지요. 지난번 나타났던 역당의 무리가 또다시 전
하를 노릴까 염려되옵니다.

신수혁 불경스럽게 어찌 그런 말을 입에 담는가!

이헌 (손으로 저지하며) 자넨 걱정이 너무 많아.
그렇다고 이리 귀한 날 사냥을 멈출 수야 없지 않겠느냐!

이헌, 뒤쪽에 시립해 있는 우림위장 신수혁을 그대로 지나쳐 자신의
말에 오르고.

이헌 숲 안쪽으로 이동한다!

수혁/창선 (거의 동시에) 예! 전하.

이헌의 말이 앞장서면, 수혁과 우림위가 그 뒤를 보위하며 따르고. 그
위로,
두둥! 북소리가 울린다.

21. 봉덕궁 / 편전 앞마당 / 낮

관상감원 촌각이오!

어둠에 가려지기 시작하는 태양.
다시 북이 울리고. 천담복을 입은 대신들이 일제히 절을 하며 구식례
가 시작된다. 왕의 자리가 비어있다.

대왕대비 (E) 주상께서 사냥을 나가셨다니?!

22. 대왕대비전 / 낮

상석에 있는 인주대왕대비(68세)와 그 아래쪽에 앉은 자현대비(43세), 그리고 자현대비의 무릎에 앉아 있는 진명대군(10세)은 나무로 만든 작은 말 장난감을 손에 쥐고 있다.
그 아래 양쪽에 양귀인(40대)과 성귀인(40대) 앉아 있고 뒤에 최상궁 (지밀상궁, 50대)이 서 있다.

대왕대비 구식례가 시작되었을 터인데, 이 무슨 해괴한 소리냐?!
대전 최상궁 (허리를 조아리며) 송구하옵니다. 대왕대비 마마. 모든 것이 소인의 불 찰이옵니다.
대왕대비 (한숨을 내쉬며 이마를 짚고)......
성귀인 예부터 일식은 하늘이 왕의 잘못을 꾸짖는 것이라 하였는데.. 전하께서는 참으로 사안의 위중함을 모르시는 게 아닙니까.
양귀인 마땅히 근신하며 살생을 금해야 하는 날에 어찌 이런 일이..
대왕대비 (O/L) 그마안! 그만들 하세요. 아직도 그렇게 주상을 모르십니까? 주상께서 이러시는 데는 그만한 연유가 있을 게 아닙니까.

양귀인, 성귀인 눈치 보며 입을 다문다.

대왕대비 대비께서 말해 보세요. 짐작 가는 일이 없습니까.
자현대비 (망설이다) 숙원 때문인 듯싶습니다. 오늘 편전 앞에서, 숙원을 벌하라 는 유생들의 항의가 빗발쳤다 하옵니다.
대왕대비 (탄식) 해서 사냥을 나가셨다 이 말입니까?
자현대비 (무언의 긍정)...
양귀인 (한숨 내쉬고) 숙원 때문에 하루도 조용할 날이 없습니다. 쯧.
성귀인 대왕대비께서 단속하시어 이런 때일수록 지엄함을 보이셔야 하옵니다.
대왕대비 (E) 정말 그뿐인가.. 설마.. 주상이 폐비 일을 기억하는 것은 아니겠지.. 이맘때가 기일이었던 것 같은데..

성인재 (E) 이러실 수는 없는 겁니다.

23. 봉덕궁 / 편전 앞마당 / 낮

구식례 대열 한쪽에 나란히 선 제산대군과 우의정 성인재, 이조판서
유문정, 대제학 김양손.
제산대군은 누가 봐도 술에 취한 상태다.

유문정   (성인재에게) 구식례를 하는 날, 사냥을 나가시다니요, 참으로 통탄할
노릇입니다.

성인재   (받아서) 나라의 중요한 행사임을 아시면서도, 저리 사냥을 다니시니 참..

제산대군   척하면 척이지! 누군가 또 어심을 상하게 한 게 아닌가~
우리 전하께서 또 무슨 일이실꼬~

성인재와 유문정이 술 냄새에 코를 막는다. 고개를 돌리며, '예, 대군'
대답하고.

유문정   (인상쓰며) 대군, 또 아침까지 술을 드신겝니까?

제산대군   아침? 궁에 들어오기 전까지 마셨느니~ 헌데 도승지 임가 놈은? 코빼
기도 안 보이네?

성인재   또 채홍을 나갔답니다. (쓸쓸) 나라 꼴이 말이 아닙니다. 대군.

제산대군   (짓궂게 웃으며) 으흐흐~ 나라 꼴은~ 본래도 남산골 향단이년 꼴하고
똑 닮았지~ (작게) 왜, 유판서가 얼마 전에 그년 얼굴 보고 기겁을 했다
잖나? 으흐흐~

하면서 제산대군이 이조판서 유문정을 능글맞게 보면,

유문정   (정색) 아니옵니다 대군. 저는 명월관에 간 적이.. (하는데)

성인재   (눈치 주듯) 어험! 누가 명월관이라고 했소?

한민성(영의정)   (인상 쓰는) 어흠..

유형민(예조참판)   구식례가 아직 끝나지 않았소.

제산대군	(천연덕스럽게 뒤돌아보며) 어허! 누가 이렇게 떠드는 겐가!
박원준(좌의정)	(쳐다보며) 거.. 정숙들 하시오.
제산대군	정숙~ 정숙!!

영의정 한민성을 필두로 서 있는 좌의정 박원준과 예조참판 유형민이 못마땅한 한숨을 내쉬고.

24. 왕의 사냥터 / 살곶이 숲 / 낮

거칠게 달리던 이헌과 군사들이 말을 세운다. 어느덧 주위는 제법 어둑해져 있다.
이때, 멀리서 종달새 소리가 들려온다.

이헌	낮새가 우는데 하늘이 어둑한 걸 보니, 일식은 일식이구나.
	(말 머리를 돌리며) 오늘 도승지 임송재가 채홍하러 간 곳이..
수혁	경기감영이옵니다. 전하.
이헌	(군사들을 향해) 듣거라! 오늘 사냥이 끝나면 경기감영으로 간다!
	사슴을 가장 많이 잡은 자에겐 내 오늘 특별한 상을 내릴 것이다!

군사들 /와~와!!/ 환호하며 화살통을 두드린다.

수혁	전하... 하온데... (말끝을 흐리고)
이헌	(심중을 꿰뚫어 보듯) 왜, 너도 구식례가 걸리느냐?
수혁	(고개를 숙이고) 예.. 그렇사옵니다.
이헌	일식 때 사냥하는 것은 흔치 않은 즐거움이다. 이제 제법 흥이 나는 것을.
수혁	(타이르듯) 하오나 구식례를 치르시지 않으면 하늘의 노여움을 사서 귀녀가 출몰한다는 옛말도 있지 않사옵니까.. (하는데)

다음 순간, 달이 해를 완전히 가렸다. 군졸들이 '와..' 하고 작은 탄성을
지르며 두려워한다.

이헌   (하늘을 보고 피식) 과인은 그따위 괴력난신을 믿지 않는다.
      성리학의 시대에 귀녀라니..

25. 왕의 사냥터 / 살곶이 숲 일각 / 낮

지영, 꿈결인 듯 비몽사몽. 아직 현실감이 채 돌아오지 않은 상태인데.
그물에 나비가 앉았다.

지영   (눈 감은 채 크게 숨을 들이쉬고) 뭐지, 이 피톤치드의 향은..? 숲속..?
      (느닷없는 현실감에 눈 번쩍) 어~? 대체 여기가 어디야?! 뭐야 이 그물은??

지영, 후다닥 몸을 일으켜 주위를 둘러보면. 그물 안이다. 나비가 팔랑
거리며 날아간다.
밑을 보면 아찔한데, 날은 어둡고, 끝도 없이 울창한 숲속이다.

지영   (목청껏) 저기요! 아무도 없어요? 저기요!

지영, 주위를 둘러보다가 황급히 가방을 열어 핸드폰을 꺼내 들면. 전
파가 잡히지 않는 지역이라고 뜨고.

지영   (돌아버리겠고) 어? 전파가 안 잡혀? 뭐야 이거, 대참산데..?!

F.C_ 비행기 화장실에서 90도로 기울어지며 문을 두들기던 지영

지영   분명, 화장실에 있었는데 ?!!! (몸을 급히 더듬더듬) 어떻게 된 거지?

지영, 혹시라도 전파가 잡힐까 싶어 핸드폰을 쥔 손을 더 높이 들어 휘적대고.

지영　　어두워서 잘 보이지도 않네. 지금 이게 낮이야 밤이야?

지영, 휴대폰을 들고 통신 전파를 잡기 위해 이리저리 치켜들어 보고.

이헌　　(E) 여우다!

26. 왕의 사냥터 / 살곶이 숲 일각 / 낮

이헌이 고개를 돌리면, 저쪽 수풀에서 바스락 소리가 들리고 여우 한 마리가 후다닥 달아나고 있다.

이헌　　(말에 오르며) 쫓아라!

이헌, 앞장서 말을 달려가면, 수혁과 우림위 군사들이 황급히 따르며/ 전하, 잠시만 기다리십시오!

지영　　(E) 5G가 뭐 이래?

27. 왕의 사냥터 / 살곶이 숲 일각 / 낮

지영, 통신 전파를 잡으려 휴대폰을 들고 여전히 애쓰고 있다.

지영　　(휴대폰 보며 망연자실) 산속이라 그런가? 완전 먹통이네.
　　　　(팔 내리고) 아 팔이야. 그나저나 여기가 어느 나라 숲이야? (하는데)

다음 순간 슝! 하고 지영의 눈앞을 스치며 화살이 날아와 나무에 박힌다.
헉! 놀라는 지영. 순간 눈을 의심하지만, 틀림없는 화살이다!

지영 (불안) 화.. 화살...??

슝! 하고 한 발이 더 날아오자, 덤불 속에 숨어 있던 여우가 빠른 속도
로 도망친다.

지영 (놀라 눈이 커지며) 여..? 우...?!

그 뒤로 슝! 슝! 연이어 지영 쪽을 향해 사정없이 박히는 화살 중 하나
가 그물 이음새를 끊는다.
'악!' 비명 소리와 함께 바닥으로 곤두박질치는 지영.

지영 아우~ 허리야. (절뚝이며 손을 흔들고) 여기예요! 여기 사람 있어요!
(하는데)

마치 지영을 맞추려는 듯 슝! 날아오는 화살.
슬로우모션으로 '으어어!' 지영, 소리 지르며 화살을 피해 반대쪽으로
필사적으로 뛴다.

지영 와, 이.. 이거, 뭐야! 여기 사람 있다구요! 쏘지 말라고! 여우는 저쪽!

다음 순간 멀리서 모습을 드러낸 이헌! 말을 타고 지영을 향해 달려오
고 있다!

지영 (그 와중에 뒤돌아보며 소리 지르는) 여우는 저쪽이라고!!

지영, 반대쪽으로 뛰다가 비로소 숲이 끝나며 주위가 확 트인다. 절벽

이다.

절망감을 느끼는 지영. 심호흡을 한 후 돌아선다. 일식이 끝나고 서서히 밝아오는 하늘.

이헌이 타고 있는 흑마 한 필이 유유히 다가온다. 환한 햇빛 아래 마주선 이헌과 연지영.

지영　(두려움에 가방에서 전기 충격기 꺼내고) 여, 여기 한국 맞죠?! 지금 화살 쏜 것두 그쪽 맞구요?

이헌　(위엄 있게) 누구냐 너는. (지영의 옷, 머리 등을 훑어보고)
(E) 행색이 이상하군. 머리도 옷도.. 손에 든 건.. 은장도?

지영　(E) (우리) 말하는 거 보니 한국은 맞는데.. 한복은 뭐지? 코스프레..?
이, 이봐요. 내가 누군지 알고 싶으면 자기소개부터 해야 맞는 거 아니에요?
그리고 여우는 저쪽이라고 계속 소리쳤는데, 못 들었어요?

이헌　(지영의 반응을 흥미롭게 보며) 들었다.

지영　(흠칫) 뭐라구요?! 근데 왜 계속 쏴요?! (손가락질) 미쳤어요?

이헌　(어이없고) 너야말로 미쳤구나.

다음 순간, 화살을 꺼내 지영을 향해 활시위를 겨누는 이헌.
전기 충격기를 두 손으로 잡고 앞으로 내미는 지영.

지영　(지지직 충격기 켜고) 농농농!! 당신 뭐야! 나 가만 안 있어!
이거 1만 볼트야!! 전기 충격기! 알지?

이헌　(날카로운 지직소리에 깜짝 놀라며) 충격기..?

이헌, 전기 충격기의 스파크를 괴이하게 바라본다. 문득 팟! 하고 떠오르는 수혁의 말.

수혁(E)　..구식례를 치르시지 않으면 하늘의 노여움을 사서, 귀녀가 출몰한다는 옛말도 있지 않사옵니까..

이헌　(위아래 훑어보며) ..설마 ..귀녀? 사람이냐 귀신이냐.. 아니면 구미호?

지영　(E) 반응이 좀 이상한데..?

　　　(!! 이상한 반응에 두렵고) 나는 그냥 사, 사람..이다!

이헌　(!!) 네 정녕 사람이라?

지영　(E) 얘 뭐야 진짜.

　　　(떨떠름) 예... 정녕 사람입니다만... 그게 이렇게 놀랄 일인가?

이헌　요망한 것! 누가 너를 그냥 사람이라고 보겠느냐. (활을 더 당기고)

지영　(다급하게) 미친, 이봐요! 난 그냥 사람은 아니야! 미슐랭 3스타 셰프
　　　라구! 내가!

이헌　(냉랭) 세포? 괴이한 의복에 경박한 말투! 말귀를 알아듣지 못하는 눈빛!
　　　그대는 필시... 귀녀 (때 묻은 얼굴과 옷 보며).. 걸인이구나.

지영　(E) 아니 근데 이 사람이..!!
　　　(입으로 머리 후 불어 올리고) 아오.. 씨.. 아 그래 뭐. 인정. 그래. 나 거
　　　지꼴 인정.
　　　숲에 떨어져 보니, 뭐 옷도 이거 뭐 너덜너덜하고. 거지 같겠지.
　　　그래도 너무한 거 아니에요? 그쪽은 지금 뭐 정상으로 보이는 줄 알아요?

이헌　(충격) 뭐라? 그쪽? 지금 과인에게 그쪽이라 한 것이냐?

지영　그쪽을 그쪽이라 하지 그럼 뭐 이쪽이라 할까?
　　　...혹시 그쪽 배우? 사극 찍어요 지금? (두리번)
　　　아~ 여기 무슨 세트장 맞죠? 영화? 드라마?

이헌　그대의 말에서 과인이 알아들을 수 있는 것이 전혀 없다.

이헌, 담담한 표정으로 다시 지영을 향해 활을 겨눈다.

지영　(욱해서) 진짜 미쳤어요? 어디 사람을 겨눠~ 증말!
　　　(충격기 켜고 지지직) 그래요 쏴봐요. 쏴봐!

이헌이 활시위를 당긴다. 그대로 날아가 지영이 메고 있던 숄더백을

맞추는 화살.
꺅! 비명을 지르며 주저앉는 지영. 화살에 맞은 가방이 그대로 날아가
절벽 아래로 사라진다.

지영　뭐야 이 새끼... 진짜 쐈어?? 동작 그만!!! (죽기 살기로 일어서며)
이헌　(손을 가볍게 털며 피식) 손이 살짝 떨렸구나.
지영　(이미 눈 돌아감) 이...이.. 새끼가..!!! 야 너 말에서 내려!! 안 내려?!
　　　나 태권도 검은띠야! 죽었어 너! (지지직- 말 앞에서 알짱알짱)
이헌　(입꼬리가 올라가며) 와라. 귀녀.

손을 화살통에 뻗는데, 화살이 안 잡힌다. 응? 더듬더듬 다시 찾는데.
젠장. 화살이 다 떨어졌다.
지영의 눈에도 들어오는 빈 화살통.

지영　(멈춰서고 깔깔깔깔) 울랄라~ 엄머~?! 화살이 이제 없네~?
　　　(지지직 다가가며) 당신 내가 경찰에 무조건 신고할 거고, (지지지직)
　　　살인 미수죄로 콩밥 먹일 거야! 알았어?! (지지직)
　　　우리 사촌 형부의 큰아버지 조카사위가 변호산데! 검사 출신이거든?!
이헌　(말에서 내리며) 사촌 형부 큰아버지 ... 조카사위면, 거진 남이 아닌가?

이헌, 활을 버리고, 허리춤의 장검을 천천히 뽑아 든다. 덤덤하다.
스르릉. 살을 에는 듯한 섬뜩한 소리에 흠칫 굳어지는 지영.

지영　(당황하며) 엄머~! 거기, 칼이 있었네.. 요? 호호
이헌　(서늘한 얼굴로 다가오며) 그 변산지 검산지 어느 관아에 있는진 모르
　　　지만, 그자도 곧 목이 떨어질 것이다.

이헌이 다가오는 만큼 지영이 뒷걸음질을 친다.

지영 (지지직 위협하며) 가, 가까이 오지 마!

기어코 절벽 끝까지 내몰리는 지영. 더는 물러설 곳이 없는데.
어느새 바로 앞까지 다가온 이헌이 지영의 목에 칼을 겨눈다.
지영, 본능적으로 칼끝에 전기 충격기를 댄다.
순간, 지지직- 소리와 함께 마법의 검처럼 칼끝에 파란 파장이 일어난다.
충격을 받고 눈이 커지는 이헌.
하지만 검의 끝이 나무 손잡이라 전기가 끝까지 통하지 않고 멀쩡한
이헌.
이헌, 지지직- 하는 충격기를 검 끝으로 툭 쳐서 날려버린다. 획 절벽
아래로 떨어지는 충격기!

지영 (허망하게 보며) 어머!! 내 충격기!! 이 사람이 진짜.. (덜덜 떨며 보면)
이헌 (눈에 힘주고) 귀녀의 은장도라.. 소리만 요란하구나. (다시 칼을 겨누면)
지영 (눈을 감고 뒷걸음질치며) 이건 꿈이야. 꿈이라면 제발 깨게 해주세요.
이헌 (여유만만) 그 호기롭던 모습은 다 어디갔느냐.

이헌, 재미있는 사냥을 즐기듯 천천히 지영과의 거리를 좁혀간다.

INS_ 나무 위의 누군가. 이헌을 향해 시위를 겨눈다.

지영 부처님.. (합장) 하느님.. (성호 긋고) 착하게 살겠습니다.. 할렐루야
아멘.
이헌 (피식) 이제 보내주마. 황천길로.! (검을 들어 올리는데)
지영 나무..관세음보살.. (하는데)

다음 순간 슉! 파공성이 들리는가 싶더니, 어디선가 화살이 이헌의 뒷
목을 향해 날아온다.
이헌, 반사적으로 몸을 틀어 화살이 날아오는 쪽을 돌아본다.

순간, 급소를 살짝 비껴간 화살이 왼쪽 어깨에 박히고 검을 떨구는데,
윽! 이를 악물고 신음을 삼키는 이헌. 반면에 놀란 지영은 꺅 새된 비
명을 지르는데.
이헌이 극심한 통증에 지영 쪽으로 서서히 쓰러진다. 반사적으로 그런
이헌을 받아 안는 지영.
두 사람의 눈이 순간 아주 가까이 슬로우모션으로 마주치고.

이헌 역..당..인가 으...으... (힘 빠지며 스르륵 눈이 감기고)
지영 (무섭고) 이, 이봐요. 아오.. 씨.. (하는데)

끌어안은 듯한 자세로 끝내 절벽 아래로 떨어지는 두 사람.
/ 풍덩! 절벽 아래 / 지영과 이헌이 강물에 휩쓸려 사라지면!
다음 순간 절벽에 당도하는 군사들. 일각에 홀로 서 있는 이헌의 흑마
를 본다!

수혁 (말에서 내리며) 전하! 전하!

수혁, 주변을 둘러보며 이헌을 찾다가 홀로 남은 이헌의 흑마를 살핀다.
바닥에 뒹구는 빈 화살통을 보고 심각한 표정을 짓는 수혁.

수혁 (군사들에게) 전하께서 사라지셨다. 숲 전체를 샅샅이 수색하라!
군사들 예!

일사불란하게 흩어지는 군사들.
절벽 중간, 나뭇가지에 걸려 있는 지영의 가방이 보이고, 비쭉 튀어나
온 고서적. 망운록.

가노 (E) 쉬이 물럿거라! 임대감 댁 행차시다.

28. 경기감영 가는 길 / 낮

가노들의 목소리가 울려 퍼지는 가운데, 길을 가던 백성들이 모두 옆
으로 비켜선다. 쫙 터지는 길.

선비1   드러워서 증말. 누가 보면 나라님 행찬 줄 알겠네. 임송재가 옹주와 혼
인하고도 도승지에 오르더니 위세가 더 등등하구만. 퉤.

선비2   쉿, 말조심하게. 지금 한양 땅에서 임부자한테 찍히면 바로 황천길이네.

그 앞으로 의기양양하게 말을 타고 지나가는 임송재와 임서홍,
말구종 한 명씩 고삐를 잡고 뒤로 호위무사 둘이 따른다.

서홍   아들아~ 손은 써 두었느냐~?

송재   예, 경기감영 찬모들에게 된통 겁을 줘놨습니다.
    살고 싶으면 도망치라고. (냉정한 미소)

서홍   (미소) 그래도 쉽게 보지 마라. 경기도 관찰사 홍경달이 누구냐.
    숙원 강씨가 주상을 쥐락펴락한다고, 상소를 끊임없이 올리는 꼬장꼬
    장한 냥반 아니냐.

송재   이제 곧 홍영감도 후회하겠지요,
    강숙원이 살아있는 한 그냥 넘어가지 않는다는 걸 몸소 겪고 나면요.

서홍   체, 모르는 소리 마라. 홍경달은 그저 그런 중늙은이가 아니다~

송재   이예~ 예! 제가 알아서 하겠습니다~ 걱정 말고 가시지요~ 아버님.

29. 중랑천변 / 낮

인적 없이 호젓한 강가. 지영과 이헌이 의식을 잃은 채 강변에 나란히
쓰러져 있다.
지영, 먼저 끙 하며 깨어난다. 한참을 콜록대며 물을 토해내고 간신히

몸을 일으킨다.
주위를 둘러보면 이헌이 기절해 있다. 소스라치게 놀라서 벌떡 일어
나는 지영.

지영　아씨. 깜짝이야. (기억을 더듬으며) 아까 절벽 아래로 같이 떨어졌는데..?
　　　(띵!) 으 머리야.

　　　F.C_ 27씬. 화살이 이헌의 어깨에 박히고 지영에게 쓰러지자 절벽으로
　　　떨어지던 두 사람 컷

　　　지영, 가만히 살펴보면, 어깻죽지에 꽂힌 화살이 부러져 있다. 흘러내
　　　린 피가 용 문양을 가렸다.

지영　(!) 진짜, 화.. 활 맞은 거야?! (놀라 뒷걸음질)

　　　다음 순간 끄응, 괴로운 듯 신음을 흘리는 이헌.
　　　지영, 잠시 갈등하다, 뒷머리 헝클며 /에이씨/ 마음이 약해져 조심조심
　　　다가가 이헌을 보는데,
　　　이헌의 안색은 금방이라도 죽을 것만 같은 얼굴이다.

지영　(목청껏) 저기요! 아무도 없어요?! 여기 사람이 다쳤어요!

　　　지영의 목소리만 메아리쳐 돌아온다.

지영　(울상) 아 이 사람 진짜 이러다 죽겠는데.. (결심하고)
　　　(조심스럽게 이헌을 흔들며) 이봐요. 정신 좀 차려 봐요.
이헌　(힘겹게 눈뜨고)..무.. 엄..하..다..
지영　(흔들면서) 무엄이고 지엄이고 간에 정신 차리라고요! 정신!
　　　지금 여기서 잠들면 진짜 죽는다니까!

이헌, 물먹은 솜처럼 축 늘어져 스르르 눈을 감는다.
지영의 손에 피가 잔뜩 묻어난다.

지영   피!!!!! 아 진짜 어떡하지!! (울상)
침착하자. 침착. (심호흡하고) 일단 지혈을 하자.

지영, 황급히 자신의 스카프를 벗어 이헌의 어깻죽지에 묶다가 문득.

지영   ..연고가 어디 있을 텐데.

주머니를 뒤지다가 연고를 꺼내며,

지영   있다!.. (열어보고) 에구.. 얼마 안 남았네.. (갈등) 그래! 아낌없이 써
주마.

상처에 듬뿍 바르자 피가 멎는다.

지영   (마무리하며) 아무리 네가 사이코라도 그냥 죽게 내버려 둘 순 없지.
환잔데.
(땀 닦고) 이 정도면 됐겠지? (한숨 돌리며) 후.. (하다가) 맞다! 119!
(주머니 뒤지다) 아.. 아까 떨어졌구나. 내 휴대폰..
(이헌 보며) ...건드리기 싫은데..

지영, 이헌의 몸에서 핸드폰을 찾으려고 마지못해 주머니를 뒤지는데
순간, 확 몸을 일으키며 작은 단도를 지영의 목에 대는 이헌.

이헌   (힘겹게) ..이걸 찾고 있었느냐?
지영   (바들바들) 지금 뭘 좀 오해하는 거 같은데.
저는 그쪽 핸드폰 찾아서 119에 전화하려고 했던 거예요. 많이 다친

거 같아서. (울컥) 아까 당신이 내 가방을 날려버리는 바람에 난 지금 핸드폰이 없다구요!

이헌　뭐라?! 네 이놈!! 또 기괴한 말로 과인을 붙잡아 놓고, 화살을 날리려는 수작이냐?

지영　피해망상 있네! 교통사고 현장에 있었다고 내가 사고 낸 사람은 아니잖아~

이헌　(멱살 잡고) 발뺌해도 소용없다. 금부에서 네놈의 배후까지 낱낱이 밝혀주마.

지영　(E) 긴말하지 말자.. 침착해 연지영.

이헌　곱게 죽어라! 귀녀. (칼을 들어 올리면)

지영　(악에 받쳐 이헌의 발을 콱 밟고) 야! 미친놈아!

이헌　악! (순간 단도를 떨어뜨리는 이헌)

지영　(떨어지며) 너 뭐야 대체? 팔에 지혈해 준 거 안 보여? 내가 당신 살린 거야!

이헌　(어깨를 보면 지영이 묶어둔 스카프가 보이고)

　　　(E) 설마.. 지혈을? 그렇다면.

　　　그렇다면, 나를 다시 살린 것은 분명 이유가 있으렷다!

지영　(재빨리 땅에 떨어진 단도를 줍고) 물에 빠진 놈 구해놨더니 못하는 소리가 없네.

　　　(뒷걸음치며) 근데 이거 하난 확실히 하자! 그쪽이 아무리 미쳤어도 내가 사람 죽일 마음은 1도 없거든? 날 뭘로 보고..

이헌　(으르렁 대듯 다가가며) 당장 그 단도를 내놔라! 진정 사달이 나기 전에!

지영　(더 뒤로 가며) 됐고, 나 갈 거야. 간다고!! 따라오지 마!!

이헌　(더 가까이 가고) 멈춰라! 조선의 왕으로서 명한다!

지영　왕? (어이없는) 하지 마! 입 열지 마! 말하지 마! 말 그만해! (돌아서 가면)

이헌　(무시하고) 말이 안 통하는구나.

이헌, 지영을 뒤에서 붙잡고 칼을 빼앗으려 하면 칼을 휘두르며 몸을 빼는 지영.

| 지영 | (메롱하며 약 올리듯) 나도 칼 잡으면 무서운 게 없거든?
(휙휙 돌린다. 셰프의 현란한 칼질!) |
| 이헌 | (E) 예사롭지 않은 칼 솜씨! 역시 귀녀인가..?
......그렇다면 더더욱 곱게 보낼 수 없지. |

이헌, 지영을 확 덮친다. 바닥에 함께 나뒹구는 지영과 이헌.
힘이 우세한 이헌이 어느새 지영을 자기 가슴 안에 가두고 내려다본다.
서로의 얼굴이 닿을 듯 말 듯한 아찔한 거리에서 지영도 악착같이 단
도를 쥐고 놓지 않는다.

| 이헌 | (단도를 쥔 손을 꽉 잡고, 입술이 닿을락 말락한 거리) 네 이름을 말하라.
귀녀! |
지영	(빌어내려 낑낑) 기녀? 기생아니고.. 나.. 보통 사람이야!
이헌	(더 가까이 얼굴을 대며) 사람? 사람이라면 대체 뉘집 자식이냐!
지영	(낑낑) 진..짜... 개..노...답.....
이헌	(눈에 더욱 힘주며) 개씨..?
지영	아 미치겠네 진짜. 나는... 셰프라구. 셰프 연지영..이라고..!
이헌	(인상) 세포라.. 내 평생 세포 연씨는 처음 듣는구나! 넌 대체 누구냐!
지영	(버럭) 요리사! 요리사라고! (하는데)

순간 이헌이 엄청난 힘으로 지영의 손을 펴자, 악착같이 쥐고 있던 단
도가 바닥에 떨어진다.
단도에 달려드는 두 사람, 엎치락뒤치락 하다 지영이 먼저 잡아채면서
우연히 머리로 이헌의 턱을 친다.
/ 윽 / 이헌이 카운터펀치를 맞은 듯 그대로 풀썩. 기절한다.

| 지영 | (단도를 챙기며) 후~ 내가 주방에서 미친놈 많이 봤지만, 너 같은 놈은
처음 본다. |

지영, 이헌의 곁에 다가가서 손으로 휘휘 저어 살핀다. 의식이 없는 이헌.

Cut to_ 지영, 나루터의 굴러다니는 새끼줄로 이헌의 몸과 손을 꽁꽁 묶는다.

지영　(손 털며) 됐다! 아, 힘들어.

지영, 가려다가 잠시 갈등. 이내 결심하곤 이헌을 나뭇가지로 쿡쿡 찔러대며 채근한다.

지영　이봐요! 이봐요!

이헌, 의식이 돌아온다. 희미하게 눈을 뜨고 지영을 본다.
일어나려고 움직이다가 몸이 자유롭지 않자, 눈을 번쩍 뜬다.

이헌　(몸을 비틀며) 뭐냐.. 지금 과인을 결박한 것이냐?
지영　일어나요. 괜히 머리 굴리지 말고.
이헌　(빤히).... 네 정녕 단매에 죽고 싶으냐?
지영　사태 파악이 그렇게 안 돼? 빨랑 일어나요. 안 그럼 나 혼자 가요?

이헌, 주변을 둘러본다. 인적 없는 외딴 강가다. 분하지만 턱을 치켜든 채 고분고분 일어서는 이헌.

이헌　좋다. 앞장서거라.
지영　헐.. 사람이 어째 말끝마다 명령이야? (생색) 잘 따라오기나 해요.
이헌　대체 어디까지 가서 일을 치르려는 게냐?
지영　아 참. 대체 언제까지 쓸데없는 소리를 할 거예요?
　　　죽일 거면, 구하지도 않았겠죠. 안 그래요?
이헌　(고개 돌리고) 허 참, 사람 묶어놓고 생색 한번 요란하구나.

지영	(눈 맞추며 집요하게) 살려 주려고 한 건 인정하는 거죠?
이헌	(눈 맞추며) 좋다. 죽이지 않으려고 한 건 인정하지.
지영	그럼 기녀 아닌 것도 인정?
이헌	기녀가 아니라 귀녀겠지.
지영	귀, 귀녀..? 그건 또 뭐야. 말을 말자. 진짜. (툭툭 채근하며) 가요.
이헌	(지엄하게) 앞장서라.
지영	(띵) 어이없네 진짜.

티격태격 걸어가는 두 사람. 지영이 말고삐를 잡듯 이헌을 묶은 끈을 쥐고 '고고고'를 외친다.

30. 봉덕궁 / 외경 / 밤

궁지기들이 엄숙한 표정으로 지키고 서 있는 궁 외경.

| 목주 | (E) 어찌 된 것이냐?! 전하께서 돌아오지 않으셨다니! |

31. 봉덕궁 / 자홍원 / 목주처소 / 밤

목주와 은밀한 대화를 나누고 있는 추월.

추월	전하께서는 사냥에 흥이 나시어 늦으시는 듯하옵니다.
목주	아니야. 아무리 사냥을 좋아하신다고 하나, 이런 적은 없었다.
	(E) ..무슨 사달이 난 것이야. 전하께서 이렇게 기별도 없이 환궁을 하지 않으실 분은 아니니.. (화들짝) 설마, 대군께서 움직이신 것인가??

목주, 호롱불을 바라보며 과거의 생각에 잠기고.

//**자막. 7년 전**//

머리를 풀어 헤친 채, 소복 차림에 긴 칼을 차고 앉아 있는 목주.

아무런 희망도 감정도 느껴지지 않는 얼굴이다.

이때, 금군의 발자국 소리가 들린다.

목주, 두려운 눈빛으로 옥사 밖을 본다.

곧이어 금군을 대동한 채 덕출과 함께 옥사 앞에 서는 제산대군.

금군들이 옥사에 들어가 목주의 칼을 벗겨 주고 나온다.

제산 (덕출에게) 주위를 물려라.

덕출 예, 대군.

덕출, 금군에게 눈짓하고 앞장서서 나가자 그 뒤를 따라 나가는 금군.
옥사 안으로 들어가는 제산대군. 목주가 희미한 눈빛으로 제산대군을
흘끗 본다.

제산 (목주를 보며) 나를 알아보겠느냐?

목주 (흔들리는 눈빛)........ 예, 대군나리.

제산 (미소) 내 기방에서 처음 너를 보았지. 그때는 네가 머리도 올리기 전
이었는데 말이야. 네 어미가 이진사에게 너를 팔았다지?

목주 ... (고개를 숙이고)

제산 헌데, 그 양반을 네가 죽인 것이 맞느냐?

목주 ... 예.

제산 (잠시 말없이 목주를 보다가) 왜 그랬느냐?

목주 말한들, 무엇하겠습니까.

제산 때리면 맞고, 밤마다 짐승처럼 능욕하는 남정네를 참아내고.
하루하루가 지옥이었겠지. 허나 이 땅의 여인들에게 늘 있는 일 아니냐?

목주 ... 해서 짐승처럼 사는 게 당연하단 말씀이십니까?

다시 또 그리 살아야만 한다면 저는 그놈을 또 죽일 것입니다.

제산   (귓가에 간질이듯 은밀히) 내 여기서 너를 꺼내주마.

목주   (!!! 놀랐지만, 이내 냉정한 눈빛) .... 제게 무엇을 원하십니까?
         ..나으리도 저를 돈으로 사러 오신 양반네십니까?

제산대군, 목주의 얼굴을 쓰다듬다가 턱을 잡아 치켜세우고 귓가에
얼굴을 가져다 대면서.

제산   내가.. 그저 그런 사내로 보이느냐?

목주   죽기 전에 저를 한번 품어 보시렵니까?

제산   당돌하구나.. 껄껄. 내가 원하는 것은 말이다..
         (살벌해지는 눈빛) 네가 내 여인이 아닌 나의 사람이 되는 것이다.

목주   !!! 제 비록 오늘은 빌어먹을 양반 한 명을 죽였지만,
         내일은 대군의 목을 겨누는 위험한 칼이 될 수도 있습니다.

제산   하하하하- 죽은 사람을 어찌 또 죽이겠느냐? 나는 이미 10년 전에 죽
         었다.

목주   !!!

제산대군, 담담하게 보면 흔들리는 목주의 눈빛.

33. 봉덕궁 / 자홍원 / 목주처소 / 밤

상념에서 깨어나는 목주.

목주   (E) 때를 기다리시는 대군께서 그럴 리 없다.

목주   추월아.

추월   예, 마마. 말씀하시지요.

목주   대군께 급히 전갈을 하나 보내야겠다.
추월   (눈을 빛내며) 예, 다녀오겠나이다.

34. 제산대군 사저 / 외경 / 밤

∥자막, 제산대군 저∥
높은 대궐 담을 지척에 두고 당당한 풍채를 빛내는 아흔아홉 칸의 고택.

35. 제산대군 저 / 사랑채 일각 / 밤

변복한 추월이 뒷문으로 들어가서 기다리던 덕출에게 무언가 귓속말
을 한다.
한쪽 뺨에 십자 흉터가 있는 사내, 덕출(남, 30대)이 급히 사랑채로 들
어간다.

36. 제산대군 저 / 사랑채 안 / 밤

방 안쪽, 발이 길게 드리워 있고,
그 안 은밀히 앉아 있는, 제산대군과 김양손, 유문정, 성인재.
덕출, 조용히 들어와 발 안 너머를 향해.

덕출   대군, 궐에서 급한 전갈이 왔습니다.

주위를 둘러보며 묘하게 입꼬리가 올라가는 제산대군. 구식례 때와는
전혀 다른 느낌의 모습이다.

제산대군 들어오거라.

덕출, 조심히 다가가 제산대군에게 뭔갈 속삭인다. 대군, 고개를 끄덕
이자, 덕출 예를 갖춰 나가고.

제산대군 전하께오서 아직 환궁을 하지 않으셨답니다.
유문정 설마, 또 자객의 습격을 당하신 것은 아니시겠지요?
성인재 만약 그렇다면 무인사화의 피해자 중 누군가가 벌인 일이 틀림없습니다.
유문정 우리 모르게 일을 벌일 자가 있겠습니까?
성인재 그거야 다 알 수 없지요. 그때 저희처럼 스승을, 벗을, 아우를 잃은 자
가 몇인지 다 헤아릴 수는 없는 노릇이니..
김양손 설사 누군가 단독행동을 했다 해도 나무랄 수는 없겠지요.

서로를 흘끔거리며 보는 대신들. 김양손만이 도도하게 차를 마신다.

제산대군 우리는 때를 기다리는 사람들입니다.
아무리 지금의 주상이 폭군이라곤 하나 역사를 시험해서는 안 되는 법
이니까요.
만일 우리 중 누군가 단독행동을 했다면 대가를 치를 것입니다.

대신들, 의미심장한 눈빛으로 '좋습니다' 대답하며 고개를 끄덕이고.
김양손만이 말이 없고.

제산대군 결국 때를 기다려 세상을 바로잡는 것이 우리의 천명임을 잊지 마십
시오.

대신들, 거의 동시에 결연한 눈빛으로 '예, 대군.' 하며 제산대군을 보고.
제산대군, 김양손을 의미심장하게 보는 눈빛에서.

37. 강가마을 길 / 밤

꼴이 엉망인 채로 걷고 있는 이헌과 지영. 지쳤다.

이헌	(멈추고 털썩 앉아서) 물! 물을 가져오라!
지영	(옆에 털썩 앉으며, 한심한 듯) 이거 봐요! 나도 목말라요.
이헌	(무시하고) 어디 주막이 있는지 찾아보거라. 수정과라도 한잔해야겠다.
지영	(벙쪄서) 와- 증말 대박! 극강의 컨셉충도 아니고. 진짜 조선시대 왕이야 뭐야?
이헌	(빤히 보며) 그래. 이제 알겠느냐? 과인이 이 나라의 왕이니라.
지영	…
이헌	…
지영	(짠하게) 아.. 머리 다친 거 아니죠?
이헌	(실소) 믿고 싶지 않나 보군. 자세히 보거라. (철릭의 용 문양을 내밀며)
지영	(실소) 안타깝다 진짜. 이거 봉덕궁 가면 만 원에 3시간 빌려주는 옷이잖아요. 내가 모를 줄 알아요?
이헌	(기가 막히고) 뭐라? 궁에서 과인의 옷을 빌려준다고?.. 말이 되느냐! 하.. 대체 과인이 왕이라는 사실을 믿지 못하는 연유가 무엇이냐?
지영	(흉내 내며) 그러는 그쪽은 제가 세프라는 사실을 믿지 못하는 연유가 무엇입니까?
이헌	(답답) 참으로 답답하구나. 내가 진짜 왕이면 어쩌려고 이러느냐?
지영	(무시하는 미소) 당신은 환자니까 내가 이해할게요~ 됐죠? (허리끈 다시 쪼며) 꼬~
이헌	(갑자기 눈을 빛내고) 좋다. 이러면 어떻겠느냐?
지영	(귀찮고) 또 뭐요, 왜.
이헌	(꼬질한 지영을 위아래로 훑어보며) 딱히 내 취향은 아니다만, 내 환궁하면, 특별히 너에게 승은을 내려주마.
지영	(이헌의 뒤통수 후려치고) 승은? 어머! 야! 야!
이헌	(거의 동시에) 아!

지영	사람이 미쳐도 곱게 미쳐야지!
이헌	(보며) 감히 내 몸에 손을 대? (살기)
지영	(허리끈 꽉 조이며) 아까 내가 좀 당황을 해서 말을 제대로 못 했는데, 내가 막말을 들으면 확! 거칠어지는 성격이라.
이헌	(이를 꽉 깨물고) 시끄럽다! 그걸 변명이라고 하는 것이냐!
지영	(풉) 변명? 아~ 진짜 어이없다. 대체 그쪽 정체가 뭐야? 진짜 배우야?
이헌	.. (노려보면) 난 이 나라의 왕이니라.
지영	(포기) 아, 정말 징하다... 징해. (달래듯) 그만하고, 좋게 말할 때 갑시다. 어서~ *꼬꼬~*

이헌, 이를 꽉 깨물며 다시 걸어간다. 지영, 이때 무언가를 발견한 듯
반색한다.

지영	어머?! 집이다!

드디어 달빛 아래 모습을 드러내는 초가집 몇 채가 보인다.
살았다! 이헌과 지영 갑자기 합심해서 마을로 향하고.

38. 길금이네 초가집 / 마당 / 밤

잠긴 싸리문을 대뜸 발로 차서 여는 이헌. 묶인 채로 비틀비틀 안으로
들어가면, 허리끈을 잡고 있던 지영이 딸려가듯 들어간다.

지영	(황당한) 아니. 저기요. 아무리 초가집이지만, 남의 대문을 막 걷어차면 어떡해요!
이헌	어차피 이 땅의 모든 것은 내 것이다.
지영	(도리도리) 됐다. 내가 말을 말아야지. (주변을 훑고) 저기요~ 실례합니다~ 저기요.

이헌	시끄럽다. (털썩 평상에 앉으며) 우리는 아직 금표 밖을 벗어나지 못한 것 같구나.
지영	금표?
이헌	(비웃듯) 그래 여기는 과인의 사냥터라 사람이 살지 않는 곳이다.

허리끈을 잡고 멍하니 서 있던 지영도 같이 앉고.

지영	(퍼뜩) 아! 기억났다! 연희군!
이헌	뭐라? 연희군?
지영	금표 그거잖아요. 연희군이 자기 사냥터 만든다고 민가 허물고, 백성들 쫓아내면서 만들었던 왕의 사냥터라는 표시!
이헌	(기막혀) 연희군이 대체 누구냐? 과인이 알지 못하는 종친은 없을 것인데.
지영	(피식) 폭군 연희군을 몰라요? 간신배들 채홍사로 뽑아서 조선 팔도의 여자란 여자는 다 왕한테 갖다 바치게 만들었던 그 역사를? 몰라? 진짜?
이헌	(빤히 보다가) 채홍? 설마 나를 말하는 건 아니겠지?
지영	당연히 아니죠. 그건 몇백 년 전 역사니까. 그리고 연희군은 왕이에요. 조선 최대의 폭군.
이헌	폭군? 대체 그 왕은 왜 폭군이냐?
지영	진짜 모르나 보네. 자기 멋대로 정치하고 사냥터 만든다고 백성들 막 괴롭히고, 온 나라의 여자들 채홍시켰다구요.
이헌	불충한 신하들을 참하고 왕의 권위를 바로 세우는 것이 나라가 바로 서는 것이다. 사냥터에서 살던 백성들은 다른 땅을 주어 이주시킨 것이고. 채홍은 또 그 뜻이 얼마나 숭고하냐? 이해하지는 못할망정 방자하게도 폭군? 간신?
지영	본인 일도 아니면서 왜 흥분해요? 근데, 솔직히 다 그렇다 쳐도 채홍은 말이 안 되죠. 그게 사람이 할 짓인가?
이헌	(O/L) 세포의 귀녀야, 잘 듣거라.

지영　　　(입을 후 불어서 머리카락 위로 올리고) 후~ 귀녀?

이헌　　　무릇 군왕이란 후사를 남겨 종묘와 사직을 보존하는 것이 가장 큰 숙명이다.

　　　　　　보다 많은 여인들에게 승은을 내리는 왕과, 그 고귀한 뜻을 받드는 신하를 어찌 비난하는가?

지영　　　(입이 떡 벌어져) 와 미쳤네. 역사 공부하다 돌았어. 취향은 존중합니다만, 대체 그게 몇백 년 전 사고방식이에요? 자꾸 조선시대 유물 같은 소리 할래요?

이헌　　　(비통하게) 하, 천출이라 말이 통하지 않는구나.

지영　　　에이 진짜!! 말 안 통하는 게 누군데!

이헌　　　에이 진짜?!! 지금 성질을 낸 것이냐!

지영　　　(후 진정하고) 무슨 얼어 죽을 후사 타령이냐고요? 그냥 여자에 미친 거지. 핑계는.

이헌　　　뭐? 미친? 무엄하다. 어디 감히 함부로 입을 놀리느냐.

지영　　　예~ 예 그쪽은 후사 많이 보시고요. 보험 좀 들어 둡시다.

　　　　　　댁 같은 남정네는 사절이니까. (하면서)

이헌을 묶었던 허리끈을 평상 다리쯤에 꽉 묶는 지영.

이헌　　　(분노로 보고) 진정, 후일이 두렵지 않은 게냐?

지영　　　(내시 흉내) 예, 전하~ 저는 오늘만 삽니다요~

이헌　　　(입술을 질끈) 네 이놈 당장 풀지 못하겠느냐!

지영　　　(놀리듯) 당장 풀지는 못하겠노라~~

못 들은 척 주위를 둘러보는 지영, 마당 한 켠 대나무 빨랫대에 걸려 있는 옷가지들. 치마와 저고리가 보인다. 호오 눈을 반짝 빛내는 지영.

Cut to_

젖은 옷을 벗고, 치마, 저고리로 갈아입고 방에서 나오는 지영. 머리도 질끈 묶었다.
이제 어느덧 조선 여자로 보이는 지영. 이헌, 어느새 수척해진 표정이다.
그런 이헌을 모른 척하고, 빨랫대에 젖은 옷을 걸어놓고 지친 듯 그 옆
에 걸터앉는 지영.

지영   (종아리를 두들기며) 아이고. 죽겠다. 아이고. 죽겠어.
        대체 하루 종일 이게 뭔 일이냐고요! 예?! (슥- 이헌 노려본다)
이헌   (기가 차고) 누가 할 소리를 하는지 모르겠구나. (하는데)

다음 순간 부엌에서 달그락 소리가 난다. 순간 오싹하는 지영. 이헌을
본다.
이헌도 놀라 지영을 본다. 그러다, 짐짓 아무렇지 않은 척 표정을 바
꾸는 이헌.

지영   (놀란) 방금, 들었죠?
이헌   (무심하게) 들었다.

다시 한번 들리는, '달그락 달그락'

지영   (겁이 나고) 누가 있는 건가..? (툭 치고) 그쪽이 가봐요.
이헌   (피식) 허면, 줄을 풀어라.
지영   (정신 차리고) 아~ 그건 아니지. 그쪽이 더 무서운데.
이헌   뭐라? 하...
지영   (부엌 쪽으로 다가가면서) 저기요. (조심조심) 거기.. 누구 있어요?

지영. 부엌문을 천천히 열어본다.

39. 길금이네 초가집 / 부엌 / 밤

지영이 들어가 보면, 달빛이 어슴푸레 들어와 스산한 느낌의 부엌이다.
귀신이라도 나올 듯한 분위기에 심장이 콩콩 나대는 지영. 벽을 더듬
으며,

지영　스위치가 어딨는 거야? 깜깜해 죽겠네~
　　　휴대폰이 없어서 후레쉬도 못 켜고, 아우.
　　　(조마조마) 저기요. 진짜 여기 아무도 없어요?! (하는데)

순간 구석에 쌓인 볏짚에서 무언가 확 튀어나온다.
으악! 뒷걸음질치다가 엉덩방아를 찧는 지영.
보면, 빗자루를 지영에게 겨누고 서 있는 댕기머리의 십대 소녀, 길금
(여, 18세)이다.

길금　(바들바들 떨며) 이 도둑! 아부지가 글케 갈치셨소?
지영　(황당하고) 나요? (어이없어) 내가 도둑?
길금　(겁에 질려서) 워매, 지금 내 치마랑 저고리 훔쳐 입고 모른 척 해분다요?
지영　(자기 옷 보고) 아~ 이 옷이 그쪽 거구나. 어쩌죠? 미안해요.
길금　(기막힌) 대써라! 싸게 싸게 이 집에서 나가쇼잉!
지영　제가 오늘 악몽 같은 일을 겪는 바람에 옷이 찢어져서... 진짜 미안해요.
길금　(기막힌) 대쓱게! 싸게 나가랑게요! (빗자루로 위협하며)
지영　아 알았어요, 알았어요. 나가요. 나갈게.
　　　근데, 대체 여기가 어디예요? 이 동네가 어디냐구요!
길금　무다요? 지금 그걸 몰라서 묻는 당가요?
지영　(난감) 아휴.. 정말 미안한데요.. 지금 그게.. 중요하거든요~ 그 빗자루
　　　좀 치우고요.
길금　(기막힌) 아따, 살다봉께 벨 씨잘때기 없는 소릴 다 듣소잉? 지금 누구
　　　놀리요?
　　　대꼬, 나가요! 얼른 나가랑게! (빗자루 들고 퍽퍽 가격하는)

먼지가 사방에 날리자 / 그만! 그만! / 하다가 빗자루를 턱 잡는 지영.

지영 (혼잣말처럼) 와 나 오늘 진짜 왜 이러지? 하루가 다시 시작이네.
(길금에게) 아가씨, 아가씨가 오해하는 건 이해하는데,
밤은 깊었지. 여긴 어딘진 모르겠지. 그러다 집이 보여서 잠깐 들어온
건데요.

길금 (O/L) 워매, 그 말을 지금 나헌티 믿으라고라?
그럼, 진즉 집 주인부텀 찾았어야 되는 거 아니당가요?!

지영 아까는 불러도 안 나오드만! 그래서 빈집인 줄 알았다구!!

길금 빈집이믄! 빈집이믄! 쪼까 남의 옷 막 입고, 지 집처럼 휘젓고 다녀도
된당가요?!
그라고! 이짝 전체가 살곶이 숲인디 이짝을 모른다는 게 말이 된다고라?

지영 (??) 또 살곶이 숲이라 그러네? (답답) 그게 아니고, 여기가 대체 어느
지역이냐구요!

길금 시방 멀 잘했다고 소릴 질르요잉?!
이짝은 들키면 잡혀나간다는 나라님 사냥터잖여요!
참말 몰러요? 금표?!

F.C_ '우리는 아직 금표 밖을 벗어나지 못한 것 같구나'
'그래, 여기는 과인의 사냥터라 사람이 살지 않는 곳이다' 말하던 이헌
의 컷컷

지영 (벙...) 나.. 나라님?? 금표?

길금 (끔뻑)

지영 와~ 답답해 미치겠네~ 이 동네는 순 다른 나라에서 온 사람들 같애.
(하다가) 그러고 보니 아가씨도 한복이네? 여기 무슨 세트장이에요?

길금 새...터요? 고거시 무다요?

지영 영화! 드라마! 그런 거 찍는 데냐구요.

길금 잉하? 도라..마요?

지영	에이~ 진짜~ 왜 그래요 무섭게~ (하다가)
	(E) 설마. 저 인간 말처럼 진짜 조선시대는 아니겠지?
	혹시 지금이 몇 년도예요?
길금	올해요..? (생각하고) 작년이 계미년잉께. 올해가 갑신년이지라..
지영	갑신년???!!!
길금	아따, 또 어째 그런다요?
지영	(E) 갑,을,병,정으로 연도를?.... 설마..?!!!
	(얼떨떨) 여기가..... 어디라구요?
길금	허 참말로. 이상시럽네요.. 여가 뚝섬 살곶이 숲 금표 안인 것도 몰러!
	올해가 무슨 핸지도 몰러~ 아따 누가 보면 딴 세상에서 온 줄 알게써라~
지영	(멍하니) 혹시, 그럼 이 근처에 가장 가까운 편의점이 어디예요?
길금	편이전이? 뭔 말이 고로코롬 요사스럽다요? (갸웃) 편이전?

지영, 털썩 주저앉는다.

지영	(꿈뻑 E) 편의점도 모르다니.. 말도 안 돼. 그럴 리가 없어.
	... 난 꿈을 꾸고 있는 거야.. 그래 이건 꿈이야.. (하는데)

그때, 꼬르륵 / 꼬르륵 서로의 배에서 나는 소리.

지영	(멍하니 E) 꿈인데도 배가 고프네.

길금	(눈치 보며) 고기시, 쩌기요.. 배가 고파서 그란디.. 쪼까 뭐 좀 드실라요?
지영	(힘없이) 저, 이거 꿈 아니에요?
길금	아따, 살다봉께 밸 얼척없는 소릴 다 듣소잉. 싸게싸게 일어나쇼잉.
지영	(E) 일단 잃어버린 가방을 찾자.. 그 안에 휴대폰이 있으니까.. 어떻게 든 되겠지.
	그럼, 뭐 좀 먹고 나서, 이 근방 절벽에 좀 데려다줄래요?
길금	야? 절벽이라고라?

지영　(힘없이 올려보며 끄덕).. 내가 중요한 걸 잃어버려서.. 꼭 찾아야 되거든요.

길금　음.. 알게써라~ 이 근방 절벽웅 항 군데밖에 없응께요.

40. 길금의 초가집 마당 + 인근 / 몽타주 / 밤

1. 초가집 인근에 등롱을 들고 코를 킁킁대며 나물 캐는 길금 / 미나리, 돗나물, 상추, 고사리 등
2. 말린 도라지, 시래기, 표고버섯을 꺼내는 길금
3. 진달래꽃과 식용 노란꽃 등을 따는 지영
4. 천변 오리둥지에서 오리알을 꺼내는 길금
5. 지영, 함지박에 보리쌀과 소량의 쌀을 씻으며. '근데 이름이 뭐예요?'
6. 길금, 아궁이에 불을 지피며(부싯돌 칙칙) '길금이요. 길금. 아가씨는요?'
7. 지영, 가마솥에 보리쌀을 앉히고, 화력을 보며 장작을 더 넣는. '지영이요. 연지영, 나이는..'

41. 길금이네 초가집 / 부엌 / 밤

어느새 호롱불에 밝아진 부엌 안. 김 나는 가마솥에는 물이 끓고. 가마솥 뚜껑을 열어보는 지영.

지영　(E) 장작은 그렇다 쳐도.. 전기밥솥도 없고, 심지어 불도 안 들어와.. (한숨) 이런 깡촌이 있다는 게 말이 되나? 심지어 저 친구는.. (하면서 길금 보면)

길금이 일각에 수확한 나물들을 늘어놓고 지영을 본다.

지영, 후우.. 길게 한숨을 내쉬고.. 길금에게 다가가 나물을 살펴본다.
어느새 다 잊고, 신선한 재료에 입이 벌어지는 지영.

지영 (씨익) 와~ 진짜 자연인이네~ 나물 천국! (길금 보며) 굿~ (하고 엄지척)
길금 (떨떠름) 구...웃? 무당덜이 하는 굿 말씀하시는 거여라?
지영 아~ (자상하게) 그 굿 말고, 잘했다. 좋다. 이런 뜻! 굿.
길금 아~ 구웃~~!
지영 (미소) 길금씨, 근데 이걸 다 어떻게 캤어?
길금 아가씨~ 지는요 냄새를 잘 맡는당게요~ (귀 뒤로 머리를 넘기며)
지영 대단한데~ 나물을 냄새로 캐다니.
길금 이 정도는 약과여라~ 사람덜은 열매나 약초를 눈으로 찾잖여요? 지는
요 코로 찾아부러요. 지가 쪼까 한번 맡은 냄시는 절대루 잊어버리지
않아서 개코라고 한당게요.
지영 오~ 개코~ 절.대.후.각.!! (미소)

지영이 나물을 양손에 가득 집어들며.

지영 꽁보리밥에 나물이라~ (하다가) 아, 그래!

INS_ 지영이 챙기는 고추장튜브와 기내식 버터

지영 (씩 웃고) 그게 있었지.

Cut to_ 지영, 빨랫대에 벗어놓은 바지 주머니에서 고추장튜브와 일회
용 버터를 꺼내며 /있다~ 있어!
길금은 그런 지영을 보면서 고개를 갸웃하고.

Cut to_ 함지박에 나물을 무치는 지영. 야무진 손놀림.
옆에선 길금이 간장을 넣고, 지영은 나물을 더 넣으며 향을 맡는다.

지영   오~ 깊은 향! 그래! 봄내음~ 흠~ 이게 진정한 자연식이지!
     그럼, (손을 꺾으며) 솜씨 좀 보여줄까?

     Cut to_ 달구어진 솥뚜껑을 뒤집어 놓고, 버터를 태워 뵈르 누아제(브
     라운버터)를 만들고, 야채와 진달래꽃을 함지박에 먹음직스럽게 플레
     이팅한다.

길금   (킁킁거리며) 아따~ 어디서 개암향이 나는 것 같은디?
지영   개암? 아, 헤이즐넛 향? 이건 뵈르 누아제라고~ 이렇게 버터를 태우면
     갈색으로 변하면서 고소한 땅콩냄새가 나거든. 참기름 대신 뿌리면 색
     다른 비빔밥이 되는 거지.

42. 길금이네 초가집 / 마당 / 밤

     별빛으로 수를 놓은 듯 반짝이는 밤하늘.
     지친 듯 평상에 누워 어느새 잠들어 있는 이헌.
     그 일각에 개다리소반 위, 커다란 함지박에 비빔밥과 수저를 놓는 지영.
     꽁보리밥에 갖가지 나물을 둘러놓고, 가운데엔 수란과 버터, 고추장
     소스를 올렸다.

지영   이봐요! 거기 좀 일어나 봐요!
     (타박하며) 무슨 잠을 그렇게 세상모르고 자요?
     아까는 귀녀라고 나를 죽이려고 하던 사람이? 이거나 먹고 자요.
이헌   (빈정 상하고) 되었다. (하는데 꼬르륵)
지영   삐졌네. 삐졌어. 아~ 쫌생이.
이헌   뭐라? 쫌생? 네가 정녕 미친 게로구나.
지영   미친 건 그쪽이고, 아까는 오해고 하니까. 내가 이해할게요.
이헌   네가 제정신이라면 과인을 이리 능멸할 수 없지. (고개 돌리는데)

이헌, 상처가 쓰린지 / 아 / 하고 인상 쓴다.

지영 (놀라) 아파요?

지영, 다짜고짜 이헌의 몸을 세우더니 상처를 묶었던 천을 풀려고 한다.

이헌 (지영의 손을 피하며) 감히 옥체에 함부로 또 손을 대다니!
지영 (등짝 딱 때리고) 가만. 쫌!
이헌 아! (하고 지영을 죽일 듯이 노려보는데)
지영 (눈 흘기며) 상처 좀 봅시다 쫌.

이헌, 마지못해 가만히 있는다.
지영, 천을 풀어 헤쳐놓고 보면 퉁퉁 부어있는 헌의 상처.

지영 아유~ 큰일 날 뻔했네. 이게 뭐야.

지영, 이헌의 상처에 연고를 덧발라준다. 후후- 불어가며,

이헌 (따갑고) 아! 따갑구나! 그만하지 못할까?!
지영 (마지막 바르며) 끝났어요! 엄살은.

이헌, 어깨에 느껴지는 지영의 온기에 지영을 다시 보는데..

이헌 ..과인이 부상당한 사실은 누구에게도 알리지 마라.
지영 어이쿠. 여부가 있겠습니까~? 장~군!
이헌 (진지하게 노려보며 으르렁) 새겨들거라.
지영 아이 알았어요 알았어~ 여기 아는 사람도 없으니까. 걱정 마요.

지영, 어깨 상처를 다시 묶어주고, 이헌, 풀어주라고 팔을 살짝 흔드는

데, 보면 이헌의 손에 묶인 끈이 헐겁다. 지영, 웃으며 야무지게 꽈악-
다시 묶는다.

이헌   (!!) 대체 메(밥)를 먹으라는 것이냐 말라는 것이냐!
지영   (숟가락 들고) 매를 먹어? 매를 버네 진짜!! 에휴~ 인심 썼다.
       (수저로 퍼서) 자. 아. (하면)
이헌   되었다. (고개 돌리는데 꼬르륵)
지영   아유~ 참~ 몸이 원하잖아. 그러지 말고 먹어봐요. (하는데)
이헌   (고개를 빼며) 흠... 내 너를 어찌 믿고? 정 그렇다면 먼저 기미하거라.
지영   (벙) 뭐요? 뭔미? (하는데)

때마침 숭늉을 끓여서 들고나오는 길금.
이헌이 쏘아보자, 쫄아서 숭늉을 한쪽에 밀어두고 후다닥 부엌으로 가
려 한다.

지영   길금씨~ 이리 와 괜찮아. 인사해. 나쁜 사람 아니야. 그냥 좀 난감한 사
       람이지.
길금   (수줍수줍) 쪼까 송구합니다요 나으리.
지영   (길금의 귀에 대고 작게) 환자야 환자. 이해해 길금씨가.
길금   (작게 탄식) 아... (하는데)
이헌   (날카롭게 보고) 넌 또 누구냐.
길금   아 긍께, 지는... (난감한 표정으로 지영을 보면)
지영   아~ 이 집 주인이에요. 서 길금씨. 인사해 길금씨.
길금   안녕하셔라.. (쭈뼛)
이헌   시끄럽다! 금표 땅에 주인이 어디 있단 말이냐!
길금   (울상)... 긍께요 고거시... (난감하고)
지영   응? 분위기 왜 이래? (웃음) 아니~ 다들 이러지 말고, 일단 먹자구요~
       (숟가락 들고) 나, 먼저 먹어요.
이헌   (홍) 뭔가 했더니 고작 꽁보리밥이 아니냐.

지영	에헤이. 이게 그냥 꽁보리밥은 아니지. (열심히 쓱쓱 비비면서)

지영   에헤이. 이게 그냥 꽁보리밥은 아니지. (열심히 쓱쓱 비비면서)
프렌치 셰프가 직접 만든 고추장 버터 비빔밥. 일류 프렌치 비빔밥이지!!

이헌   (어색하게 따라 해보는) 불난집 비빈밥?

지영   참기름 대신 버터를 넣은 건데
그냥 고추장만 쓰는 것보다 확실히 덜 맵고, 고소한 맛도 있구요.

이헌   고초장? 밧..터? (하면서 비빔밥을 본다)

각종 재료가 고추장 버터 소스와 섞이면서 하나로 뭉쳐지는 클로즈업
샷들이 먹음직스럽게 보이는/CG

이헌   (E) 그냥 비빈~밥 같은데 간장 대신 뭘 넣은 것이지..? 저 시뻘건 건
대체...!

지영   역시 나물을 직접 캔 보람이 있네. 확실히 마트에서 파는 거랑 향이
달라.

지영, 다 비비고 한입 먼저 먹는다.

지영   (맛을 음미하며) 음. 맛있네. 간이 딱 맞다. (다른 수저 쥐여주며) 길금
씨도 얼른 먹어. 저 얼간이 마음 바뀌면 금방 없어져.

길금   허지만.. 지 같은 천것이 어찌 그럴 수가 있당가요.. (하면서 이헌을 보
는데)

이헌   (서늘하게 보고) 그래도 네가 반상의 법도는 아는구나.

지영   (E) 반상의 법도? 분위기 왜 이래? 진짜 내가 타임슬립이라도 한 거 같
잖아.
에이 모르겠다~ 밥 먹고 가방 찾을 거니까.

지영, 비빔밥을 새 숟가락으로 크게 한술 떠서 이헌의 얼굴에 들이댄다.
이헌 입을 벌리다가 한입에 들어가지 않자 다른 각도로 시도해 본다.

여전히 들어가지 않고.

이헌　(짜증) 뭘 하자는 게냐? 지금.
지영　참, 피곤하네.. 마지막 기회예요. 먹을 거예요? 말 거예요?
이헌　(근엄하게) 얌전히 다시 푸거라.
지영　관둬요 관둬. 굶어 죽든 말든 내 알 바 아니지.

숟가락을 탁_ 내리는 지영. 그제야 이헌의 흔들리는 눈빛.

이헌　어허! 입안에 수저가 들어가야 먹을 것 아니냐!
지영　헐 졌다 졌어. (수저를 다시 들고) 우리 공쥬님~ 오구오구 그래쩌여?
이헌　(인상 쓰며) 뭐라? 공주?
지영　아 다시 보니 왕자네~ 왕자. 됐죠? (수저 입에 대고) 자~ 아~

아기새 마냥 비빔밥을 받아먹는 이헌. 오물오물 씹다가 꿀꺽 삼키고.
다음 순간 눈이 휘둥그레지는 이헌.

지영　어때요? 맛있죠?
이헌　(갑자기 쿨럭쿨럭) 니, 니가, 기어이 나를..
지영　뭐야, 맵찔이? 매운 거 못 먹어요? 이거 별로 안 매운데.
　　　　(한입 먹어보고) 음~ 맛있어~

지영을 따라 비빔밥을 한 숟갈 먹고 콜록콜록 괴로워하는 길금.

길금　(콜록콜록) 오매~ 뭔 이런 맛이 다 있다요. (헉헉) 매워 죽게써라. (숭늉
　　　　을 벌컥벌컥)
지영　(길금에게) 길금씨도 매워?
길금　(숭늉 마시느라 정신없고) …
이헌　(매섭게 노려보며) 바른대로 고하거라. 음식에 무슨 독을 탄 것이냐?

지영	이 열악한 환경에서 고추장에다 어? 버터까지 넣어서, 비빔밥 만들어 바쳤더니. 아주 못하는 말이 없어. 아. 됐어요. 둘 다 먹지 마. 내가 다 먹을 거야.

지영이 가운데 놓인 함지박을 아예 자기 앞으로 끌어오려 하는데. 숭늉을 내려두고 다급하게 붙잡는 길금.

길금	아니여라! 아가씨! 지는 먹을라요!
이헌	(놀라 보면)
길금	이거시, 첨엔 되게 맵고 괴롭고 그랬는디요, 매운맛이 가시니께 엄청 땡기고 쪼까 맛있어져써라!
지영	(씩 웃고) 그치?
길금	(한 숟갈 크게 떠서 입에 넣고) 야. 지가요 태어나서 먹은 것 중에 젤로 맛있당께요~
지영	역시~ 맛을 알아! (한 숟갈 먹는)

이헌, 매운맛이 가시고 나니 정말 입맛이 돌기 시작한다. 꿀꺽. 저도 모르게 침이 넘어가는데.
지영과 길금이 숟가락을 놀릴 때마다 입과 함지박으로 시선이 따라가는 이헌.
점차 눈에 띄게 줄어가는 비빔밥. 초조해지는 이헌.
지영, 그런 이헌을 안쓰럽게 보다가 다시 한 숟갈 떠서 이헌의 입가에 가져다준다.

지영	아~

이헌, 못 이기는 척 받아먹기 시작한다. 흡족하게 바라보는 지영.

지영	거봐 거봐.. 이럴 줄 알았어. 맛있죠? 맛있어 죽겠죠?

이헌   (진지하게) 수저를 멈추지 마라.

지영, '아' 하고 다시 한 숟갈 퍼서 주는데.

폐비연씨   (E) 아~

43. 이헌의 회상 / 동궁전 / 낮

폐비 연씨가 세자 이헌에게 밥을 먹여주고 있다. (6살 정도)

폐비연씨   (밥을 간장에 슥슥 비벼주며) 아~
이헌   (덥석 먹고 오물오물)
폐비연씨   (흐뭇한 미소) 맛있습니까??
이헌   (빙그레) 예, 어마마마.
폐비연씨   세자, 할마마마께 혼났다고 수라를 걸러서야 되겠습니까?
이헌   (샐쭉) 그것이 아니오라.
폐비연씨   왕은, 헤아리는 사람입니다. 가족을 헤아리고. 하늘을 헤아리고.
         다른 이의 마음을 헤아리는 사람입니다.
         허니 할마마마의 마음도 헤아려 주세요.
이헌   헤아려요?
폐비연씨   (인자하게 웃으면서) 크면 그 의미를 아시게 될 것입니다.
이헌   소자, 이미 다 컸사옵니다.
폐비연씨   (다시 숟가락 건네주며) 자~ 아~

44. 현재 / 길금의 초가집 / 밤

상념에서 깨어나는 이헌. 어느새 눈시울이 붉어졌다.

지영   그렇게 매워요? (함지박 보며) 벌써 다 먹었네.

이헌   (밥을 씹으며) ....

지영   (길금 보며) 이제 치우자 길금씨~ (치우며 움직이고)

길금   야~ (도우며 움직이는)

이헌의 시선으로 보면 지영과 길금이 어느새 하하호호 웃으며 밥상을
치우고 있다.
그런 지영을 뚫어져라 보고 있는 이헌.

이헌   (E) 묘한 일이군. 이렇게 단출한 음식으로 어머니를 떠올리게 하다니.

45. 강가 숲속 / 밤

횃불을 들고 강가와 숲속을 수색하는 신수혁과 우림위들.

신수혁   강가의 돌멩이 하나까지 샅샅이 뒤져라!

우림위들   예!

46. 길금의 초가집 / 마당 / 밤

별이 총총한 하늘 밑의 초가집 평상. 어느새 구부정하게 누워 잠이 든
이헌.
때마침, 지영이 남루한 이불을 들고나온다. 난감한 표정으로 뒤이어
나오는 길금.

지영   푸푸~ 냄새~ 이건 아냐 정말. 개코라더니...

길금   야? 그 정도여라? (갸웃) 진 괜찮은디.. 근디 이불은 뭐 땀시 가지고 나

오셨다요?

지영　십중팔구 오늘은 여기서 자야할 거 아냐. 가방 찾는 동안, 냄새 좀 빠지게 여기 좀 놓구 가자. 이불 좀 널어 두고 가자고.

지영, 이불 들고 이헌을 지나치는데, 보면 아기처럼 새근새근한 얼굴.

지영　엄머, 얼굴 봐. 잠드니까~ 사람 같네.

문득 가져온 이불을 이헌에게 덮어주는 지영. '복수다~ 흐흐흐'

길금　아따, 누가 서방님 아니랄까봐 참말로 알뜰히도 챙기요.
지영　(당황) 뭐?!! 누가 서방님이야?!!
길금　서방님이 뭔 병이 있어가꼬 여태까정 묶어둔 거 아니여라?
지영　헐.. 말도 안 돼~!! 길금씨!! 설마, 지금까지 그렇게 오해한 거야?
길금　야, 그게 아니믄, 남녀칠세 부동석인디, 뭐 땀시 같이 다닌당가요? (어리둥절)
지영　(당황) 아니야! 저 남자, 나 오늘 처음 만난 사람이야!
　　　그뿐인 줄 알아? 저 남자가 나 아까 죽이려고 했다니까!
길금　(놀라) 야? 참말이여라?!!
지영　그래, 그래서 내가 아까 환자라 그랬잖아~ 머리가 좀.. (손가락 빙빙)
　　　근데 아까 길금씨도 봤지? 좀 다쳤잖아. 그래서 그냥 둘 수가 없었거든.
　　　일단 가면서 얘기하자. 가방부터 찾자구. (나가면)

길금 뒤를 따르며 '야' 하고.
지영과 길금 희희낙락 다정한 자매처럼 초가집을 나간다. 이헌, 부스스 눈뜨며.

이헌　(스윽 보며) 아니.. 머리가 뭐?.. 응? (하고) 큼큼.. (이불 냄새 맡고 쿨럭, 썩은 표정)

47. 절벽 가는 길 / 개울가 / 밤

등롱을 들고 마을 어귀의 개울을 지나치던 지영과 길금.

지영   (멈추고) 어 개울이네? (주변을 휘 보고) 길금씨, 이 길 맞아! 이 길!

길금   (등롱을 내려두고) 하따~ 내 뭐라해쏘~ 절벽 가는 길응 이짝밖에 없당께요~

근디, 아가씨 머리에 묻은 흙이라도 좀 털고 가시겠소?

지영   어, 그럴까? (긁적긁적) 아 꿉꿉해. (하면서 조심조심 발을 담가 보는데)

길금은 거침없이 들어가 물에 발을 담그고 물장구를 치기 시작,

지영   아, 자거!! 어우, 물이 생각보다 차네..?

길금   워따~ 시원하잖여요~ (첨벙첨벙) 달도 참 밝네요~

지영, 살살 머리칼에 묻은 흙을 씻어내고.

수혁   (E) 전하!

48. 길금의 초가집 / 마당 / 밤

환해진 길금의 초가집. 횃불을 든 십 수 명의 우림위들이 둘러싸고 있다.
마당으로 들어와 평상에 묶여 있던 이헌을 풀어주는 우림위1.
수혁, 그 옆에서 피로 얼룩진 이헌의 어깨와 철릭을 살피며.

수혁   전하, 전하, 괜찮으시옵니까? 어떤 자들이 이런 무도한 짓을!

이헌   (상처를 감추며) 우림위장, 지금 너의 눈엔 내가 괜찮아 보이는가?

수혁   (눈치채고) 송구하옵니다. 전하.

당장 역당의 무리를 찾아 목을 베고 전하를 지키지 못한 죄를 씻겠사옵니다.

이헌   (일어서며) 새 옷을 가져와라.

우림위 한 명이 '예' 하면서 날랜 걸음으로 비단 보따리를 가져와 받들면. 이헌, 신경질적으로 휙 채가고.

Cut to_ 어느새 깔끔한 융복으로 갈아입고 방에서 나오는 이헌. 우림위들이 모두 조아린다.

이헌   모두 듣거라! 지금 인근에 과인을 능멸한 대역죄인이 있다. 찾아라!
수혁   예, 전하! (우림위를 향해) 모든 흔적을 없애라!
우림위들   예!!

카리스마 넘치게 자신의 흑마에 올라타는 이헌. 부상당한 티를 내지 않으려 고삐를 힘차게 당긴다.
불타오르는 길금의 초가집을 뒤로하며 떠나는 우림위들.

49. 개울가 / 밤

강가에서 씻은 머리를 탈탈 털고 있는 지영. 아직도 물장구치는 길금과 애기 중이다.

길금   (걱정) 아가씨~ 근디요~ 아무리 정신이 온전치 못혀도여.
        나리를 저리 계속 묶어 두는 게 맞당가요?
지영   (키득) 이불 덮어 줬잖아~ 다쳐서 힘도 없고. 어차피 환자야.
길금   알겠서라.. (하다가) 아까는요 도둑이라고 오해해서 쪼가 죄송했서라.
지영   아유~ 괜찮아~ 나도 누구 옷인지 모르고 입은 거 사실인데 뭐.

근데 길금씨는 왜 숨어 살아? 자기 집 아니야?

길금   (눈치) 고거시.. 채홍 피할라구 그랬지라.

F.C_ '채홍은 또 그 뜻이 얼마나 숭고하냐' 말하던 이헌 컷

지영   (설마) 채...홍?

길금   채홍 모른다요? 처자들 칵 다 잡아가꼬 궁에 데꾸가 부는 거 참말로 몰라라?

지영   (확인하듯) 그니까.. 그건, 조선시대 얘기잖아?

길금   워따, 시방 여가 조선이 아니면 워디요?

지영   (충격) 뭐? 그럼, 아까 그놈 말이 다 사실이란 거야?

길금   (보면) 그놈이 누구여라? 아까 그 양반 선비님 말하는 거여라?

지영   (받아들일 수 없다) 아니, 잠깐만. (마음 가다듬고) 그럼 지금이 연희군 시대야??

길금   누구요? 여..닝.군? (갸웃)

지영   (반신반의) 아니 채홍은 알면서 연희군은 몰라?

나졸   (E) 거기 누구냐?

지영   어? 사람이다. (반갑게 손 들고) 여기요~

50. 강가 숲속 / 개울가 (교차편집) / 밤

수색 중이던 이헌이 소리를 들은 듯 고개를 돌린다. 카리스마 넘치는
표정!
물속에 몸을 숨기며 긴장한 지영의 표정!
화면, 2분할 엔딩.

<1부 끝>

제 2 부

1. 개울가 / 밤

(1부 엔딩 이어서)

길금이 지영의 입을 막으며 급히 잡아 앉힌다.

지영   (작게) 뭐야? 왜 그래? 길금씨!
길금   (더 작게) 채.홍! 채홍!

지영이 빼꼼히 보면 다가오는 나졸1 뒤로 여인들이 굴비처럼 엮여서 끌려가는 중이다.

지영   (!!) 뭐야..! (얼굴이 하얘져서) 길금씨, 저거 설마.. 채홍..?
길금   (가슴을 탕탕 치고) 쉬 쉬 쉬쉬쉿!
        (작게) 까딱허면 잡히게 생겼응께 잘 따라오쇼.
지영   말도 안 돼...

길금. 살금살금 벗어나려 돌아서고, 놀란 지영이 함께 돌아서는데. 그
녀들의 앞을 막아선 나졸2.

나졸2　어허 어딜!

2. 경기감영 외경 / 밤

지영　(E) 이거 납치예요!

3. 경기감영 / 옥사 / 밤

지영과 길금 그리고 잡혀 온 아낙들을 옥사 안으로 밀어 넣는 나졸.
두꺼운 자물쇠가 철컥 잠기고.

지영　이거 범죄라고! 당장 풀어줘!
길금　(울먹) 아가씨, 그만 좀 하셔라~ 암만 소리 질러봐야 소용 없당게요.
지영　(답답) 아니 그럼 이렇게 가만히 있으란 말이야? 여긴 또 어딘데!
길금　(훌쩍) 보고도 모르시게써라? 감영 옥사지라.
지영　(꿈뻑) 진짜, 말도 안 돼..... (한동안 멍하다가)..

옥사 옆방에는 범죄로 들어온 아낙1, 2, 3이 벽 쪽에 뭉쳐서 앉아 있다
가 지영을 본다.

아낙1　아유~ 조용히 좀 해라~ 채홍 처음이냐고! 보고도 몰러 시방?
지영　(벙쪄서) 하.. 말도 안 돼.. 내가.. 진짜 채홍을.. 정말 말도 안 돼...
길금　(답답) 뭔 말이 맨날 안 댄다 그래싸요~
지영　(창살, 자물쇠 만져보며) (E) 그치만 이 민속촌 같은 옥사도 그렇고 (아

낙들을 보며) 전부 한복이야.. 진짜 한복.. 싹 다 진짜! (머리 쥐어뜯는)

아낙1, 2, 3의 진지한 표정을 보자 현실을 인식한 지영. 털썩 주저앉는다.

지영	(E) 정말.. 정말 내가.. 조선시대로 온 거야?!
길금	(지영의 옆에 털썩) 아가씨, 하늘이 무너져도 솟아날 구멍은 있다고 했응께요. 어떻게든... (울먹) 되것지라?
지영	(멍해서) 길금씨.. 그러니까.. 지금 여기가.. 조선시댄 게 맞지? 그치?
길금	참.. 오질라게도 남의 말 참 안 듣소잉. 맞다구 몇 번을 말혀요..!

지영, 패닉상태가 돼서 옥사에 매달린다. '당장 문 열어!! 당장 열어!! 얼라구!!' 옥사가 부서서라 두드리는 지영.
아낙들, '아 시끄러, 저 작것!' 하면서 고개를 돌리면, 나졸 1, 2가 달려와서 문을 열고 지영을 제압한다.
'살려주세요!' '난 여기 사람이 아니에요! 내 얘기 좀 들어 봐요!' 등등 외치는 지영.
길금, 그런 지영의 옆에서 보호하듯 '아가씨, 제발요' 외치고.
나졸들 인정사정없이 지영과 길금의 손과 발을 묶고, 입에 재갈을 물린다.

Cut to_ 입에 재갈을 문 채, 생각에 잠긴 지영과 지친 표정으로 앉아 있는 길금.

지영	(E) 하... 맞네. 타임슬립 했네. 무슨 판타지 소설도 아니고.. 어떻게 이런 말도 안 되는 일이..

F.C_ 우승하는 연지영 컷 / 축하받는 순간 컷 / 아버지와 통화하며 기뻐하던 순간 컷컷컷

지영   (E) 아빠.... 이제.. 진짜 헤드셰프가 될 기회가 왔는데..
        (고개 파묻으며) ....어쩌다 이렇게 된 거지? 대체 왜...

        F.C_ 비행기에서 둥실 떠오르는 컷 / 숲에서 그물에 걸린 순간 컷 / 이헌
        과 절벽에서 만난 컷 / 화살 맞고 지영의 어깨에 기대 쓰러지던 이헌 컷

지영   (E) ....근데 여기가 조선시대고, 그놈이 말한 게 사실이면....

        F.C_ 밤길 걸어가며 '이 나라의 왕이니라' / '승은을 내리겠다' 하는 이
        헌 컷컷

지영   (E) ...그놈이 진짜 왕..?!

        F.C_ 초가집에서 '이 땅의 모든 것은 내 것이다' 말하던 이헌 컷
        / '과인이 알지 못하는 종친은 없을 것인데, 연희군이 누구냐' 고 묻던
        이헌 컷

지영   (E) 설마.. 연희군?!!

        지영, 비장하게 벌떡 일어서려는데. 발을 묶은 끈 때문에 다시 철푸덕.

지영   (일어나려 애쓰며 E) 일단 여기서 나가자. 나가서 어떻게든 돌아갈 방
        법을 찾자.

        이때, 나졸 1, 2, 3이 철컥 문을 열고 들어온다. 나졸 2, 3이 지영과 길금
        의 재갈과 끈을 풀어준다.

나졸1   다들 나오시오.
지영   (두려운 눈으로 나졸을 보고)....

길금   (나졸1에게) 어, 어디 가는 거다요?

4. 경기감영 / 옥사 뒷마당 / 밤

횃불이 밝혀져 있는 옥사 뒷마당. 이름 모를 여인들 속에 섞여 있는 지
영과 길금.
참봉 홍언욱과 행수 집사가 서서 한 명 한 명 여인들의 얼굴과 태를 살
펴보고 / 우측 / 또는 좌측 / 하며 두 패로 가르는 중이다.
지영, 이 광경을 입이 딱 벌어져서 보고 있다.

지영   길금씨 여기 지금 왜 이래? 이 사림들 다 뭐야?

길금   아 이거슨, 여자들을 두 패로 갈르는 거 아니당가요. (떨며) 채홍사가
        올랑가 바여.

지영   채홍사? 그럼 내가 왕의 여자가.. 된단 말이야?

길금   워매~ 고거슨 모르지라. 채홍 된다고 다 거시기 되는 건 아닌께.

지영   아니, 내가 (제 얼굴을 손가락으로 가리키며) 채홍 될 수 있단 얘기잖아?

길금   이~ 고거슨 되실 수 있것지라.

지영   (울상) 돌겠네 진짜!! 큰일 났네.

길금   아가씨, 눈이 있으면 좀 보쇼잉. 여기 큰일 나지 않은 사람이 워딨당
        가요. 궁데두 모다덜 기양 궁갑다 그라고 있잔혀요.

지영   (답답) 그 말이 아니라,.. (속상) 나.. 난.. 이곳 사람이 아니라구..

길금   워매~ 워쩌까잉, 이곳 사람 아니믄 채홍을 피할 수 있당가요?

지영   (답답) 아니~ 그 뜻이 아니구.

길금   아가씨 근데 지는요, 이 많은 사람덜 중에서..
        설마 우덜이 채홍되지는 않을 거 같당게요? 그러니 너무 걱정 마쇼잉.

지영   걱정 말라고? 걱정 마?! 날 봐! 이건 누가 봐도 빼박이잖아!

길금   빼박요? 수박도 아니고 호박도 아닌디.. 뭔 씨잘데기 없는 그런 박이 다
        있다요?

지영   어후~ 미치겠네.. (작게) 도망가자 길금씨..
길금   (작게) 아가씨, 주위를 똑바로 좀 보쇼. 잉.

지영, 주위를 둘러보면 나졸들의 경계가 삼엄하다.

지영   (한숨) 아, 그럼 이제 어떡해.
길금   아따, 살다봉께 벨 얼척없는 일도 당헐 때가 있구나~ 그리 생각해야지라.

지영, 머리 짚고 '아 미치겠다 정말..' 하며 절망한 표정 짓는데,
이어지는 지영과 길금의 차례.

언욱   (지영의 얼굴을 보고) 금년 몇이냐?
지영   (눈 피하며) 스물일곱이요.
언욱   나이가 너무 많다. 좌측. 다음.
지영   (눈 커지며 E) 응??

지영, 좌측으로 가면서 안도와 기쁨의 한숨. 후~~ 눈을 찡끗하며 길금
을 본다.
길금 알아들은 듯 고개를 끄덕.

길금   지는요.. (심호흡하고)..쪼까.. 거시기... 서른인디요..
언욱   (엥? 표정)...
행수집사   (인상 쓰며) 어허~ 거짓말하면 못쓴다. 한 열일곱?
길금   (바로) 아니.. (힘주어) 서른이랑께요!
행수집사   에이. 나이는 딱인 거 같은데... 상태가 좀,...(언욱 보며) 좌측이죠?
언욱   (조심스레 끄덕) 다..음..

길금도 지영의 옆으로 선다. 살았다고 좋아서 기뻐하다가 약간 기분 나
쁜 두 사람.

지영	길금씨... 참 다행인데... 왜지? 기분이 좀 나쁘네?
길금	그라게요, 사람 맴이 참 요사스럽네요.

Cut to_

행수집사	우측 여인들은 별채로 가서 단장하시오~!
	좌측 여인들은 찬방으로 가서 접빈객을 도우시오~!
지영	찬방...?

길 안내하는 나졸을 따라 양 갈래로 움직이는 여인들.

지영	길금씨, 접빈객이 무슨 밀이야? 부엌에 가서 뭘 돕는 거야?
길금	(총총 따라 걸으며) 아 고거슨 말이죠~ 양반 손님네가 오신다 이 말이
	죠~ 잉. 그니까 음식이 솔찬히 들어갈 텐께~ 싸게싸게 준비혀라~ 뭐 이
	런 말인 거지라.
지영	아~ 주방 보조를 하라는 거구나. (표정 살짝 풀어지며) 그나마 낫네.
길금	(걱정) 시방 낫긴 뭐가 낫다요? 일 몬해서 또 옥에 갇히면 우짠단가요.
지영	길금씨, 이래 봬도 내가 라 쁘알레 도르 우승자야~ 요리는 걱정 마~
길금	나 빨래 돌아? 웜매 시상에~ 뭔, 그런 말이 다 있당가요?
지영	(한숨) 아유. 됐다. 가자.
길금	싸게 알려주쇼~ 무슨 말이여라? 나 빨래 돌려요?
지영	됐다고~ 그만 가자고~

지영, 주변을 둘러보며 앞장선 사람들 따라가고.
길금, '나 빨리 줘라..' 갸웃.

5. 개울가 / 밤

지영이 길금과 함께 잡혀간 개울가 앞.
이헌이 흑마 위에 앉아서 천천히 걸어가고, 우림위가 횃불을 들고 대대적으로 수색 중이다.
수혁이 일각에서 발견한 뭔가를 들고 이헌에게 다급히 뛰어와 부복한다.

수혁　전하! (지영의 머리끈을 내밀며) 개울가에 이것이 떨어져 있었습니다.

이헌, 말없이 수혁이 내민 머리끈을 받아 든다.

F.C_ 지영과 절벽에서 처음 만난 순간의 머리 컷컷컷 / 초가집에서 지영의 머리 컷컷컷

이헌　(머리끈을 꽉 쥐고) 다른 흔적은.
수혁　나졸들의 발자국을 보아하니 관아에 끌려간 듯싶습니다.
이헌　가까운 관아가 어디냐?
수혁　경기감영이옵니다.
이헌　(눈을 빛내며) 경기감영?
수혁　예, 전하.
이헌　(혼잣말하듯) 송재가 채홍을 간 곳이 아닌가.. 흠~ 제 발로 잡혀갔군. (말고삐를 거칠게 잡고) 듣거라! 모두 경기감영으로 이동한다!

이헌, 말을 달려 앞장서면, '예! 전하' 외치며 날랜 동작으로 뒤를 따르는 우림위들.

타이틀. **"폭군"** 뜨면,
식칼이 슝! 하고 날아와 꽂히고 칼자국 사이로 흘러내린 글자가 문장을 완성한다.
"폭군의 셰프"

(E)   쨍그랑! (그릇 깨지는 소리)

6. 경기감영 / 찬방 / 밤

분주하게 오고 가는 아낙들, 쨍그랑 그릇을 깨트리고, 오가며 서로 부딪히고 찬방은 전쟁 통이다.
지영, 상황과 상관없이 조선시대 주방을 보고 놀라며 조리도구들을 살펴본다.

'물독'을 보는 지영 / 오~ / 길금 / 아, 이건 물독이여라~ 우물이 머니께요.
작은 항아리 모양에 꼭지가 달린 '간장병'의 뚜껑을 열어보는 지영 / 어우~ 간장이네.
'초단지'를 열어서 냄새를 맡는 지영 / (인상) 식초구나.
'무쇠화로'를 보며 지영 / 와~ 무쇠화로! / 길금 / 고기구이 할 때 보통 쓰지라~
지영 일각에서 '적철' 들어 보여주며 / 아~ 석쇠네~ / 길금 / '적철'이지라.
빈 '둥구미'를 흔들며 보는 지영 / 뭐지? 빈 통인데? / 길금 / 둥그미여라~ 쌀이나 푸성귀 담는 통이지라.
'버선코 칼'과 '도마' 등을 살펴보는 지영과 길금. (여기까지 빠르게 편집)

지영   (칼을 보면서) 와~ 주방 칼도 앞 코가 높고 뾰족해.
길금   위매~ 이라가꼬 음식을 할 수 있당가요? (하는데)

말린 나물을 소쿠리에 들고 인상 쓰며 다가오는 아낙1.

아낙1	이 작것들아! 머하고 자빠졌당가? 지금 닷짜구리(공기놀이) 허냐?
	손모가지는 어따가 써묵을래. 싸게싸게 궁뎅짝 움직여 일들 하랑께~
길금	아~ 송구혀라 (팔 걷어붙이며) 아가씨, 싸게싸게 움직이쇼.
지영	(인상 쓰며) 아니 근데 길금씨, 이게.. 빨리 움직인다고 될 일이 아니야.
길금	(놀라) 야? 그건 또 뭔 소리여라?

지영, '하.. 참' 탄식하며 아낙2에게 다가간다. 아낙2는 부뚜막에서 연신
연기를 맡으며 부채질을 하고 있다.

지영	(끓고 있는 탕을 보며) 저, 지금 뭐 끓이시는 거예요?
아낙2	아, 보면 몰라? 미역국 끓이고 있잖아.
지영	(!!) 미역국이요? (숟갈로 떠먹어 보고) 하 나 이거 미치겠네 진짜.

지영, 아낙3에게 간다. 아낙3은 일각에서 무를 썰고 있다.

지영	저, 무는 지금 왜 썰고 계신 거죠? 뭐 하시려고여?
아낙3	(지영을 본다) 뭇국이라도 끓일까 싶어서.
지영	(!!) 예? 지금 저기서 미역국 끓이고 계신데요?
아낙3	응? (허둥지둥 무를 내려두고) 그럼 나는 다른 걸 찾아와야 쓰것네.
	(독을 뒤지고)
지영	저기, (주변을 보며) 지금 만드시는 거 다 누가 정한 거예요?

아낙일동, 잠시 하던 일을 멈추고 서로를 본다. '각자 알아서 하는 거지'
'국과 찬만 맹글맨 되지' 등등의 말들이 나온다.
지영, 황당한 얼굴로 길금을 본다.
길금, '왜 그라요?' 하고 보면, 지영, 입술을 깨물고, '아 이걸 어쩐다..'

지영	어떤 상차림을 할지도 모르면서, 다들 왜 이러고 계세요?
아낙1	그걸 우덜이 알면 이러고 있나? 찬모들이 싹 다 밤에 도망을 갔다는데.

아낙3	찬모들이 왜?
아낙1	그야 나도 모르지.
아낙2	(나물 무치며) 그거시 뭐가 중한디? 일은 안 허고 그라고 서서 계속 있을랑가?
지영	(참고) 누가, 왜, 음식을 만들라고 시킨 건지 알아야.. 음식을 하죠. 혹시, 아시는 분 없어요?

아낙들 일동, 다시 순간 정지. 서로를 보는 아낙들. ???

지영	길금씨, 나는 이 상황이 쫌 이상하거든? 길금씨는 괜찮아?
길금	근디, 부엌으로 보내졌응게. 일단 뭐라도 혀야 되는 건 맞는 거 아녀요.
지영	(한숨) 그림, 일단 식재료부디 보자. 뭐가 있는지.
길금	그라지라~

지영, 어쩔 수 없이 식재료를 살펴보기 위해 찬장을 뒤진다.
항아리 독마다 열어서 확인한다. 하지만 거의 텅 빈 재료통, 고민에 빠진 지영, 한숨을 내쉬는 길금.
그러다 다른 재료통에서 잘 다듬어진 '양하' 한 단을 본다.
길금, 옆에서 식재료의 냄새를 '흠흠' 맡아 보고. 지영, '양하'를 손으로 집어 살펴본다.

지영	이게 조선시대 양파구나.. '양하'였나? 순이 다 살아있네.

자막 | 양하 : 양파와 같은 맛이 나는 조선시대 작물

길금	아가씨, (나물 하나 들고) 재료는 솔찬히 싱싱한데요?
지영	맞아... 준비를 안 한 게 아니야. 갑자기 식재료를 싸 들고 도망친 거지. 왜 그랬을까?

이때, 행수집사가 들어와서 상황을 본다.

행수집사 (일각에 놓인 놋그릇과 숟가락을 들고 탕탕! 치면서) 모두 주목~!!

일동, 하던 일을 멈추고 행수집사를 본다.

행수집사 아이고~ 고생들이 많네. 뭐 갑자기 음식을 하라니까 많이들 놀랐겠지만,
우덜도 찬모들이 밤도망을 치는 바람에 일이 이렇게 된 걸세.
암튼 간에 한양서 엄청 높으신 분들이 오신다니 어쩌겠나.
구첩반상으로 그분들의 까다로운 입맛을 맞추지 못하면 정말 줄초상
이 나니까. 잘 좀 하세.

지영 (상황을 지켜보다가) 저, 잠시만요.

행수집사 뭐.

지영 그러니까 손님 접대를 잘못하면 큰일 난다. 뭐 그런 얘긴 거죠? 지금?

행수집사 크으~ 이 친구 참~ 눈치가 빠르구먼. 좌우당간 도망간 찬모들 대신 자
네들이 덤탱이 쓰기 싫으면 젖 먹던 힘까지 다 써야 할 걸세. (하고 나
가려는데)

/이런 미치고 팔짝 뛸 일이 다 있나 /평생 된장국만 하던 사람한테 구
첩반상을 만들라니../
아낙들, 와글와글 웅성웅성.

지영 저기요! 아저씨!

행수집사, 나가려다 말고 지영을 보면.

길금 (지영을 잡고 작게) 아가씨.. 나서지 말어라.

지영 (뿌리치며) 죄송한데, 저희가 이걸 왜 해야 하죠?

행수집사 왜라니? 채홍에서 빠지지 않았나.

지영 그럼 저희 다 돌려보내 주셔야죠.

행수집사 어허! 경기감영에 잡혀 온 이상 감영의 허락 없이는 나갈 수 없네.

지영   예?? 저흰 죄가 없잖아요?

행수집사   아니, 지금 어디서 바락바락 말대꾸야? 장이라도 몇 대 맞아봐야 정신
           차리겠나!

           지영, 놀라 아낙들을 본다. 아낙들, 무심하게 각자 일을 하고 있다.

지영   (탄식) 하 진짜... 그럼 저희가 이거 잘 하면 내보내 주시는 거예요?

행수집사   그야 뭐, 잘만 만들어 내면야~ 나리께서 봐주실 걸세.

지영   (마지못해) 좋아요.. 손님들 나이는요?

행수집사   나이? 한 마흔 됐을라나?

지영   좋아하는 음식이 고긴가요? 아님 해산물 쪽? 그리고 알레르기 아니..
           못 드시는 건요?

행수집사   (난감) 낸들 아나? 이럴 시간에 찬을 두 합은 만들었겠네.
           잔말 말고 어서 일이나 하게. (훠이훠이~)

지영   (앞 막으며) 음식은 물건을 만드는 게 아니잖아요. 그렇게 막 안 된다
           고요.

행수집사   아니, 나한테 지금 그걸 다 알아 와라~ 이 말인가?

지영   중요한 접대잖아요. 그냥 다 무시하고 만들까요? 요리는 마음을 담는
           일인데?

홍언욱   (E) 자네는 누군가?

           일동, 문 앞의 홍언욱을 본다. 홍언욱이 들어오자 모두 조아리고 일각
           으로 비켜선다.

지영   (진지) 저는 이곳 사람은 아니지만, 원래 셰프.. 그니까 요리사구요.
           손님이 어떤 분인지 모르고서는, 좋은 요리를 만들 수 없다는 말씀을
           드리는 겁니다.

홍언욱   참으로 당돌하구나. 비록 도망을 쳤다고는 하나, 이곳의 숙수들은 내게
           그런 말을 한 적이 없다. 네 감히 어느 안전이라고 평계를 대고 있는

것이냐?

홍언욱의 노기 어린 목소리에, 아낙들 급히 일을 시작하고, 길금은 지영을 걱정하며 지켜본다.

지영　　펑계가 아니에요. 저나 여기 있는 분들은 이 주방이 처음이에요.
　　　　게다가 식재료도 남은 게 거의 없는데 메뉴마저 잘못 정하면 어떻게
　　　　되겠어요? …그걸 원하시는 건 아니잖아요.

지영, 진심 어리게 항변하는 눈으로 홍언욱을 본다. 홍언욱, 잠시 그녀를 지그시 바라본다.
긴장감이 고조되던 순간!

홍언욱　　네 말이 맞다….

길금과 아낙들 서로 보며 '후..' 안도의 한숨 내뱉고.

홍언욱　　어떻게 하면 좋겠느냐?
지영　　손님의 취향, 나이, 직업 등등. 기본적인 건 알아야죠.
홍언욱　　음.. (잠시 생각하고) 듣고 나면, 주어진 시간 안에 그분이 만족할 요리
　　　　를 선보일 수 있겠느냐?
지영　　(진지한 눈빛) 음식의 맛을 판단하는 건 손님이겠지만, (으쓱) 자신은
　　　　있어요.
홍언욱　　지금 이렇게 재료가 충분치 않은데도 말이냐?
지영　　(답답한 듯) 최상의 재료를 쓴다고 반드시 최고의 요리가 되는 건 아니
　　　　거든요. 재료가 충분치 않아도, 손님의 취향에 맞고, 정성이 들어가면
　　　　승산이 있어요.

길금 '오~ 아가씨', 아낙 일동 '오~' 감탄하며 지영을 본다.

홍언욱　(형형한 눈빛) 좋네. 단! 방금 한 말에 반드시 책임을 져야 할 것이다.
　　　　(의미심장) 거짓이면 목숨을 부지하기 어려울 테니까.

지영　(당황) 모, 목숨이요? (하고 길금을 보면)

걱정하는 길금과 초조한 표정의 아낙 일동이 보인다.

지영　(결심하고 다급히) 그럼 저도 조건이 있어요.

홍언욱　(보고) 조건? 무엇이냐?

지영　만일, 제 음식으로 손님이 만족하시면, 저희를 모두, 풀어주세요.

길금과 아낙 일동 놀란다. 지영을 걱정하며 수군수군.
／ 얼굴맹기로 · 맵씨도 이쁘네잉 · ／ 침 사람이 되았네 · 되았이 ／

홍언욱　(뚫어져라 보다가) …좋다. 내 약조하지.

와~ 아낙들 환호한다. 모두들 지영을 쳐다보면.

지영　(좋아서) 저도 최선을 다할게요. 잘 부탁드립니다~

홍언욱　잠시 따르거라.

홍언욱, 앞서 나가면. 지영 쫄래쫄래 따라 나가며.

7. 경기감영 / 찬방 밖 일각 / 밤

지영과 마주 선 홍언욱.

홍언욱　오늘 오시는 분들은 나는 새도 떨어뜨린다는 세도가 임씨 부자다.
　　　　도승지 임송재와 그의 애비인 공조참판 임서홍.

지영   음~ 임씨 부자.. (상상하고)

8. 임부자 몽타주

– 궁, 다른 대신들 속에 섞여서 나오는 임서홍의 모습.

홍언욱   (E) 아비인 공조참판 임서홍은 선왕 때부터 각종 요직을 도맡아 온 노
        련한 권신이며,

– 임부자 집 마당, 임송재가 이헌의 이복 여동생 휘숙 옹주와 혼인을 올
리고 있다.

홍언욱   (E) 아들인 도승지 임송재는 주상의 이복동생인 휘숙 옹주와 혼인을 한
        의빈이다.
        자막 | 의빈 : 공주나 옹주에게 장가간 남자

– 궁, 이헌과 송재가 웃으며 금원 뜰을 걷고 있다.

홍언욱   (E) 게다가 임송재는 주상의 배동으로 어렸을 때부터 같이 자란 죽마
        고우지.

– 비단옷을 화려하게 차려입은 임부자, 어느 대갓집 앞에 서 있다.

홍언욱   (E) 그들이 주상의 채홍을 빌미로 트집을 잡아 풍비박산 난 집안이 한
        둘이 아니다.

– 유배 가는 양반들, 나졸들이 온갖 집안 물건을 끄집어내고, 하인들을
몽둥이로 때려잡고,

홍언욱   (E) 특히 까다롭게 구는 것은 접빈객. 이른바 손님맞이 식사대접이다.

        – 다른 집에서 식사 중인 임부자, 공들인 반상을 보고도 못된 미소 지
        으며 상을 엎어버리는.

홍언욱   (E) 아무리 공을 들인 반상을 올린들 어딘가 반드시 부족한 부분을 짚
        어 낸다.

        – 어느 대감 집 사랑채. 임송재에게 패물이 잔뜩 담긴 함을 내밀며 뇌
        물을 바치는 어느 대감1.

홍언욱   (E) 일단 임씨 부자에게 트집을 잡히게 되면, 막대한 뇌물을 바치거나,
        그럴 만한 여력이 없다면....

        – 국문장, 머리를 산발한 채로 국문을 당하는 다른 대감2.

홍언욱   (E) 국문을 당하는 일도 부지기수지.

9. 현재 / 경기감영 / 찬방 밖 일각 / 밤

        지영, 얼굴이 하얘져서 듣고 있다.

언욱   (지영에게) 답이 되었느냐?
지영   (긴장과 분노가 교차) 하, 음식을 트집 잡아요?.. 정말 악질이네.
        제가 이 기회에 알려드릴게요.
언욱   뭘 말이냐?
지영   먹는 걸로는 장난치면 안 된다는 걸요.
        제가 이래 봬도, 꽤 괜찮은 요리사거든요. (빙긋)

언욱   (반신반의하면서도) 흠.. 시간이 없으니 어서 시작해라.
지영   예~ 약속 잊지 마세요~ (안으로 들어간다)

10. 현재 / 경기감영 / 찬방 / 밤

지영이 들어오면, 길금과 아낙 일동이 지영을 반긴다.
/ 아까는 말이라도 고마웠구만~ / 시방 얘기가 어떻게 된 거여? / 얘기
들어보니까 워뗘 / 등등의 질문들이 오간다.

지영   얘기는 충분히 들었어요. 이제 시간이 얼마 없네요. 다들 제 말에 잘 따
        라 주실 거죠?

        아낙들 / 아~ 그럼~ 죽기 아니면 까무러치기지 까짓거! / 그걸 말이라
        고 한당가! / 외치고.

지영   시작하자 길금씨.
길금   (결연하게 끄덕) 야. 제가 부엌의 재료들을 다 모아 봤어요.
지영   오~ 고마워~
길금   (뿌듯)

        지영, 길금과 아낙들과 함께 늘어놓여진 채소와 양념 재료를 확인하며.
        점점 얼굴이 하얘진다.

지영   (E) 사람마다 기호의 차이가 있다.
        하지만 그들은 양반이야. 그것도 권세가 있는.

        그러다 채소 사이의 고기를 발견하는 지영. 안색이 환해진다.

지영	(상태를 살피며) 오~ 고기? 색깔을 보니 아직 신선해.
길금	고거시~ 지가 독에 숨겨져 있는 걸 찾았당께요.
지영	역시 개코! 잘했어~

지영 (E) 좋아. 프렌치풍의 고기 요리로 승부를 걸어보자!
(일각으로 걸어가 긴 마른행주 앞치마처럼 둘러매며)
자! 자! 지금부터 제가 일을 나눌게요!

아낙들, 카리스마 넘치는 지영의 모습에 다소곳하게 앞에 모이고.
지영의 일사불란한 손짓에
아낙1은 이남박에서 쌀을 꺼내고. 쌀을 씻는다.
아낙2는 간장병과 초단지, 양념단지들을 꺼내 일각에 보기 좋게 놓는다.
아낙3은 조리대 앞에서 칼을 들고 고기를 도마 위에 올리고.
길금은 씻을 채소를 소쿠리에 담고 있다.

지영 AIIez(시작)!

영문 모를 얼굴로 서로 갸웃하는 아낙들과 길금.

지영 자자, 시작합시다!!!

11. 경기감영 / 찬방 밖 일각 / 밤

홍언욱과 행수집사가 찬방 안을 보고 있다.

행수집사 나으리, 괜찮을까요.
홍언욱 분명 거짓은 아닌 듯하다. 음식에 대한 진심이 느껴졌어.
행수집사 저 여인 말뽄새도 이상하고 저는 영~ 꺼림칙합니다~
홍언욱 상관없다. 혹여 일이 잘못돼도 저들을 벌할 것이니.

행수집사　(감탄) 아~ 그럼 되겠네요.

홍언욱　.....미향이는 어찌 되었느냐?

행수집사　예, 아씨는 좀 전에 유모와 함께 고을을 떠나셨습니다.

INS_ 장옷을 뒤집어쓴 미향, 봇짐을 들고 있는 유모와 함께 빠른 걸음으로 도망 중인 모습.

행수집사　(눈물) 마지막 인사라도 나누시면 좋았을 것을.

홍언욱　되었다. 이제 그 아이는 죽은 것이다.

행수집사　예, 나으리.

지영　(E) 움직여요! 빨리!

12. 경기감영 / 찬방 / 밤

어느새 군기가 빡 든 주방. 한창 상차림 중이다.

아낙3　(칼 들고 낑낑) 뭔 놈의 고기가 칼이 안 들어가. 이게 소고기야 오랏줄이야?

지영을 제외한 일동 낄낄댄다. 어느새 다가온 지영이 고깃덩이를 들어 올리며,

지영　(고기를 보고, E) 지방이 없는 검붉은 육질!
농사일에 쓰이던 늙은 수소라서.. 어쩔 수 없는 건가.

지영, 잠시 생각에 잠긴다. 문득 떠오르는 조선시대 요리서 진찬의궤!!
지영의 기억 속에서 좌르륵 넘겨지다가 〈전치수(통꿩구이)요리〉 페이

지에서 멈춘다. **(CG)**

꿩을 종이에 싸서 굽는 삽화와 불의 화력, 조리 시간 등이 한자로 적힌 '진찬의궤'의 한 페이지.

지영   (E) 어쩜~ 이건 아버지가 보여준 진찬의궤에 적혀있던 것과 똑같잖아! 칼날이 들어가지 않는 질긴 쇠고기를 조리할 때는 전치수(꿩구이)와 같은 방법을 쓴다.

INS_ 프랑스 요리책 '그랑 라루스 가스트로노미끄'가 휘리릭 넘겨지다 멈추며 수비드 요리 레시피가 뜬다.

지영   (E) 그래.. 이거야. 고기를 부드럽게 만드는 수비드 공법!

지영, 주방을 둘러보다가 들기름 통을 보고 번뜩하며 길금에게.

지영   (큰 소리로) 길금씨, 한지 좀 갖다줄래?
길금   (일각에서 채소를 씻다가) 무다요? 지금 귀한 한지를 어디서..
지영   (소고기를 살펴보며) 급해. 빨리. 길금씨!
길금   (손을 앞치마에 닦으며 뛰쳐나가고) 야! 알겠어라 싸게 당겨올랑게요!

13. 봉덕궁 외경 / 밤

14. 봉덕궁 / 자홍원 / 목주처소 (행운당) / 밤

찻상을 앞에 두고 추월과 마주 앉아 있는 목주.

목주   전하께서는 여태 소식이 없는 것이냐?

추월	예, 마마. 허나, 우림위까지 대동하셨으니 별일이야 있겠습니까.
목주	.. (생각) 행여 급한 전갈이 있거든 내게 먼저 알리거라.
추월	예, 마마. 걱정치 마소서.
목주	임부자는? 경기감영으로 간 것이냐?
추월	예, 지금쯤 당도했을 것이옵니다.
목주	(미소) 홍경달 영감의 손녀가 미향이라고 했지?
추월	예, 마마.
목주	궁금하구나, 손녀딸이 채홍당해서 끌려가는 모습을 보면...
	그 고고한 낯빛이 어떻게 변할지. (생각만 해도 즐겁고) 후후.

기분 좋게 차를 마시는 목주.

| 가노 | (E) 이리 오너라!! |

15. 경기감영 앞 / 밤

솟을대문 너머로 우렁찬 부름 소리. 기세등등한 임씨 집안의 가노.
그 뒤로, 화려한 비단 도포 차림의 임서홍과 임송재 두 남자가 서 있다.
관노가 쪼르르 나와서 문을 연다.

16. 경기감영 / 마당 / 밤

서홍과 송재가 마당 안으로 들어서자,
의관을 정제한 홍언욱이 공손히 인사 올린다.

| 언욱 | 참봉 홍언욱이 공조참판과 도승지께 인사드리옵니다. |
| 서홍 | (거만) 그래~ 부군께서는 강녕하시고? |

언욱   대감께서 심려해주시는 덕분에 편안하시옵니다. 따라오시지요.

       언욱이 먼저 앞서면, 뒤를 따르는 임서홍과 임송재.

17. 경기감영 / 찬방 / 밤

       한지를 도마 위에 가지런히 펴는 지영의 손. 긴 붓을 콩기름에 푹 담가
       기름 툭툭 털어내고는 김에 참기름 바르듯 쓱쓱쓱- 펼쳐진 한지에 콩기
       름을 정성스레 먹인다.
       지영, 콩기름 잘 먹은 한지 위에 고깃덩이 척- 올리고, 포장하듯 완전
       히 감싼다.
       같은 방법으로 여러 장의 한지를 겹치고 겹쳐 노끈으로 십자 리본을
       단단히 묶어 마무리하면,

아낙1   아니, 씨잘데기 없이 뭣들 하는 거여 시방?~~ 이러다 우덜 칵 다 죽어
       뿐당께?
길금   아따~! 아줌씨, 허벌나게 시끄럽소잉~! 조용히 좀 하랑께요!
지영   (이마에 땀 닦으며) 길금씨, 물은 다 끓었어?
길금   (긴장) 야! 지금 끓고 있어라.

       아낙2, 3이 아낙1의 옆구리를 툭 찌르며 눈치준다. 길금이 솥뚜껑을 열
       면 훅 올라오는 수증기.

지영   길금씨, 여기 찬물 부어야 돼. 이 옆에 있는 솥단지에 찬물을 가득 받
       아서.
길금   알겠어라~ 여기요 다들 좀 도와주쇼잉!

       길금이 낑낑대자, 다 같이 달려들어 찬물을 붓는 아낙들.

길금	(물 부으며) 근디, 아가씨, 괴기는 쪼까 불에 확 굽든지, 팔팔 삶으면 되는 거 아니여라?
지영	(한지에 싼 고깃덩이 들고) 이렇게 질긴 고기를 부드럽게 익히려면, 이 방법뿐이야.

지영, 솥 안의 물에 한 손을 넣는다. 길금, 놀란다. '아가씨, 이라다 손 데분당게요. 조심하쇼잉'
지영, 뜨겁지만 참으면서..

지영	응.. 육질이 가장 부드럽게 익는 온도는 49도에서 55도 사이거든.
길금	야.. 뭔 말인지 몰라도 암튼 힘내셔라.

상상하는 지영, 어느새 지영의 손 위로 상상 속의 온도계 숫자(CG)가 뜨고,
길금이 물을 추가할 때마다 온도계 숫자가 60, 55로 떨어지면! 지영 눈을 뜬다.
지영, 기름 먹인 습자지로 잘 감싼 고깃덩이를 가마솥 안에 풍덩 넣는다.
서서히 물속으로 잠기는 고깃덩이 위로, 희미하게 단백질의 분자식이 떠오른다. CG 미오신과 액틴.

지영	(E) 미지근한 물로 오래 가열하면, 소고기의 단백질 중 미오신이 반응하면서 고기는 부드러워진다. 이게 바로 수비드 공법!

물속에 다시 기포가 뽀글- 올라오면, 물속으로 다시 손을 넣는 지영,
또, 온도계(CG)가 뜬다. 65도.

지영	한 바가지 더.
길금	(가마솥에 또 한 바가지 붓는다)

지영　(E) 끓는 물의 온도는 100도. 상온의 물은 대략 20도. 두 물을 섞으면,
　　　수비드 요리가 가능해지는 60도 근처에서 대략적인 평행을 이룬다.
길금　(초조) 아가씨.. 참말 괜찮은 거지라?
지영　쉿! (눈을 감고 손끝에 집중하며)
　　　온도계가 없으니.. 손끝의 감각을 믿는 수밖에 없어.
길금　(불안) 그라지만 아가씨 손이 빠알개져써라.. (걱정)
지영　(애써 미소) 걱정 마. 그동안 수없이 해본 수비드 요리니까.
길금　(걱정) 아가씨...

18. 경기감영 / 별채 / 밤

저마다 곱게 단장한, 과년한 네다섯 명의 도열한 여인들을 살펴보고 있
는 송재와 서홍.
그런 그들을 지켜보고 서 있는 언욱.

송재　(앳된 소녀의 턱을 잡고 이리저리) 어디 보자~ 어디 보자~

겁먹은 소녀가 얼굴을 돌리자.

송재　거 얼굴 좀 제대로 보자꾸나. 누가 잡아먹느냐?

그제야 불안한 얼굴을 똑바로 하는 소녀.

송재　(김샌) 애, 너는 한참 더 여물어야 쓰겠다.

수줍은 듯 얼굴을 돌리는 소녀 얼굴에 큰 점 / 소녀의 큰 덩치에 송재와
서홍이 얼굴을 돌리고 / 이후 컷 컷

| 송재 | (찌푸리며) 치장만 화려하구나. 목이 왜 이렇게 짧아! /머리 장식만 화 |
려한 여인 /컷

(갸우뚱) 대체 몇 살이우? 이거 누님인데? / 팔자주름이 깊은 여인 /컷

(도리도리) 입이 너무 커! / 눈은 작고 입이 큰 여인 /컷

| 서홍 | (팔짱 끼며) 에이~ 이거이거 이래서야 전하를 뵐 낯이 있겠소? (송재에 게 싸인) |

| 송재 | (싸인 받고) 아~ 그러게 말입니다~ 이 고을에, 천하절색이 있다고 소문 이 자자하기에.. 충심으로 모았으려니 기대했는데. 쯧. |

| 언욱 | 대관절 누구를 말씀하시는 것인지요. |

| 송재 | (턱) 누구긴 누구요. 관찰사 영감의 손녀 말이지. |

| 언욱 | (화가 나 목소리가 살짝 떨린다) 대감, 지금 무슨 소리를 하시는 겁니까! 미향이는 아직 어린아이요! |

| 송재 | 어릴수록 좋지요. (부채 착 펴며) 아니 그렇습니까 아버님? (임서홍 보며) |

| 서홍 | (송재 보고) 아무렴~ 여인은 자고로 젊을수록 값을 더 쳐주는 법! |

| 송재 | (미소) 아시겠지만 주상께 바칠 '채홍'입니다. |

| 언욱 | (사색이 되는).. |

19. 경기감영 / 찬방 / 밤

길금이 가마솥에 부으려 떠왔던 물 항아리가 바닥을 보이고,
길금과 아낙 일동이 초조하게 지영을 지켜보는 가운데,
지영, 드디어 미지근한 물에서 익고 있던 덩어리를 국자로 꺼낸다.
긴장한 듯, 길금과 아낙 일동들 한 번 보고, 기름 먹인 한지를 한 장 한 장
조심스레 뜯어내면, 진갈색으로 잘 익은 고깃덩이가 영롱한 자태를 드
러낸다.
땀방울이 맺힌 얼굴이지만 만족스러운 듯 올라가는 지영의 입꼬리.

| 지영 | (땀을 닦으며) 휴.. 다행이다. 성공이야. |

길금	아가씨, 참말로 장하요잉~
지영	아직 안 끝났어.
길금/아낙일동	(보면)

지영, 칼을 들고, 사선으로 고기를 슥슥 잘라내면, 핑크빛으로 잘 익은
고기 속살이 곱다!
부드럽게 썰리는 고기를 보고 길금과 아낙 일동이 /워매~/ 탄성을 내
뱉고.

길금	이거시 뭐당가요? (냄새를 맡으며) 술법을 부린 것처럼 냄새가 끝내준 당께요.
지영	(눈을 빛내며) 이게.. 수비드 요리법! 이야.
길금	(존경과 감탄의 눈빛) 아따, 요로코롬 괴기를 시치는 걸 수비드라 한단 이 말이지라~
지영	응, 이제 시어링 해야 돼! (아낙들에게) 아까 준비한 지푸라기 좀 다 갖 고 와요~

일동 부산하게 움직이며. 여깄어 여기! / 불은요! / 준비됐당게!

20. 경기감영 / 별채 / 밤

| 행수집사 | (E) 나리 만찬(晩餐)이 준비되었습니다. |

자막 | 만찬 : 손님을 대접하는 저녁 식사

언욱	(살았다는 듯) 석반(夕飯)이 준비되었답니다. 선공후사라 하였으니, 저녁밥을 먼저 드시지요.
서홍	저녁밥이라.. (의미심장하게 송재 보면)
송재	(순순히) 그리하십시다.

'이쪽으로 오시지요' 하며 후원으로 안내하며 앞장서는 홍언욱, 뒤를 따르는 송재와 서홍.

21. 경기감영 / 후원 정자 / 밤

은은한 등롱이 걸려 있는 후원 정자.
언욱과 서홍, 송재가 정자 안으로 들어서면 앉아 있던 홍경달이 몸을 일으킨다.

경달   어서들 오시게~ 조정에 계셔야 할 분들이 일부러 예까지 오시느라 고생들 하시었네~
서홍   그래봤자 하룻길인데 무슨 말씀을. 허허.
송재   귀양길 떠나시는 대감님들에 비하면 저희가 밟은 건 비단길이지요~
언욱   (쓸쓸).. 그렇습니까.
경달   (배포) 하하. 임승지는 여전히 재기가 넘치시네~ 이리 계시지들 말고, 어서 앉으시게.

도포 자락을 펄럭이며 임부자가 다담(다과상)이 준비된 자리에 앉으면, 홍경달과 언욱이 차례로 앉고.

경달   그래, 전하께오서는 강녕하신가?
서홍   허허, 관찰사 영감, 몰라서 물으십니까?
       영감께서 숙원마마를 폐하라 올리신 상소 덕분에 한동안 궐이 시끄러웠습니다~ 그려.
송재   (미소) 아이 참~ 아버님, 영감님 민망하시게, 예서 그런 말을 꺼내시면 어찌합니까.
경달   괜찮네. 편히들 얘기하시게.
송재   (슬쩍) 쩝~ 어쨌든 그 일로 전하께서 한동안 편치 못하셨던 것은 사실입니다.

경달　(미소) 하하.. 해서 채홍사들을 예까지 보내신 것인가.

송재　(앞에 놓인 차를 마시고) 오해십니다. 그건 별개의 문제지요. (하는데)

서홍　(O/L) 아유~ 먼 길 오느라 시장한데, (한과를 씹다 던지듯 내려두고)
이거 차나 먹고 앉아 있으려니 영~

언욱　송구합니다 어르신, 지금 반상을 (하는데)

경달　(O/L) 핫하하. 역시 솔직들 하시네~
(위엄 서린 목소리) 여봐라~ 뭣들 하느냐! 지체하지 말고 저녁상을 내
오거라!

행수집사　예. 어르신, 준비된 만찬을 올리겠사옵니다.

정자에 앉은 네 사람 앞으로 각각 개다리소반 상이 하나씩 올라온다.
상 위에는 두툼하게 썰린 쇠고기 요리와 장아찌 몇 점에 장국, 그리고
밥공기가 달랑 놓여 있다.
경달과 언욱은 난감한 표정이고, 송재와 서홍, 서로를 보며 희번덕 눈
을 맞추고. 예상대로다!

서홍　(능청) 어허~ 이것 참.. 이 지역에만 흉년이 든 모양입니다~

송재　(음식을 뒤적거리며) 아무래도 이 저녁상은 받을 수가 없겠소이다.
(숟가락을 내려놓고) 자고로 위정자의 접빈객은 그 지역의 산천과 풍
속을 담아내어 반상만 보아도 지리와 민심, 농사일의 풍흉까지도 가늠
할 수 있게 만들어야 하는 법 아닙니까. (언짢은 표정)

경달/언욱　(난감)……

송재　헌데 이 반상에서 보이는 것은 한낱 고깃덩어리뿐이니,
이것이 천박한 오랑캐의 습속과 무엇이 다르다 할 수 있겠습니까.

서홍　(바람 잡는) 이러고도 백성을 다스리는 목민관이라 할 수 있을는지... 쯧.

송재　아무래도 관찰사께서 어명을 받들러 온 저희를 너무 가볍게 보고 계신
것 같습니다.

경달　(노기 띤 얼굴로 언욱 보며) 이게 어찌 된 일이냐.

| 언욱 | (임부자 보며) 실은... 간밤에 이 감영의 숙수들에게 문제가 좀 있었사
옵니다. 해서 새로운 숙수를 임명해 벌어진 일이니, 부디 결례를 용서
하시옵소서.

경달 (침통한 표정) 내 집안에서 벌어진 일도 모르고, 대감들께 이런 큰 실
례를 범하다니.. 내 직접 사과하리다.

서홍 (고개를 돌리며) 허 이것 참. 이리도 대놓고 무시하시다니. (하며 송재
에게 눈짓)

송재 (보고) 허면 다른 거라도 준비하시겠소?

경달 다른 거라면 무엇을 말하는 것이오? (하는데)

언욱 (O/L) 그게 뭘들 다시 준비한다고 뭐가 달라지겠습니까.
음식을 준비한 숙수를 끌고 와 제 손으로 처벌하겠사옵니다. 노여움을
푸시지요.

송재 (급히 서홍 보면) !!

서홍 (언욱 보며) 아, 아니 홍참봉. 그게 무슨 소리요?

언욱 (O/L) 여봐라, 관군들에게 일러 숙수들을 끌고 오라 일러라!

행수집사 '예, 참봉 나으리' 하며 후다닥 뛰어가고.
송재와 서홍 당황한 얼굴이고, 경달만 초연한 얼굴로 앉아 있다.

22. 경기감영 / 찬방 / 밤

일각에 앉아 주먹밥을 먹으며 쉬고 있는 아낙네들과 지영, 길금.

지영 (멍하니 먹으며) 재료가 없어서 가니쉬를 제대로 못 했더니.. 영 찜찜
하네요.

아낙1 워따~ 가시나? 가시나는 여기 네이나 있는디? 하나, 두이, 서이, 네이.

아낙2, 3, / 워매~ 우리도 가시나당가~! / 낄낄대며 웃고, 지영도 그 바

람에 웃고.

지영   뭐, 스테이크가 부드럽게 잘 익혀졌으니까..
      (E) 그래... 이제 나가서 어떡할지 그 생각에 집중하자!
      어떻게 조선시대로 왔는지 모르겠지만 이대로 넋 놓고 있을 수는 없고..

      지영, 자리를 털고 일어나다 일각의 길금을 본다. 길금이 비장한 표정
      으로 주먹밥을 보자기에 담고 있다.

지영   (다가가며) 길금씨? 거기서 뭐 해?
길금   (정신없이 보자기를 싸고 묶으며) 아가씨~ 밥은요, 무자건 챙기고 봐야
      쓴당게요~
      (다른 보자기 건네며) 아가씨도 가만 계시지만 말고, 좀 챙겨라~ (주먹
      밥 건네주고)
지영   (얼떨결에 받아들고) 응? 지금? (하는데)

      다음 순간 나졸들과 군관이 부엌으로 들이닥친다.

군관   전부 다 끌어내라!

      나졸들 '예!' 하며 아낙들과 길금, 지영을 포박하고.

지영   (!!) 이, 이게 무슨 짓들이에요?!
군관   닥쳐라! 죄인을 당장 끌고 오라는 참봉 어른의 명이시다!

      '예?' 하며 놀라 사색이 된 지영과 길금, 아낙들 일동.

23. 경기감영 / 후원 정자 / 밤

임부자, 홍부자가 정자에 엄한 표정으로 앉아 있는 가운데,
건장한 나장 두 명이 아찔한 크기의 곤장을 들고 있다.
끌고 온 지영과 아낙들을 후원 마당에 무릎 꿇리는 나졸들.

지영　　(E) 저건 설마.. 민속촌에서나 보던 그, 치, 치도곤?!
길금/아낙들　(영문도 모르고) 아이고~ 잘못했습니다요. 한 번만 살려주십시오, 나
　　　으리.
지영　　(E) 대체 무슨 일인 거지...?
언욱　　(짐짓 엄하게) 무릇 사대부의 음식이란,
　　　그 지역의 자연을 고루 활용하여 남기는 것 없이 만들어야 하는 법이다.
　　　헌데 이 반상에 올라온 음식은 그저 육고기에 지나지 않으니,
　　　어찌 올바른 접빈객이라 할 수 있겠느냐.
　　　(지영 노려보고) 지금부터 그 죄를 엄히 다스리도록 하겠다!
　　　마지막으로 할 말이 있으면 하거라.
지영　　(상을 보고, E) 아직 먹지도 않았는데..? 트집인가..?
　　　저, 죄송한데, 음식은 드셔 보신 건가요? 만약 아니시라면 정말 억울하
　　　네요. 말씀하신 것과 달리 그 반상엔 자연 그대로가 담겨있거든요.

송재　　(E) 참으로 당돌한 계집이구나.

지영, 고개를 돌려 송재를 본다.

송재　　방금, 이 반상에...... 이곳의 모든 자연이 담겨있다 하였느냐?
지영　　(E) 누구지..? 오늘 접대받는 그 양반인가...?
　　　예. 그렇습니다.
송재　　어찌 그러한지 말해 보거라. 만일 허튼소리를 하면 무사하지 못할 것
　　　이다.
지영　　(E) 식기 전에 먹어야 제맛이 날 테니, 일단 먹여야겠다..
　　　(대뜸) 나으리, 음식은 먹어보아야 그 맛을 아는 것 아닙니까?

설명은 그 뒤에 하겠습니다.

서홍 (못마땅) 참으로 무례한지고. 어흠! (하는데)

송재 (가소롭다는 듯 픽) 허~ 이것 참..
(홍경달 보며) 영감께서 준비하신 패가 참으로 재밌습니다.
그럼 저도 이쯤에서 준비한 패를 하나 꺼낼까 하는데.
(뒤를 보며) 여봐라!

윽! 윽! 입에 재갈이 물린 채로 임부자의 가노들에게 눈물범벅이 되어 끌려오는 미향.
지영과 일동 놀라서 미향을 보는데.
'미향아!' 벌떡 일어서는 홍언욱, 홍경달.
홍언욱은 버선발로 정자를 내려가 미향을 끌어안는다.

홍경달 네, 네놈이.. 감히...!! (주먹을 꽉 쥐고 부들부들 송재를 노려본다)

송재 (잔인한 미소) 어떠십니까? 관찰사 영감. 제가 준비한 패가 마음에 드십니까?
저 여인의 말에 일리가 있다면 접빈객이 제대로 된 것이라 생각하고, 예서 물러갈 것이나 그게 아니면 오늘 밤 손녀딸을 데려가겠습니다.
(미소 짓다가 품에서 채홍패를 꺼내 내려둔다) 채홍패입니다.

잠시 침묵이 흐르는 가운데, 분노로 부들부들 온몸을 떨며 채홍패를 바라보는 홍경달.

송재 (싸늘한 눈빛) 어명이지요.

홍언욱, 미향을 가슴 깊이 끌어안으면. 미향, 재갈이 물린 채로 '흑흑' 울음을 터트리고.
길금과 아낙들도 동요하며 '흑흑' 눈물 콧물.

지영	(E) 저 양반놈이 채홍사구나! 희대의 간신 임송재!
경달	(서슬이 퍼래서) 자네, 참으로 무례하군.
	비록, 자네가 주상의 총애를 받는 도승지라고는 하나
	노대신인 나를 이리 겁박하고, 내 손녀를 채홍한다는 것이 가당키나
	한 일인가?
	(노려보며) 사람의 탈을 쓰고 부끄럽지도 않냐 이 말일세.
서홍	아이쿠~ 진정하세요. 영감~! 이러다 잘못하면 삼대가 끊겨요~
	조선의 선비들이 모두 존경한다는 홍경달 영감께서 이러시면 곤란하
	지요~
지영	(경달을 보며 E) 그럼 저분이.. 홍경달..?
송재	(반상에 놓인 물 한 잔을 탁- 소리 나게 내려두고) 제가 못 들은 걸로 하
	지요.
	아까 말씀드린 대로 (지영을 가리키며) 저년이 올린 음식이 제 마음을
	움직이면, 그땐 모두 없던 일이 되는 겁니다. 그러니 일단 진정하십시
	오. 영감.
지영	(E) 저, 저년? 진짜 어이없네.

긴장감이 흐르는 가운데 노기 어린 눈으로 자리에 앉는 홍경달. 안도의
한숨을 내쉬는 홍언욱.
서로 의미심장한 눈빛을 주고받는 임부자.

지영	(E) 설마.. 이게 그 유명한 사화의 시발점? 하. 큰일 났네, 난 왜 여기 떨
	어진 거야.. 어쩌다 갑신년에 온 거지? 아~ 증말...
홍언욱	(슬픈 표정) 이제 반상의 음식을 드셔보시지요.. 대감.
송재	예, 그 전에, 음식을 이렇게 만든 저년도, 합당한 대가를 치르게 해야겠
	습니다.
경달/언욱	(!!)
지영	(E) 아 말도 안 돼! 난 그냥 요리를 했을 뿐이라구!
송재	(지영 보며) 묻겠다. 만약 이 반상에 자연이 담겨있지 않으면 어쩔 것

이냐. 그땐 네 목이라도 내놓겠느냐?

지영 (E) 어차피 돌아갈 방법도 모르니까, 이판사판이다.
...분명 수비드 요리는 퍼펙트했으니까.
(으쓱) 예, 원하신다면요. 자, 이제 한입 드셔 보세요.

주변에 지켜보던 사람들, 침을 꿀꺽 삼킨다. 긴장감이 흐른다.

송재 (비웃듯이) 흠.. 알겠다. (서서히 젓가락을 든다)

임송재가 먼저 입꼬리 한쪽이 묘하게 올라가더니 고기를 입에 넣고 씹는다. 임서홍도 마찬가지로 고기를 먹는다.
다시 한 입 베어 물어보고, 씹고, 음미하고 표정이 변해가는 임송재와 임서홍. 긴장감이 더욱 고조되고.

서홍 (눈썹이 가늘게 떨리며 탄성이 저절로)...오옷?? 이게 무언가?! (송재 보면)
송재 (고기를 씹으며, E) 이 식감.. 이 맛은.. 참으로 처음 느껴 보는 맛!
서홍 (E) 고기가 씹히는 게 아니라 녹는구나. 사르르..
송재 (E) 입안 가득 담기는 육즙은 대체 뭐란 말인가?

지영, 송재의 동공이 커지는 것을 보고, 됐다! 싶은.

INS_ 찬방에서 멸치, 새우젓, 표고버섯으로 양념을 만드는 지영.

지영 (E) 표고버섯의 '구아닐산', 멸치의 '이노신산'. 그리고 새우젓의 '글루탐산'.

INS_ 표고버섯, 멸치, 새우젓 등의 식재료에서 분자식이 CG로 떠오르며

지영　(E) 각기 다른 계열의 아미노산 성분을 특정한 비율로 배합하면,
감칠맛이 수십 배까지 증폭된다. 이른바 '감칠맛 폭탄' M.S.G !

INS_ 식재료의 이미지 빠르게 스치며, 분자식들이 서로 결합하고.

지영　(E) 현대의 합성 조미료와 같다!! (씨익!)

송재, 먹을수록 천상의 맛이다.
하지만 속으로만 감탄할 뿐 티는 내지 않는다.
지영의 표정이 여유롭게 바뀌는데 탕! 젓가락 놓는 송재.

송재　(젓가락 놓고 표정 바꾸며) 홍! 이건 그저 흔한 쇠고기 수육이 아닌가?

지영이 불안한 얼굴로 보면. 홍언욱이 낙심한 듯 고개를 돌리고.
홍경달, 임부자를 못 믿겠다는 듯 조심스레 젓가락을 들어 음식을 맛
본다. 눈동자가 커다래지는 경달! 천상의 맛이다!
홍경달, 송재를 노려보는데...!!

송재　(잔인한 미소) 어찌할꼬. 네가 말한 자연은 이 반상에서 느낄 수 없구나.
지영　(입술을 깨물며 E) ...거짓말하는 인간의 혓바닥은 막을 수 없다더니.
송재　더 할 말이 있느냐?
지영　(차분히 본다) 방금 드신 음식은 기름종이로 싸서 미지근한 온도에 오
랜 시간 익힌 쇠고기입니다. 거기엔 얼핏 고기만 있는 것 같으나, 실은
이 지역의 온갖 식재료들이 모두 들어가 있습니다.
송재　(미간이 꿈틀) 그래~?
지영　고기를 재운 양념, 거기엔 마포나루의 새우젓과 서해안에서 들어오는
멸치, 그리고 노고산에서 채취한 표고버섯이 들어있습니다.
이런 요리에 자연이 담겨있지 않다면, 대체 어떤 반상에 자연이 담긴
것입니까?

| **송재** | (짐짓 엄하게) 참으로 이상하구나. 네 말만 들으면 자연이 느껴지는데, 네 음식엔 담겨있지 않으니 말이다. |

송재 (짐짓 엄하게) 참으로 이상하구나. 네 말만 들으면 자연이 느껴지는데, 네 음식엔 담겨있지 않으니 말이다.

경달 (벌떡 일어선다) 자네는 지금 거짓말을 하고 있네.

송재 (당황) 그게 무슨 말씀이십니까.

경달 이 음식엔, 내 평생 처음 느껴 본 맛이 담겨있다.
헌데, 네가! 내 손녀딸을 데려가기 위해 거짓말을 하구 있구나!!
이 천인공노할 간신배 같으니라구!! (일각에 놓인 자신의 검을 집어드는데..!)

송재/서홍 !!

지영 (E) 역시.. 채홍 때문에 솔직할 생각이 없었던 거구나..
그래도 정성을 다했는데.... 이제 어쩌지...?

경달 (송재에게 가까이 다가가며) 자네 같은 간신은 내 손으로...! (하는네)

이때, 홍언욱이 홍경달을 막아선다.

언욱 (절절한 눈으로) 아버님, 모든 것이 소자가 못난 탓이옵니다. 부디 고정하십시오.

경달 (피 끓는 눈으로 아들을 보며) ...놓거라.

언욱 (더욱 꽉 잡고) 아버님... 아니 되옵니다.

송재 아~ 눈물 없인 못 보겠다. (고개 돌리며 반상의 술을 홀짝 마시고)

홍경달, 눈시울이 붉어지며 힘없이 탁- 하고 검을 바닥에 내려둔다.

언욱 (침통한 표정) 죄인을 매우 쳐라!

경달 (눈을 질끈 감고)

치도곤을 든 나졸들이 지영에게 성큼성큼 걸어간다.
길금이 불안함에 사시나무 떨듯 지영을 본다.

지영 (E) 와.. 여기서.. 나 이렇게... 억울하게.. 죽는 거야? 조선시대에서?
하나님! 부처님!! 누구라도 도와줘.. 제발..
송재 니 요리를 원망해라.
지영 (노려보고) 내 요리는 잘못이 없어요. 문제는 정직하지 못한 당신의 혓바닥이지.

지영 두 손 모으고 눈을 감는데, 이때, 횃불이 훅, 흔들리며.

이헌 (E) 잠깐!
지영 (소리가 난 곳을 보면) !!

멀리 일렁이는 어둠 속을 슬로우모션으로 걸어 나오는 검은 실루엣.
(영웅본색 풍의 음악이 깔리며)
점점 선명해지더니 걸어오는 누군가의 발이 보인다.
이내 선명한 누군가의 얼굴, 바로 이헌이다!
차가운 눈빛으로 저벅저벅 걸어와 부복해 있는 지영의 앞에 서는 이헌.
이헌의 등장에 정자 위 모두가 당황하며 '전하!' 하고 부복한다.

이헌 (지영을 내려다보며) 너의 말이 사실이라면.. 과인이 한번 먹어보겠다.

입가에 묘한 미소를 띠고 고개 숙인 지영을 내려보고 있는 이헌.

지영 (E) 전하..? 오 마이 갓! 설마, 그놈은 아니겠지..? (머리를 두 손으로 쥐어뜯는)

겁먹은 얼굴로 겨우 슬쩍 고개를 들어 올리는 지영.

지영 (!! E) ... 맙소사...
이헌 일어나라. 귀녀!

지영   (E) 망했다... 진짜 연희군이었어.

F.C_ 이헌과 절벽에서 만났던 모습들 컷컷 / 비빔밥을 먹던 이헌의 모습 컷컷 / 중랑천에서 단도를 차지하기 위해 다투던 지영과 이헌의 모습 컷컷 / 이헌에게 폭군과 채홍에 대해 설명하며 '그냥 여차에 미친 거지' 하던 지영의 모습 컷컷 / 내가 이 나라의 왕이니라 (3번) 컷컷컷

지영   (E) 아빠.. (훌쩍)
이헌   일어나지 않고 멍하니 뭘 보는 게냐?
지영   (E).. 먼저 가서... 죄송해여...(훌쩍) ..차라리 (치도곤을 보는)
이헌   (E) 차라리. 치도곤을 맞는 게 낫겠다는 생각이 들게 해주마. (씨익)

24. 경기감영 / 별채 / 밤

연회장인 듯 큰 별채 방 안.
홍부자, 임부자, 부복하고 있는 가운데, 이헌. 준비된 새로운 반상 앞으로 가 않는다. 소박하다.
지영, 영혼이 실종된 얼굴로 이헌을 바라보고 있다.

이헌   (피식 E) 반상이... 참으로 소박하군.
          이리 와 기미하거라.
지영   (화들짝) 저, 저요?
이헌   그래. 너.

모두가 지영을 본다. 어서 가라고. 채근하듯이.

지영   (알 수 없는 위압감에 입술을 깨물며 천천히 일어나서) 예.

수혁이 재빠르게 다가와 비단 속에 싸여있던 은수저를 꺼내서 지영에
게 건넨다.
지영, 수저를 받아서 조심스레 요리를 먹고 수저를 내린다.

지영　(E) 그래, 넌 조선시대 유명한 미식가였지.. 절.대.미.각. 아 피말려, 진짜.

이헌　(E) (미소) 헛된 기대는 접는 것이 좋을 게다.. 꽁보리밥만큼도 맛이 없
　　　다면..

긴장감이 흐르는 가운데 이헌이 반상을 지그시 바라보다가,
서서히 젓가락을 들고 고기를 입에 넣고 씹는다.

이헌　(동공 확장) 육질이 이리 부드럽다니!
　　　(젓가락으로 한 점 더 먹고) 음.. 씹으면 씹을수록 입안에서 육즙이 맴
　　　돌며 쌓이다가.

이어서 몇 점을 더 집어 먹는 이헌, 씹고 음미하고 시시각각 변해가는
표정.
이헌의 표정을 살피는 지영의 얼굴엔 식은땀이 흐르고.

이헌　(믿을 수 없다는 눈빛) …담백한 맛의 절정을 이루고 녹아 버린다.
　　　(바로 소스를 찍어 혀끝으로 음미) 응?? 이 양념은...!!!

이헌, 점점 눈이 커지며 표정이 진지해진다.

이헌　(놀라) 이 맛은.. 정말 믿을 수가 없다..
　　　이토록 순수한 감칠맛이라니...? 대체 무엇을 썼느냐?!

지영　(E) 진짜 혀끝이 달라도 다르구나. MSG를 저렇게 느끼다니, 기막혀.
　　　맛 저승사자야.

지영　음.. 말하자면.. 맛을 강화하기 위해 사용되는 아이템인데요...

보통은 음식의 감칠맛을 강화하고 짠맛을 줄여줍니다.

이헌 (알아듣는 척) 아이템이라~ 그래~ 그거였군.

이헌, 반상 위에 놓인 장아찌도 함께 먹는다.
모두가 침을 꼴깍 삼키며 그런 이헌을 본다.
이헌, 고기와 장아찌를 함께 먹어보다가 드디어 젓가락을 내린다.

이헌 얇게 썬 장아찌마저 입맛을 돋우는 데 그지없고,
하여, 육고기와 장아찌의 배합이 적절하게 조합이 된...이 음식은...
그야말로 천하일미!

지영 (E) 살았다! 살았어! 오예에에에에!! (안도의 한숨) 후~

이헌 (미소) 어쩐지 그리운 맛이 나는 게.. 참으로 오랜만에.. 음식이 만족스
리웠다.
헌데, 자네는 아까 왜 그리 음식 맛을 타박했는가?

송재 (눈을 빛내며) 이것은 천하를 다스리시는 전하께 걸맞은 반상!
소신의 하찮은 혀는 먹어도 알 수 없는 것이 당연하옵니다.

지영 (E) 하유~ 누가 간신 아니랄까 봐.
(궁시렁) 쳇. 아까는 맛을 영~ 모르시겠다더니..

송재 (낮게) 야.

지영, '흥' 새초롬하게 고개를 돌린다. 이때, 궁금한 표정으로 입을 여는
이헌.

이헌 네가 나를 오늘 두 번 놀래키는구나.

임송재, 두 사람을 번갈아 보면서 놀란다. 서로 아는 사이?

이헌 그러고 보니 그대가 세포의 요리사라고 했던가.

지영 셰프요? 아.. 예. 요리사요.

이헌   ..실력을 보니 허언은 아닌 듯한데...

(지영을 꿰뚫어 보듯) 본디 숙수란 남자들의 업인데, 여인의 몸으로 숙수가 된 연유가 무엇이냐?

지영   (E) 뭐지? 이건.. 면접 바이브..?

(회상하며) 음.. 아빠가 요리하는 걸 워낙 좋아해서요,

그래서 음식을 맛보는 것도, 만드는 일도, 제겐 천직이 됐죠. (으쓱)

이헌   천직이라.. 허면, 요리사가 된 것을 후회한 적은 없느냐?

지영   원래 천직이란 게, 천형도 함께 안고 사는 거라고 하잖아요.

왕이라서 좋기도 하지만, 왕이기 때문에, 힘든 게 많은 것처럼요.

이헌   (허를 찔린 듯) 흠.. 그렇군.

지영   어쨌든, 저는 전하처럼 뛰어난 미각을 가진 분이 인정해 주실 때,

요리사가 된 보람을 제일 크게 느낍니다.

임부자, 홍부자, 신수혁 호기심 어린 표정으로 지영을 본다.

이헌   네 이름이 무어냐.

지영   연지영입니다.

이헌   연가라. 나이는.

지영   (??) 스물일곱이여.

이헌   (!!) 뭣이라? 스, 스물일곱? 보기보다 나이가.. 있구나. 그럼 지아비가..

(하는데)

지영   (O/L) 아.. 하하.. 오해 마세요. 저는 아직 미혼이에요.

이헌   저런, 그 나이까지 시집을 못 가다니.. 애석하군. 쯧쯧.

지영   아~ 그게 저~ 제가 이쪽 사람이 아니라서. 생각하시는 거랑 조금 달라요. 전하. 하하.

이헌   흠.. 그럼 너는 어느 쪽에서 왔느냐?

지영   (갈등 E) 진짜 말을 해? 말어? 안 믿을 거 같은데..

(용기 내고) 저, 믿기 힘드시겠지만, 저는 500년 뒤, 미래에서 왔어요.

이헌   (깊게 본다)

모두들 (더욱 깊게 본다)

지영 (E) 설마, 믿어주는 거야..?!

이헌 (심드렁하게) 그렇군. 내 오늘 당장 목을 거두진 않겠다.

지영 (?!) 믿어주시는 거예요?

이헌 정신이 온전치 않은 것은 아쉽다만, 네 재주가 오늘 너를 살렸다. (씨익)

송재 (피식)

지영 (쿨하게 E) 미쳤다고 생각하는 거지? 그래.. 나도 믿기지 않으니까...
(다시 용기 내고) 저, 믿기 어려우신 거 알아요.
근데, 저는, 한국이라는 다른 시대 사람이거든요? (하는데)

송재 (지영에게) 어허! 네 감히 어느 안전이라고! 그만하거라!

지영 (힘없이 고개 숙이며) 예.. 못 믿으시겠죠..
(E) 내가 미친 게 아니고, 이게 사실인 걸 어쩌냐구.. ㅠㅠ

이헌, 그런 지영을 보며 '쯧쯧' 고개를 절레절레. 그러다 송재를 보며 저 물건 치우라는 식의 고갯짓.
송재, 이헌의 뜻을 받들 듯 고개를 조아렸다가. 지영을 보며 이리로 오라는 고갯짓.
지영, 송재의 뒤쪽으로 빠지며.

지영 (E) 맘대루 생각해라. 대신 풀어줘~~! 살려준다며!

지영, 송재에게 '저, 풀어주시는 거죠..?' 작게 말하는데,
송재가 작게 '어허!' 하고 인상을 쓴다.

지영 (E) 그래서 풀어준다는 거야? 안 풀어준다는 거야? 미치겠네 진짜.
(하는데)

이헌 도승지!

지영 (기대감 E) 풀어주는 거지이...?

송재 (다가가 부복하고) 예, 전하.

지영	(E) 제발제발제발 (하는데)
이헌	저 숙수는 옥에 가뒀다가 내일 입궁할 때 데려갈 것이다.
지영	(E) 하 미치겠다 진짜. 결국 안 풀어주는 거네.
송재	예, 전하. (홍부자 눈치 보며) 하오면 홍영감의 손녀딸은 어찌할까요?
이헌	(그제서야) 아. 홍경달 영감의 손녀딸도 궁으로 데려갈 것이니, 채비시켜라.
지영	(순간 정신이 번쩍 E) 홍경달의 손녀?! 저 어린 것을?? 와 증말!! 너무하네!

홍경달/언욱!!

송재	예, 전하. 알겠사옵니다.
홍경달	(노려보고, 나서려 하면)
홍언욱	(경달의 소매를 잡으며 참으라 고개 젓는다)
이헌	다들 그만 나가봐라. 피곤하다. (하는데)
지영	(망연자실 E) 가만... 혹시 이게 그 갑신사화의 발단이 된 홍경달의 손녀?!

송재와 서홍에게 떠밀려 나가는 지영. 언욱도 나가고, 방 안엔 수혁과 경달만 남아 있다.

| 이헌 | 뭣 하고 있느냐? 나가지 않고? |

부들부들 떨며 일어서는 경달. 벌떡 일어나 이헌에게 소리친다.

경달	진정, 선대왕께 부끄럽지도 않으십니까?!
수혁	(칼을 뽑아서 목에 대고) 무엄하오.
이헌	치워라.
수혁	(천천히 칼을 내리고 일각에 서서 경달을 예의주시)

멈칫, 살기를 띠고 경달을 바라보는 이헌.

경달　여인의 치마폭에 싸여 정사는 멀리하고!

대신의 목숨을 하찮게 여기고, 백성의 삶은 업신여기니!

신하는 임금을 우러르지 않고, 백성은 임금을 섬기지 않는 지경임을 정녕 모르십니까?!

이헌　(싸늘한 얼굴로 일어서서 다가간다) 다시 말해보거라.

경달　(부복하고 간절하게) 전하! 부디 총명을 되찾으소서. 주상의 권세를 등에 업고 온갖 전횡을 일삼는 궁의 여인과 저 간신들을 엄히 벌하셔야 나라가 바로 설 것이옵니다.

이헌　(일각으로 걸어가 자신의 칼을 빼어 든다. 스르릉) 다시 말하라.

경달　(눈물) 전하.. 전하..

이헌　네 손녀의 목숨이 경각에 달리니 종사가 걱정되느냐? 왕의 마음이 어쩌고 어째?

경달　(눈물) 전하.. 차라리 저를.. (끅끅) 신을 죽여주시옵소서.

이헌　(눈에 핏발이 서고 경달의 목에 칼을 겨눈다)

가족을 위해 아무것도 할 수 없는 고통을 이제 알겠느냐?

경달　(얼굴이 하얗게 돼서) 전하, 전하!! 그것이 대체 무슨 말씀이시옵니까?!

이헌　(E) 너는 살아서 그 고통 속에 오래 머물러야 한다.

그것이 내 어머니를 사지로 내몬 너에게 과인이 내리는 형벌이니라.

(수혁에게) 방금 과인에게 불경죄를 저지른 죄인을 당장 끌어내라!

(하고 칼을 바닥에 던지는) 내일 아침 멀리~ 함경북도 저 끝으로 유배 보내라!

수혁　예, 전하!

경달/ 전하! 전하!/ 하고 소리치며 수혁에게 끌려 나가고.

이헌, 분노로 온몸이 부들부들 떨린다. 답답한 마음에 확 일어서서 밖으로 나가는.

25. 경기감영 / 별채 / 대청마루 / 밤

깊은 밤, 달을 보고 선 이헌, 생각이 깊다.
문득, 고개를 돌리면 임송재 서 있다. '어이쿠 깜짝이야' 서로 보고 놀라는!

이헌   (!) 기척도 없이.. 무슨 일이냐.

송재   바람이 찹니다. 안으로 드시지요. (눈치 슬슬) 긴 밤이 적적하시면,
새로 채홍한 여인들을 준비시키겠습니다.

이헌   송재야.

송재   (기다렸다는 듯) 예~ 전하.

이헌   둘뿐이니 편하게 하거라. (하고 어깨를 툭 치면)

송재   (슬적 피해내며) 허허, 이런. 손버릇이 나쁘십니다.

이헌   어허! 이런 방자한! 아직 날렵하구나. (하면서도 웃음이 터지고)

이헌, 그러면서 다시 슬쩍 툭- 어깨를 치는데. 이번엔 송재 손으로 탁!
막아내고.
이헌, 부채를 꺼내서 송재의 어깨와 머리를 탁탁- 치자.
송재도 부채를 꺼내서 탁탁탁- 막아낸다.

Cut to_ 가쁜 숨을 몰아쉬며 바닥에 누워있는 두 남자.

이헌   연지영이란 숙수와, 함께 잡혀 온 아이를 제외하고,
오늘 경기감영에서 채홍한 여인들은 전부 돌려보내라.

송재   (!!) 예? (하다가 넘겨짚고) 혹, 채홍 때문에 불편한 일이라도..?

이헌   아니다.

F.C_ 초가집에서 지영이 채홍에 관해 열변을 토하던 모습 컷

이헌   어차피 채홍은 어머니의 복수를 위한 구실일 뿐임을 네 잘 알지 않느냐.

송재   하오나, 여기서 멈추시면 의심을 사실 것이온데..

이헌	(씨익) 오늘은 좀 지치는구나.

이헌 | (씨익) 오늘은 좀 지치는구나.

송재 | 허면, 제가..... 대신 들어갈까요?

이헌 | 하하하하하. 농이 지나치구나. 너 때문에 웃었구나.

송재 | 저는 언제든 준비가 되어 있사옵니다. 사양치 마시고 저에게 한번 기회를 주시면.

이헌 | (픽) 알겠다~ 그래~ 언젠가 거사가 끝나고 나면,
우리도 마주 앉아 거하게 마시며 웃을 날이 있겠지.

송재 | (부복하고) 예.. 전하. 그날을 학수고대하고 있겠습니다. (일단 물러나고)

26. 경기감영 / 옥사 / 밤

목에 칼을 차고 앉은 지영과 길금.

길금 | (울상) 위매, 아가씨이~ 전하께서 맛나게 드신 게 맞긴 하당가요?

지영 | (패닉상태) 길금씨도 들었잖아.. 분명 천하일미라구..

길금 | (훌쩍) 근디요, 와 우리만 쏙 빼놓고, 쩌런 아줌씨들만 다 풀어주셨당가요?

지영 | (넋이 나가) ...낸들 알아..? 저놈 대그빡에 뭐가 들었는지 한번 들다보고 잡당게~

길금 | 머서요? (화들짝) 위매, 어째야 쓰까잉. 어서 그런 험한 말을 배워왔당가요! 그 고운 얼굴로 주뎅이를 조심. 조심 쫌 하면 월매나 천상 선녀 같고 이쁘겠어라.

지영 | (휴 한숨 내쉬고) 알았어... 조심할게.. ㅠㅠ

길금 | (다시 울상) 근디요. 날이 쪼까 밝아지면 궁에 들어간다는디,
궁엔 허벌나게 작것들도 많고, 무신 상궁마마덜도 보통 싸난년들이 아니라카요. 참말로 걱정이어라.

지영 | 하.. 궁에 들어가기 전에 돌아가야 하는데. 미치겠다.

길금 | 워디를여?

지영   (축 처져서) 어디긴 어디야. 내가 있던 곳이지.

길금   긍까 거가 워딘다라?

지영   (끙).. 길금씨 믿어지지 않겠지만 난 아주 아~주 먼 미래에서 왔어~
(한숨 내쉬고) 와 나 뭐 하냐. 그만하자 길금씨.

길금   (눈을 빛내며) 아이, 아가씨, 저 아가씨 말 다 믿는당께요.
아가씨 처음 만났을 때 말이여라, 난생처음 보는 향내가 났다 안 혀요,
첨 보는 음식도 맹글고 말이여라. 그 써글 대신들 앞에서도 당당하게
할 말 다 하시고~ 그래서 믿는당께요. 아니 살다봉께 이런 일도 있구나
하면서 믿어진당께요~

지영   (눈이 번쩍) 진짜야 길금씨? (그제야 속이 좀 풀리고) 사실, 내가, 프랑
스라는 외국에서 살다가, 한국으로 돌아가려고 비행기를 탔거든?
그래서 나한테 이국적인 냄새가 났을 거야.

길금   (눈이 반짝) 방기요?

지영   아니이~ 비행기라는 게 사람을 태우고 하늘을 나는 거거든?

길금   무다요? 그런게 다 있다고라?

지영   응, 다른 나라에서 한국에 돌아오려고 나는 거기 탔는데,
화장실에 갔다가! 책이 확 펼쳐지더니!
(뭔가 크게 깨닫고) 그래! 망운록!!!!!

F.C_ 1부, 12씬. 지영이 비행기 화장실 안에서 망운록이 펼쳐지며 책 속
으로 빨려 들어가던 순간

지영   (소름 돋고) 그래.. 망운록 때문이었어... 무슨 마법책처럼.. 첫 장을 읽
었는데..
어? 그게 어디 갔지? (하다가 길금 탁 치고) 맞다..! 내 가방!

길금   (집중해서 듣다가 놀래고) 워매! 깜짝이야!

F.C_ 1부, 27씬. 절벽에서 이헌과 떨어질 때 절벽 한쪽 소나무에 걸린
가방을 보는 찰나의 순간 시야컷

| 지영 | (급히) 길금씨, 내가 방금 중요한 걸 깨달았어. |

지영 (급히) 길금씨, 내가 방금 중요한 걸 깨달았어.

길금 (긴장) 무다요?

지영 망운록이라고, 아주 중요한 책이 있는데.
그 책을 절벽에서 잃어버렸어!

길금 망운록이라고라?

지영 응, 빨리 그 책이 든 가방부터 찾아야 해. 그래야 돌아갈 수 있어. 좀 도
와줘.

길금 야, 근디 시방 여기서 워떻게 나간다요? (하는데)

다음 순간, 옥사로 홀연히 홍언욱이 들어온다.
지영과 길금 무슨 일인가 싶어 두려움에 고개를 숙이고.

길금 (겁에 질려) 거, 거시기, 거기 누구요?!

홍언욱 무서워하지 말거라. 약조를 지키러 온 것이니.

지영 예? 약조여?

홍언욱 (가까이 가서) 접빈객을 잘 마쳤으니 너희들을 보내주마.

지영과 길금 자세히 살펴보면 홍언욱이다!

지영 아, 아까, 그, 홍참봉님.?! 괜찮으시겠어요?

홍언욱 그래. 아까는 사정이 여의찮아 너희에게 몹쓸 짓을 했다만.
내 딸을 지키려다 그리된 것이니 이해하거라.

지영 아니에요. 그 사람들이 나쁜 거죠.

길금 (동조) 야! 마저라!

홍언욱, 옥사 안으로 들어와 지영과 길금의 목에 찬 칼을 풀어주고, 옥
사 문을 열어준다.
지영과 길금이 서로를 본다.

홍언욱   (지영과 길금 보며) 이걸로 서로 빚은 없는 것이다.

지영/길금 (믿어지지 않아 서로 보고)

홍언욱   저 끝으로 나가면 감영의 뒷문이 바로 나올 것이다. 어서 가거라.

지영과 길금, 뒤로 슬금슬금 도망가다가 몸을 홱 돌려서 홍언욱을 본다.

지영   감사합니다. 감사합니다! (먼저 나가면)

길금, 꾸벅 인사를 하고 지영을 따라가고. 홍언욱, 슬픈 미소.

27. 경기감영 / 사랑채 / 밤

호롱불이 켜진 방 안. 속적삼 차림의 이헌, 다친 어깨에 무명천이 덧대
어진 채로, 술잔을 기울이고 있다.
이때 밖에서 들리는 다급한 목소리.

송재   (E) 전하! 신 도승지이옵니다.

이헌   (밖을 향해) 무슨 일이냐.

송재   (E) 전하께 반상을 올렸던 숙수들이 옥사에서 도망을 쳤다 하옵니다.

이헌   뭐라!! (싸늘히 표정 굳어지고)

28. 왕의 사냥터 / 살곶이 숲 일각 / 밤

지영과 길금이 등롱 하나를 들고 쫑알거리며 걷고 있다.
분이 안 풀리는지 계속 이헌을 욕해대고 있는 지영.

지영   와, 옥사만 나왔는데도 숨통이 트이네.

길금	후~ 참말루 좋당게요 아가씨~ 살다봉게 저런 사람도 다 있네요.
지영	조선의 선비들이 다 추앙했던 이유가 있네. 인격이 누구랑 달라~ 달라도 너무 달라~
길금	아가씨, 암만 거시기해도 전하께 말을 그리하시면 된다요? 고 주댕이 조심 좀 하쇼잉.
지영	(절레절레) 길금씨, 길금씨가 그런 말 할 때마다 멘붕이 와.
길금	맴이~뿡이다~ 이 말이지라? 아따~ 말도 솔찬히 잘 지어내시네~
지영	미래에선 사람들이 평상시에 쓰는 말이야.
길금	아따~ 미래 사람들은 참말로 야무지네요.
지영	근데, 길금씨는 아까 안 놀랐어? 초가집 환자가 진짜 왕인 거잖아.
길금	그걸 말이라고 한다요? 지는요 모다 칵 디져불겠구나~ 했당께요.
지영	아니이. (시니컬) 왕이면 왕답게. 능력 좀 써서 위험에 치한 사람들 솜 도와주고 이래야지. 완전 재수탱이 아냐.
길금	아가씨 암때서나 주댕이 놀리지 않기로 약조했자녀요. (두리번) 야?
지영	(꿍) 내가 그냥 말을 안 할게. 됐지?
길금	아이~ 또 그러지 마시고라~ (등롱을 앞으로 밝히며) 근데 이 길이 맞긴 해요?

지영, '여긴가?' 하며 기억을 더듬으며 앞장서서 걷는다.

지영	(그러다 문득) 근데 길금씨, (미안하고) 너무 늦지 않았어?
길금	지요?
지영	응, 나 도와주는 건 고마운데~ 너무 늦게 들어가면 부모님이 걱정하실 거 아냐~
길금	지는 혼자여라.
지영	....응? 그게 무슨 뜻이야?
길금	아부지는 전라좌수영 군관이셨다는디, 누명을 쓰고 잡혀가서서 생사를 모르고라, 엄니는 아부지 찾으러 나랑 한양에 올라오던 길에 화적떼를 만나서 돌아가셨당께요.

지영	그럼, 여태까지 쭉 혼자 지낸 거야?
길금	야..
지영	(짠하다) 미안해. 그런 줄도 모르고.. 내가 괜한 걸 물었네.
길금	(밝게) 아니여라. 모르시는 게 당연하지라~ 괜찮당게요.
지영	...저 그럼, 이참에 길금씨도 나랑 같이 갈까?
길금	워딜요?
지영	어디긴~ 500년 뒤의 미래지~ 내가 살던 시대로 같이 가자~
길금	참말로요? 지도 갈 수 있을랑가요?
지영	가보자. 밑져야 본전이잖아. 뭐랄까. 여기랑은 완전 딴 세상이거든? 보여주고 싶어. 길금씨에게.
길금	아따, 말로만 들어도 허벌나게 좋아부러요잉~
지영	길금씨는 꿈이 뭐야?
길금	꿈이요?
지영	응 되고 싶은 거. 거긴 뭐든 다 노력하면 될 수 있거든.
길금	(설레지만) 와 고것이 참말이당가요? 지는요 만약에 음.. (상상의 한계) 뭐든 될 수 있다면요.. 돌아가신 엄니 유언대로 (배시시) 수라간 최고 상궁이 될라요.
지영	뭐? (풉~) 수라간 최고상궁이면, 왕의 요리사를 말하는 거지?
길금	(갸웃) 왕의 요리사?
지영	길금씨~ 거긴 말이야~ 양반이니 천민이니 구분이 없어. 그래서 수라간 최고상궁이 아니어도~ 그보다 더 훌륭한 요리사가 될 수 있다구~
길금	고것이 참말이다요? 허지만, 지는요. 엄니 유언대로 최고상궁이 되고 시퍼라~
지영	좋아~ 그럼~ 이곳에 있는 동안은 내가 길금씨 요리 가르쳐 줄게.
길금	야? 고것이 참말이다요? 그럼 아가씨가 그짝에선 수라간 최고상궁이 였어라?

'그건 아니지만 미슐랭이라고 있거든?' '미슈랭?' 조잘조잘 말하면서 걸

어가는 지영과 길금.

29. 왕의 사냥터 / 살곶이 숲 절벽 / 밤

나뭇가지 사이사이로 달빛이 비치는 고요하고 아늑한 숲속.
지영과 길금이 어느새 풀잎을 온몸에 붙이고 도착한 곳은 이헌을 처음
만났던 절벽.

길금   (지친 목소리로) 헉 헉, 절벽은요, 이짝뿐이어라.
지영   (절벽 아래를 보며) 헉헉, 그래~ 여기야 기억나. 길금씨, 불 좀.
길금   (등롱을 비춰주고) 조심하셔라.
지영   걱정 마. (하면서)

지영, 한길 낭떠러지 밑이지만 일각을 구석구석 천천히 살펴본다.
길금, 초조한 듯 주변을 살펴보면 저만치서 누군가의 뒷모습이 보인다.

길금   (놀라 막 슬금슬금 뒷걸음질) 아..가씨.. 즈, 즈짝에요..
지영   (가방 찾기에 집중하며 보지도 않고) 응, 길금씨 뭐 좀 보여?
이헌   (돌아본다)
길금   (헉!!!) 이, 이.
지영   (고개를 들어) 길금씨, 무슨 일이야? (하는데)

길금, '으아아아!' 소리 지르며 놀라 주저앉는다.
지영, '응?' 하며 다시 길금 쪽을 살펴보다 발을 삐끗.
'엄머?!' 하고 아찔한 한길 낭떠러지로 떨어지려는 찰나!
누군가 지영의 허리를 잡아서 휙 돌려세운다.
지영, 놀라서 눈이 커지는데 가까이 보니 이헌이다. 순간 두근.
이헌, 무표정하게 얼굴을 뚫어져라 보고 있다.

지영	저, 전하... 저, 그게요.. (하는데)
이헌	(무심히 손을 지영의 얼굴 위로 뻗는데)
지영	(눈을 질끈 감고 기절 직전) 아! 다 설명할게요! 설명한다구요!
이헌	(지영의 머리에 붙은 꽃잎을 떼준다)
지영	(!!!)
이헌	이제 설명해 보거라.
지영	(품에서 떨어지며) 죄, 죄송하지만 잃어버린 제 가방을 찾으러 왔어요.
이헌	가..바앙?
지영	예, 확실친 않지만, 제가 이곳에 떨어졌을 때...
	그 가방 안에 망운록이란 책이 있었거든요? (목소리 점점 작아지며)
	..제가.. 그것 때문에.. 조선시대에 온 거 같거든요.
이헌	망운록이라..? 변명도 참..
지영	(호흡 가다듬고) 믿기 힘드시겠지만, 핑계가 아니에요. 정말 책이 필요해요. 전하.
이헌	이 밤에 또 한 번 대역죄를 저지르고 도망칠 만큼 절실한 것이냐?
지영	(간절) 예, 제 목숨과도 같은 책이에요.

이헌, 지영을 일각에 세워 두고 요리조리 절벽 쪽을 살펴본다. 어느새
임송재와 우림위들이 둘러싼다.
나뭇가지에 걸린 지영의 가방이 보인다. 우림위1이 긴 팔을 뻗어 낚아
채고 이헌에게 가방을 가져온다.

| 이헌 | (가방을 받아서) 혹시 이것이냐? |
| 지영 | (환희에 찬 얼굴로) 예! 바로 그거예요. (하고 잡으려는데) |

다음 순간, 이헌 획- 가방을 절벽 아래로 던져 버린다.
그 순간, 송재 곁에 있던 우림위1에게 귓속말로 '찾아와라' 명령하면,
우림위1, 조용히 사라진다.

이헌	어이쿠.. 이제 도망갈 이유가 없어졌구나.
지영	(순간 욱해서) 와.. 뭐.. 이런.. 또라..(홍분해서) 아니 지금 뭐 하는 거야??
이헌	(피식) 이것 봐라~ 말이 또 짧아졌구나.
지영	(꾹 참고) 전하, 말이 짧아져서 죄송한데요,
	시키는 것은 뭐든 할 테니..(심호흡) 후~ (간절) 가방만 찾아주세요.
이헌	(한쪽 입꼬리가 올라가고) 시키는 것은 뭐든 하겠다?
지영	예. (응? 분위기 왜 이래?) 예?
이헌	(씨익)
지영	(E) (억울) 아니! 근데 이건 진짜 좀 아니지 않아?!

30. 어느 갈대밭 (궁에 가는 길) / 낮

지영과 길금이 목에 칼을 찬 채 함거에 갇혀 끌려가고 있다.
그런 둘을 감시하며 함거와 나란히 말을 타고 가는 수혁.

지영	대체, 왜 이렇게까지 하는 건데?
길금	(깊은 눈빛으로 응시하다가 나직이) 고거시요...........
	아가씨가 초가집에서 전하께 할 말, 못할 말 못 가링께,
	그란 거 다~ 기억해가꼬, 괴롭히시는거 아녀요?
지영	(힝)... 그런가..?
길금	(복잡한) 이왕지사 궁에 가는 거, 수라간 나인으로 들어가고 싶었는디...
	이르케 찍혀가꼬 이제 워쩐다요. 아가씨... (울먹울먹)
지영	미안해 나 때문에... 길금씨는 어떻게든 내가 지킬게. 맘 단단히 먹자! 응?
길금	야, 지두요 아가씨 어떻게든 지킬 것잉께, 싸게싸게 힘내드라고요.
지영	(입으로 앞머리 바람 후 불고) 내가 어떻게든 망운록을 구해서, 돌아
	간다. 반드시.
길금	(눈이 퀭해서) 지두 어떻게든 돕겠어라.

지영, 행렬 저 앞쪽에서 말을 타고 가는 이헌을 노려본다.
임송재와 임서홍, 괜시리 등이 따가와 돌아보며 지영과 눈이 마주치자
뜨끔.
서로 눈을 마주치며 고개를 살짝 끄덕.

송재 (떠보듯) 전하 송구하온데, (지영을 흘끔 보며)
　　　　굳이 저 여인을 데려가시는 연유가 무엇입니까?
이헌 그건.. 곱게 죽이고 싶지 않아서? (하고 지영 보면)

지영, 흡사 욕을 해대는 것처럼 입 모양만 벙끗 보인다.
급기야 회심의 미소를 지으며 이헌을 향해 검지손가락을 들어 올린다.
이헌, 미소를 띠며 (E.T의 한 장면처럼) 똑같이 지영에게 검지손가락을
들어 보인다.

31. 중랑천변 일각 / 낮

지영의 가방을 들어 올리는 낯선 사내의 손.
검은 옷차림의 정체 모를 사내가 지영이 가방을 메고 뒤돌아 걸어간다.
사내의 뒷모습을 보면 가방 속에서 징- 소리를 내며 밝게 빛나는 망운록.

32. 봉덕궁 외경 / 낮

33. 봉덕궁 / 자홍원 / 행운당 (목주의 처소) / 낮

가야금을 튕기고 있는 목주,
제산대군을 떠올리며 격렬한 음악을 연주 중이다.

방 안 중앙에 발이 처져 있고, 발 안쪽엔 비단 속옷을 풀어 헤친 제산대군이 목주의 무릎을 베고 누워있다.

어깨가 비치는 속저고리 차림의 목주, 공작털 부채로 부채질을 하며 제산대군의 상기된 얼굴을 식혀주는 중이다.

제산대군 (나른하게) 연통이 왔다. 전하께서 끔찍한 일을 당하셨다고 하는구나.

목주 (부채질을 멈칫).. 자객입니까?

제산대군 그래.. 다행히 옥체는 상하지 않으셨다더군. (미소, 차를 내려놓으며)

목주 (찻잔을 내려보며) 누구의 소행입니까?

제산대군 아마도, 우리 중에 있겠지.

목주 설마, 단독행동이란 말입니까.

제산대군 (미소) 기다리기가 힘들었겠지. (차를 마시며) 때가 올 때까지는 참으라 그리 일렀거늘..

거사를 치르기도 전에 모두를 위태롭게 한다면.. 싹을 잘라야겠다.

목주 제가 은밀히 알아볼까요?

제산대군 되었다... 짐작 가는 이가 있어 사람을 붙여 놓았다.

싹이 드러날 때까지, 너도 각별히 조심하거라.

목주 예, 대군나리.

제산대군 (잔인한 미소) 너는 그저 평상시처럼 주상을 맞이하거라.

국정의 시름을 잊고, 대신들에 대한 분노도 잊고.

지 어미에 대한 궁금증으로 더욱 미쳐가도록. (웃음)

목주 예, 대군.

제산대군 오로지 너의 향기에만 취하시도록..

목주 (농염한 미소) 알겠사옵니다..

제산대군이 몸을 일으켜 앉아 차를 마시면, 목주, 겉옷을 입으며 돌아갈 차비를 하는데...

제산대군   (의미심장하게) 헌데 목주야.

목주   (옷매무새를 고치며 앉고) 예, 대군나리.

제산대군   주상께서 이번에 웬 여인을 데리고 환궁하신다는구나.

목주   홍경달의 손녀일 겝니다.

제산대군   (미소) 홍경달의 손녀? 글쎄다..

35. 현재 / 자홍원 / 행운당 / 낮

무아지경의 연주 중인 목주.
그러다 팅- 한 부분에서 줄이 끊어진다.
목주, 불길한 생각에 가야금을 보다가 한쪽으로 치우고.

목주   추월아, 추월이 게 있니?

추월   (E) 예! 숙원마마.

영창문이 드르륵, 열리고 추월이 들어온다. 예를 갖추고 앉는 추월.

목주   (톡톡 손가락을 튕기다가) 주상께서 환궁하시려면 얼마나 더 남았느냐?

추월   경기감영에서 출발하셨으니, 빨라도 신시(申時)에나 도착하실 겁니다.

목주   홍경달의 손녀랑 같이 오실 게다. 그년이 그렇게 미색이 출중하다던데..

추월   아무리 그래도 마마님에 비하겠습니까~

목주   주상의 여인은 오직 나 하나뿐임을 가르쳐야지.
          (잔인한 미소 띠며) 두고 보거라. 내 어찌 그 어린 것의 피를 말리는지..

지영   (E) 아얏!!!!

36. 저잣거리 / 낮

사내아이 귀녀야 물러가라~!

함거 안에 갇힌 지영이 대뜸 돌멩이를 집어 던진 사내아이들을 보며 호통을 친다.

지영 (돌에 맞은 팔을 문지르며 당당) 얘! 너 지금 뭐 하는 거니? 귀녀한테 혼나볼래?

혀를 내밀며 메롱~ 약 올리고 도망치는 사내아이들.

지영 (발끈) 저 쥐방울만한 게! (하다가 고개 돌리고 한숨) 아니다. 니가 나보다 오백 살은 많겠구나, 됐다 그래.

지영이 자신을 동물원 원숭이마냥 구경하는 백성들을 심란한 듯 쳐다본다.

지영 (멍해지고, E) 그래 백 번 천 번을 다시 봐도, 여긴 조선이다... 내가 참아야지.

어느새 함거 가까이 다가와 있는 이헌. 지영을 차분하게 비웃는 눈으로 보고 있다.
뒤로는 우림위 군사 둘이 돌멩이 던진 소년들을 붙잡으러 달려가며 /
게섰거라. 저놈 잡아라!
백성들은 우르르 한쪽으로 비키면서 겁에 질리고.

이헌 감히 내 물건에 흠을 내다니. 혼쭐이 나야겠구나~
지영 전하, 혹시... 그 물건이 (손으로 자신을 가리키며) 저 말인가요?
이헌 그렇지. 너는 이제 내 허락 없인 아무도 만날 수 없고, 어디도 갈 수 없고, 얘기를 나눌 수도 없다.

지영   아... (혼잣말) 귀녀에 역당에 이젠 물건이 됐네요.. 말문이 막히네요
        진짜.
이헌   그래, 벙어리 삼 년, 귀머거리 삼 년, 장님 삼 년이라 했다. 슬기로운 궁
        생활을 하기 위한 초석이라 생각하거라. 내 특별한 거처를 마련해 줄 터
        이니.. (앞서가는)
지영   으어어! (짜증이 폭발하는)

지영이 괴로운 듯 함거에 자기 머리를 콩콩 찍고. 길금이 지영을 말리고.

(E)   주상전하 듭시오!

37. 봉덕궁 앞 / 낮

궁궐 문이 천천히 열린다. 궁 안으로 들어가는 이헌의 행렬.

지영   (E) 와~ 봉덕궁이네.. 진짜 궁이야.

함거 안의 지영과 길금은 마냥 두렵고 낯설게 느껴진다. 궁의 높은 담
장을 올려다보는 지영.

지영   (E) 홍경달의 손녀 대신 내가 희생양이 되다니..
        그럼, 갑신사화는 내가 막은 건가..? 으아 망할~!
        어떡하지.. 진짜 헬조선이 열리는구나..

38. 봉덕궁 안 / 일각 / 낮

궁 안으로 들어와 보면, 궁인들 모두가 조아리고 부복하고 있다.

지영, 그제야 이곳이 궁 안이고, 이헌이 왕이라는 사실을 한 번 더 확실하게 인지한다.
이때, 멀리서 화려한 차림의 목주가 궁녀 두엇을 거느리고 헌의 앞에 다가와 예를 갖춘다.

이헌   (반갑게) 숙원. 오래 기다렸느냐?

목주   (달려가 품에 안기고) 전하, 돌아오시길 기다리다가 소첩 가루가 되어 날아갈 뻔했사옵니다.

이헌   (미소) 마침 잘 왔다. 내 너에게 보여주고 싶은 것이 있다.

마치 주워온 강아지를 자랑하려는 표정으로 신나게 목주의 손을 잡고 함거 쪽으로 향하는 이헌
함거 안에서 이 꼴을 다 보던 지영, 당황스럽다.

지영   (E) 왜, 왜 이래 진짜. 가까이 오지 마 오지 마라.

목주는 목주대로 예상치 못한 상황에 당황스럽고.
이헌, 함거 안의 지영을 동물원 동물 보여주듯이 자랑스레 보여주고.

이헌   이 아이다. 귀녀.

목주   예? 귀녀요? (지영을 보며) 이 귀녀는.. 죄를 지어서 데려온 것입니까?

이헌   그렇지. 죄인이지. 헌데 그냥 죽이기엔 제법 신묘막측한 재주가 있다.

목주   (의미심장하게 보고) 전하께서 직접 여인을 궁으로 데려오시다니,
이 강목주 이후에 처음 있는 일입니다. (의미심장한 미소)

이헌   여인이라니? 귀녀라니까.

함거 안, 그 말에 흠칫 놀라 목주를 슬쩍 훔쳐보는 지영.

지영   (E) 강목주? 그럼 이 여자가 연희군을 치마폭에 싸고 온갖 전횡을 일삼

았다는, 조선 최고의 악녀? 미치겠네 진짜.

목주가 가까이 다가가 지영의 얼굴을 살핀다.
지영도 목주의 얼굴을 신기하게 본다.
목주, 연지영의 파마머리를 신기하게 보고 조선 사람이 아님을 직감
한다.

목주   (E) 홍영감의 손녀가 아니었어..! 누구지?
지영   (E) 어이쿠, 고양이 눈이네. 레이저 쏘는 것봐. 내 얼굴에 구멍이라도
뚫을 기센데?
목주   (E) 얼굴은 반반하니 예쁘장하구나. 전하께오서 마음에 드신 게 분명해.

목주, 연희군을 돌아보며.

목주   자세히 보니, 가꿔 놓으면 제법 쓸만할 듯합니다.
소첩이 자홍원에 두고 하나하나 가르쳐 볼까요?
자막 | 자홍원 : 외모와 음악이 출중한 기녀 300명을 선발해 두었던 궐내 각사

이헌   (급정색) 그건 아니 될 말이다.
목주   예?
이헌   이 아인 그런 여인이 아니다. 자홍원이라니.. (픽)
목주   (지영을 노려보는) 그럼 어찌하시려는지요.
지영   (E) 아, 따거! 엄청난 살기.. (고개를 획 돌리는)
이헌   (재밌다는 얼굴) 두고 보면 알게 될 것이다.

이헌, 지영이 돌아앉자, 짓궂게 미소 지으며 아이처럼 함거 안에 손을
넣어 지영의 턱을 받쳐 올린다.

지영   (경악하는 눈으로 E) 아니야, 여기서 이러지 마. 저 여자가 보고 있잖아?!
이헌   그때가 되면 매달리겠지. 제발 살려달라고...

이때, 지영의 귓가에 이름 모를 여인들의 비명 소리가 '아악~~!!!' 하고
메아리가 되어 들려온다.

지영   (E) 어우~ 소름 끼쳐. 고문이라도 하려고? 오싹하잖아 에이 씨. 진짜..

정적 흐르며 뚫어져라 지영을 보는 이헌,
점점 어색하고 민망해지는 지영,
그 둘을 바라보는 싸늘한 목주에서 엔딩.

<2부 끝>

제 3 부

1. 봉덕궁 일각 / 낮

(2부 엔딩에 이어서)

목주   (이헌을 잡아끌며) 전하, 바람이 찹니다. 어서 침전으로 드시옵소서.

이헌   (그제야 지영의 얼굴을 놓고, 목주 보며) 그래, 가자. (하는데)

지영   저, 전하. 잠깐만요. 저희는 어디로 가는지.. 좀 알 수 있을까요?

길금   (작게) 아따.. 아가씨. 제발요.

이헌   왜, 겁이 나느냐?

지영   아, 예, 뭐 궁이 좀 낯설고 무섭고 좀 그러네요. (어색하게 웃고)

이헌, 군졸들에게 눈짓한다. 그러자 군졸1이 함거를 열고 지영과 길금의 머리에 검은 천을 씌운다.

이헌   (흡족하게 보며) 어떠냐? 이제 낯설고 무서운 마음이 가시지 않느냐?

지영   (어느새 차분해져) 예.. 고맙네요.. 정말이지.. 신박한 방법이네요... 예.

이헌   (근엄하면서도 살기 가득) 내 너를 위한 특별한 거처도 마련해 두었다.

기대하거라.

지영　(어색하게 웃으며) 아 예..

이헌, 피식 웃으며 목주와 침전 방향으로 걸어가고.
지영과 길금을 태운 함거는 다른 방향으로 틀어서 간다.

길금　(체념) 오메! 아가씨.. 저 허벌나게 싸난년 궁뎅짝 흔드는 거 보셔써라?
저 작것 하는 짓 봉께, 우덜은 시방 다 죽어불게 생겼어라.

지영　(퀭하고) 길금씨... 이 시대엔.. 왕이 저렇게 제멋대로 하는 게 무척 당
연하고 자연스러운 일이야?

길금　(탓하며) 워매, 제가 몇 번을 말혀요. 말을 쪼까 조심해 보랑께요.

지영　(완벽하게 미친듯) 하핫.. 죽기 전에 와인 한잔 마시고 싶다. 에펠탑 보
면서.

길금　와닌한잔? 에뽈탑?

2. 봉덕궁 / 침전 / 낮

목주가 곁에서 지켜보고 있는 가운데, 어의가 이헌의 어깨를 치료 중이
다.
바닥엔 이헌의 팔에 깊숙이 박혀 있던 화살촉이 꺼내져 있고,
이헌의 어깨를 소독 중인 어의. 고약을 바르고, 천으로 싸매는 것까지
끝나면, 물러나 앉아 부복한다.

목주　(심각) 어떠하신가.

어의　환부에 알 수 없는 약을 발라 피가 멈춘 듯 보입니다.
조금만 늦었어도 생명이 위독하셨을 것이옵니다. 천운입니다.

목주　이만하길 참으로 다행입니다 전하. (하고는 눈물 바람을 하면)

이헌　(뭔가 깨달은 듯) 피가 멈추지 않았다면, 생명이 위험했다..

F.C_ 지영과 중랑천에서 대치하던 중 자신의 어깨를 지혈해 주는 것을
보던 모습 컷컷컷

이헌　.... (잠시 생각하고) 알겠다. 이만 물러가라.
어의　(예를 갖춰 절하며) 예, 전하.
목주　오늘 여기서 본 것과 들은 것들 전부, 다 잊어야 하네.
어의　예, 숙원마마.

어의, 예를 갖춰 인사하고 바닥의 화살촉을 놓아둔 채로 소독 도구들을
챙겨 밖으로 나간다.

목주　(호들갑스럽게 화살촉을 비단에 둘둘 말아 챙기고) 정말 큰일 날 뻔하
　　　셨습니다.
　　　(비단을 한쪽으로 밀어 두며) 헌데, 지혈은 누가 해준 것이옵니까?
이헌　(쓸쓸하게 픽 웃고) 귀녀다.
목주　귀녀요? 허면 귀녀가 죄를 지은 게 아니라 생명의 은인이라 데려오신
　　　겝니까?
이헌　(미소) 그렇기도 하지, 허나 이 조선에서 과인만큼..
　　　귀녀를 죽이고 싶은 사람도 없을 것이다.
목주　(촉이 발동) 모처럼 즐거운 얼굴이십니다.
이헌　설마, 신경 쓰이는 게냐? (놀리듯) 천하의 강숙원이~?
목주　(토라진 듯 고개 돌리며) 흥. 놀리지 마십시오, 전하.
이헌　(어깨 잡아 돌리며) 숙원, 자네가 신경 쓸 일이 아니야.
목주　(그제야 얼굴 풀어지며) 아이참, 신경을 쓰긴 누가요.
　　　(차를 따르면서 떠보는) 헌데, 귀녀에게 특별한 거처를 마련하셨다니,
　　　설마, 별궁은 아니겠지요?
이헌　(기가 차서 피식) 별궁? 크크. 아직도 과인을 이리 모르느냐?
목주　(이헌의 얼굴을 지그시 보며) 그도 아니면, 혹 궐 밖에 특별한 거처를 만
　　　드신 겁니까..?

이헌	(미소) 지금 귀녀를 투기하는 것이냐?
목주	(입술이 닿을락 하는 거리) 그만 놀리시고, 어서 말씀해 주시어여~ 어서요~
이헌	(차를 마시며 장난스런 미소) 걱정 말거라. 별궁보다 더 특별한 거처를 내주었으니.
목주	(?!?!).....

이헌, 기대감에 들뜬 즐거운 표정으로 생각에 잠기고.
목주, 알 수 없는 불안한 감정으로 이헌을 바라보는.

| 지영 | (E) 하. 하. 하. 하. |

3. 봉덕궁 / 궐내 옥사 / 낮

지영이 망연자실하게 웃고 있다. 그런 지영을 걱정스럽게 보는 길금의 얼굴.
카메라, 뒤로 빠지면 목에 칼을 찬 채 궐내 옥사에 갇혀 있는 지영과 길금. 동시에 긴 한숨을 내쉬고,

지영	그래. 내가 오성급 호텔은 아닐 줄 알았지만, 그놈의 특별한 거처라는 게.
길금	(말을 받는) 쪼깐한 궐내 옥사를 말하는 거여써라~
지영	궁궐 안에 옥사까지 만들어 놓고 참 대단한 냥반이야 그 냥반이.
길금	(옅은 미소) 으메~ 아가씨, 시방 살아남은 게 어디당가요~
지영	그래~ 살아는 남았지.

해탈한 듯 초연하게 웃고 있는 지영의 얼굴.

타이틀. **"폭군"** 뜨면,

식칼이 슝! 하고 날아와 꽂히고 칼자국 사이로 흘러내린 글자가 문장을 완성한다.
"폭군의 셰프"

- Course N˚3 오뜨 퀴진 -

4. 봉덕궁 / 어느 일각 / 낮

목주, 화가 난 얼굴로 추월과 자홍원으로 걸어가고 있다.

목주   (분노) 귀녀?! 허! 홍영감의 손녀보다 더 요사스런 계집이 들어왔다.
(추월을 보고) 대체 귀녀의 거처가 어디라더냐?

추월   궐내 옥사라 하옵니다.

목주   (인상을 찌푸리며) 옥사? 죽이겠다는 분이.. 점점..? 이상한 짓을 하시는구나. 전하께서 그 계집에게 흥미를 느낀 게 분명해.

추월   마마, 너무 심려치 마십시오. 어차피 찰나의 호기심일 뿐이옵니다.

목주   귀녀라는 것도 수상해...... 하늘에서 뚝 떨어진 것도 아닐 테고, 대체 어디서 온 거지?

추월   귀녀의 고향이 어디인지 상세히 알아오겠습니다.

목주   아니, 그 계집에 대한 건 전부 알아 오거라, 하나도 빠짐없이.
어찌 만난 것인지, 경기감영에서 어떻게 전하의 눈에 들었는지.

추월   그 일이라면, 도승지 어른께 묻는 편이 빠르지 않겠습니까?

목주   그래, 임송재가 있었지..! (의심스럽고) 그러고 보니 이상하구나.
(혼잣말처럼) 채홍을 다녀오면 늘 이곳부터 들렀던 위인인데.

추월   ..기별을 넣을까요?

목주   그래, 내가 좀 보잔다고 일러라. 그리고...
(은밀하게 둘둘 말아 싼 화살촉을 꺼내 건네주며) 대군 댁에 심부름 좀 다녀오거라.

추월　(주위를 살피며) 예, 마마.

추월, 예를 갖추고 떠나면. 목주, 그런 추월을 보다가 자홍원으로 걸음을 옮기고.

5. 봉덕궁 / 수라간 외경 / 낮

궁인들이 오고 가는 분주한 발걸음.
그 위로, 경쾌한 음악과 함께 탁탁탁탁. 도마 위에서 식칼이 리드미컬하게 움직이는 소리.

6. 봉덕궁 / 수라간 / 낮

바쁘게 움직이는 수라간.
부침개에 넣을 해산물(오징어 등)과 채소(부추, 양하, 파 등)를 썰고 있는 맹숙수(남, 30대 초), 썰린 채소와 해산물을 받아서 전가루와 계란을 넣어 섞는 심숙수(남, 30대 후). 부침개를 번철에 부치고 있는 막내(남, 20대) 민숙수.
그때, 엄숙수(남, 40대)가 늘어지게 하품을 쩍 하며 들어와 맹숙수 곁에 다가가 / 어디 봐 / 하며 맹숙수가 썰고 있는 해산물과 채소 등을 손으로 잡아 올려 크기를 체크하고, 전가루와 계란을 풀어서 해산물과 채소를 잘 버무리고 있는지 심숙수를 확인한 후, / 심숙, 전가루에 물 좀 더 부어야 쓰겄다 / 참견하고,
번철에 부침개를 지지고 있는 막내 민숙수 곁으로 다가가 / 민숙, 부침개 색이 이게 뭐야. 색을 노릇하게 더 내야지! / 하면, 민숙이 / 네~ 형님 / 하고는 부치던 부침개를 뒤집고,
그 모습을 보면서 손을 탁탁 털다가 뒷짐을 지고 중앙에 서서 다른 숙

수들을 바라보는 엄숙수.

엄숙수   그나저나 얘기들 들었는가? 전하께서 웬 귀녀를 데리고 환궁하셨다는데.

민숙수   (눈이 반짝) 기녀요? 어느 기방의 기녀이기에 전하의 눈에 들었답니까~?

심숙수   아유~ 너도 참~ 기녀가 아니고 귀녀. 귀신같이 생겼다~ 이런 뜻 아니 겠냐?

엄숙수   (심숙 보며) 그래~ 심숙 말이 맞다~ 귀신 같은 여인을 데려오셨다는 말이야..

맹숙수   (채소 썰다가 심드렁하게) 다들, 궁 안의 소문에는 이제 초연해질 때도 되지 않았나?

(엄숙수 한심하게 보고) 형님, 지금 그게 중요합니까?

그리 가만 계시지만 말고, 부침개에 함께 올릴 장국이나 끓여 주세요.

엄숙수   (탕 그릇 챙기며) 어허! 어흠! 지금 궐 안에 귀녀 얘기로 소문이 파다한 데 그걸 모르는 게 이상한 거지.

왜관 주방에 있다 와서 그런가? 사람이 참 외골수야~

맹숙수   (피식) 형님은, 삼대째 내려오는 숙수 집안이시라 소문에 참 민감하신 가 봅니다~

민숙수   맹숙형님, 모르셨어요? 대왕대비전 김상궁하고 엄숙형님하고 그렇고 그런 사이라, 궁 안의 온갖 일은 엄숙수님이 먼저 들으시잖아요.

(작게) 그래서 대왕대비전에서도 차기 대령숙수로 엄숙 형님을 밀어주 신다고 (하는데)

엄숙수   (놀라 민숙의 입을 틀어막으며, 과장된 손사래 치며)

예끼~ 이 사람. 농도 참. 누가 들으면 어쩌려고 이러나~ 하하.

심숙수   (술이 덜 깬 얼굴) 형님도 참, 수라간에서 들어봤자 저희밖에 더 있습 니까~

엄숙수   (코를 막으며) 으~ 자넨 어제도 술 마셨는가? 작작 좀 마시게 작작 좀 (하다가)

심숙수   <u>호호호.</u> 암튼, 다음 대령숙수는 엄숙형님이시다~ 이 말씀입니다~

엄숙수   (미소) 아~ 그야 모를 일이지 (맹숙수 눈치 보며) 맹숙수가 할 수도 있

는 거구~

일동, 맹숙수 보면, 맹숙수, 채소와 오징어를 엄청난 속도로 썰다가 흘 깃 숙수들 보며.

맹숙수　전임 대령숙수 초상 치른 지 얼마나 됐다고 벌써들 대령숙수~ 대령숙수~ (한심하게 흘겨보고) 나중에 누룽지 찌꺼기라도 받아먹으려면 다들 입 조심들 하쇼.

심숙수　(노 관심) 기왕 말 나온 김에 얘기하는 건데 그게 어때서 그러나? 아~ 다음 대령숙수는 자네가 아니라 불편해서?

엄숙수　(으쓱) 아이~ 심숙~ 듣는 맹숙 서운하게 왜 그래~ 진짜~

심숙수　(낄낄) 서운해도 사실인데 어쩝니까.

민숙수　(부침개 집중하며, 도리도리) 하~ 꿈보다 해몽이라더니.

맹숙수　(피식, 민숙에게) 머리 나쁜 놈들은 어디 가도 평생 고생이다. 신경 쓰 지 마라.

민숙수　예~ 형님~

심숙수　(막무가내) 니들이 아무리 그래 봐야~ 어차피 수라간 최고는 엄숙수 형 님이라고.

윤내관　(E) 그건 모를 일이네. 숙원마마께서는 맹숙수를 수라간 최고라 여기 지 않는가.

무아지경의 맹숙수를 제외한 일동이 모두 입구를 보면,
새우처럼 허리를 구부린 윤내관이 수라간 안으로 들어온다.

엄숙수　(굽신) 아이고. 도설리 어른 오셨습니까~

윤내관　(미소) 아닌 게 아니라, 전임 대령숙수가 그렇게 된 지 벌써 보름이 지 났으니, 슬슬 전교가 내려올 때도 됐구만그래. 허허.

엄숙수　예~ 그렇습지요~

이때, 김상궁(대왕대비전)과 추월(자홍원, 감찰상궁)이 들어온다.

김상궁   이보게들.
엄숙수   예~ 말씀하십시오. 제조상궁 마마님~ (찡끗)
김상궁   (주변을 보며 몰래 엄숙수에게 찡끗)
           오늘 대왕대비전에서 간식으로 한과가 드시고 싶다고 전하셨네.
추월   (맹숙수 보며) 숙원마마께서는 야참으로 삼합죽을 만들라 이르셨네.
엄/맹   (거의 동시에) 예~ 알겠습니다.

김상궁, 추월이 서로 건성으로 인사 나누고 팩 돌아서 나간다.

윤내관   (식재료의 가짓수를 살피며) 식재료들 아껴 쓰고.

숙수들 '예~ 도설리 어른'이라 말하고.
윤내관 한쪽에서 그릇이며 뭐며 남은 식재료의 가짓수와 상태를 수첩
에 적고. 숙수들 빠른 손놀림.

대왕대비 (E) 경기도 관찰사 홍경달 영감이 대역죄라?!

7. 봉덕궁 / 대왕대비전 / 낮

인주대왕대비 **(자막 : 인주대왕대비)** 성귀인 **(자막 : 성귀인)** 양귀인 **(자막 : 양
귀인)** 자현대비 **(자막 : 자현대비)**의 앞에 한과가 놓여 있고, 신분에 맞게
양 갈래로 앉아 있다.
성귀인만 눈치를 보며 한과를 손으로 집어 몰래 먹는다. 김상궁, 인주
대왕대비 곁에 서서, 보고 중이고.

양귀인   어쩐지 예감이 좋지 않습니다.

새삼스레 가슴이 답답해져 오는 듯, 앞에 놓인 한과를 보며 한숨을 내쉬는 자현대비.

자현대비 홍경달 영감이라면, 얼마 전 숙원 강목주를 중국 당나라 현종의 양귀비에 비유한 그자가 아닙니까.

양귀인 예, 맞습니다.

대왕대비 (생각에 잠겼다가, E) 진정 주상이 사사로운 복수심에 이러는 것인가. ....지금 숙원은 어디 있느냐?

8. 봉덕궁 / 자홍원 / 행운당 / 낮

문이 열리며 안으로 들어서는 목주, 안쪽 서안 앞에 앉고. 추월이 냉큼 목주의 어깨를 주무른다.

F.C_ 이헌의 부상당한 어깨 컷 / 어의가 천운이라 말하던 것을 받아 생각에 잠기던 이헌의 모습 컷 / 연지영의 턱을 들어 올리던 장난스런 이헌의 표정 컷 / 귀녀에게 특별한 거처를 마련했다는 이헌의 표정 컷

목주 (돌변한 섬뜩한 얼굴 E) 귀녀라니.. 배후가 있지 않고서야.. 전하께서 정체도 알 수 없는 그런 년을 궁에 데려오실 리가 없다... 누구지?

나인 (E) 마마, 도승지 어르신 오셨사옵니다.

목주 (퍼뜩 정신 차리고) 들라 하라.

추월이 일각의 발을 내리자, 문이 열리고, 도승지 임송재가 들어와 예를 갖춰 인사한다.

송재 마마, 그동안 강녕하셨습니까.

목주	(발 안쪽에서 고개를 돌리고 앉아서) 예, 덕분에요. 채홍은 잘 다녀오셨습니까?
송재	예, 예상치 못한 일들이 많았습니다.
목주	결국 미향이는 채홍을 못하셨다지요?
송재	예, 허나 마마의 뜻대로 홍영감이 유배를 가서 영감의 식솔들은 모두 관노가 되었습니다.
목주	...허면, 귀녀는 왜 같이 입궁하게 된 것입니까?
송재	아~ 귀녀요. 그건 전하께서 결정하신 사안이고, 저는 잘 모르는 일인지라.. 무어라 말씀드리기가.. 참... 흠...
목주	(서안에 손가락을 톡톡거리다가 뭔가 번뜩 E) 그래, 네놈이었구나... (살벌한 미소) 도승지께서도 모르시는 전하의 결정이 있으시다니, 놀랍네요.
송재	아~ 음식을 잘한다 들었사옵니다. 그래봤자 숙수일 뿐인 계집이지요. 마마께서 신경 쓰실 일은 아닌 듯하옵니다.
목주	(비웃듯 노려보며) 그렇습니까..

송재, 준비해온 패물함을 발 안으로 밀어 넣어준다.

| 목주 | 이게 무엇입니까? |
| 송재 | 홍영감의 댁에서 몰수한 패물들이옵니다. |

목주, 발 안에서 패물함을 열어본다. 각종 패물이 영롱한 자태를 뽐내고 있다.

목주	(패물함을 닫으며) 이번 채홍에서 얻은 것이, 이것뿐입니까?
송재	(입술을 질끈) 땅문서나 노비들은 아직 정리가 안 되었습니다. 정리되는 대로 (하는데)
목주	(O/L) 관노가 된 홍영감의 식솔들을 모조리 찾아서 자홍원으로 보내세요.

송재	그렇게까지 하면, 신하들의 반발이 있을 것이옵니다. 홍영감의 유배를 놓고 말들이 많사옵니다.
목주	(의미심장하게) 그러니까 말입니다. 미리미리 눈치껏, 이런 거라도 잘 하셔야.. 후에 뒤탈이 없지 않겠습니까..?
송재	(만만찮은 눈빛으로 목주를 보며).. 진정 그리해도 괜찮으시겠습니까?
목주	괜찮다마다요. 당연히 해야 할 일을 행하지 않고 괜찮냐고 묻는 건 무 슨 경웁니까?
송재	(비죽 웃고) 다 숙원마마를 생각해서 드리는 말씀이었사온데.. 그리 원하신다면... 알겠사옵니다.
목주	(미소) 어렵게 생각하지 마십시오. 도승지께서 늘 해온 일입니다.
송재	예, 마마. 더 하실 말씀이 없으시면, 이만 물러가겠사옵니다.
목주	예, 그만 나가 보십시오.

척, 일어나 나가는 송재. 그런 송재를 도도하게 바라보는 목주.

| 서홍 | (E) 그래, 숙원 마마는 잘 계시더냐? |

9. 봉덕궁 / 일각 / 낮

나란히 걸어가는 임서홍과 임송재 부자.

송재	귀녀 때문에 아주 안달이 났더이다. 아버지, 이제 새 판을 짤 때가 되었나 봅니다~
서홍	예끼~ 뜬금없이 그게 무슨 소리냐?
송재	생각해 보십시오. 강숙원이 주상의 총애를 등에 업고 저희 부자를 아주 종놈 부리듯한 세월이 벌써 얼맙니까?
서홍	(주변을 둘러보고 작게) 아니, 갑자기 그런 얘긴 왜 하는 게야?
송재	당장 홍경달 영감 일만 해도, 자길 쫓아내려 상소 좀 올렸다고, 손녀딸

을 채홍해 오라고 닦달을 한 통에 얼마나 힘들었냐 이 말입니다.

서홍 (크흠. 못마땅한 듯 헛기침을 한다) 말조심하거라. 이곳이 궁인 걸 잊었느냐?

송재 말이야 바른말이지요. 이게 종노릇이 아니면 뭡니까.

서홍 그래서? 이렇게 화려한 종노릇이면 천년만년도 해먹겠다 이놈아!

송재 (미소) 기왕지사 종노릇이면 이참에 주인을 바꾸는 게 어떨까 해서요.

서홍 (눈 가늘어지며) 설마 그 귀녀 말이냐?
(허. 어이없고) 예끼. 이놈. 너 (에이. 손사래 치며) 아서라. 강숙원 그 꼬리 아홉 달린 여우를 잘못 건드렸다가 그 뒷감당을 어찌하려고.

송재 (태평하고) 따지고 보면 강숙원도 천출이 아닙니까?
귀녀라고 숙원처럼 되지 말란 법도 없지요.

서홍 어허~ 말이 되는 소리를 해라. 전하께서는 숙원 외에 다른 여인은 관심이 없어.

송재 아버지~ 어심 하나는 배동 시절부터 기똥차게 헤아려 온 접니다.
전하의 마음은 분명 귀녀에게 향하고 있사옵니다.

서홍 그렇게까지 해서 우리가 얻는 게 뭐냐? 괜히 긁어서 부스럼 만들지 말고 (하는데)

송재 (의미심장한 미소) 아버지.. 영의정까지는 오르셔야지요.

서홍 (!!) 뭐?...

송재 제가 전하께 새 놀이판을 만들어 드렸으니. 곧 알게 되실 겁니다...
(묘한 미소) 어심이 누구를 향하고 있는지...

10. 궐내 옥사 건물 전경 / 밤

11. 궐내 옥사 / 밤

목에 칼을 찬 지영과 길금이 앉은 채 꾸벅꾸벅 졸고 있다. 그때 철컥하고 자물쇠가 열리는 소리.

지영이 문득 잠에서 깨어 돌아보는데. 눈앞에 처용탈을 쓴 사내가 있다.
히익! 놀라서 소리를 지르려는데. 황급히 손가락을 입에 갖다 대는 처
용탈.

지영   (작게) 누, 누구세요?
처용탈   쉬잇. 들키면 모두 죽는다.

지영, 그제야 주위를 둘러보면. 옥사를 지키고 있던 간수가 쓰러져 있다.

지영   (!!) 누.. 누구신데요..?
처용탈   너를 구하러 온 사람이다.
지영   (!!) 예?? (갸웃) 꿈인가..? 내가 이제 헛것이 보이나? (하고 볼을 꼬집고)
         아얏!
처용탈   조용히 하거라. 꿈이 아니다.

옥사 문을 열어주고 지영에게 열쇠를 툭 던져주는 처용탈.

지영   (!!!, 작게) 지금 뭘 어떡하라고. (설마 싶은) 진짜 도망시켜 준다는 거
         예요?
처용탈   (작게) 그래! 어서 나오거라.
지영   (당혹스럽고) 아니. 여긴 궁 한복판인데. 여기서 나간다고 해도 어떻게,
         (하는데)
처용탈   설명은 나중에 하마. 일단, 가자. 서둘러라!
지영   (머리를 긁적긁적) 그게, 저, 음, (망설이다가 툭) 근데, 왜 구해주는 건
         데요?
처용탈   (멈칫) 설명할 시간이 없다고 하지 않았느냐! 결정해라. 함께 도망을 칠
         지, 이곳에 남을지. 셋을 세마. 하나, 두울. (하는데)

알쏭달쏭한 지영, 잠시 망설이다 이윽고 결심한 듯 일어서며 손이 닿지 않는 칼 자물통을 가리킨다.

지영 근데 저, 죄송하지만, 자물통까지 제 팔이 안 닿거든요? (눈치) 좀 도와 주시면.

바싹 다가가는 공길, 지영의 칼을 풀면, 지영, 후다닥 길금의 칼을 풀며 흔들어 깨우고.

지영 (작게) 길금씨. 일어나 봐.
길금 (비몽사몽) 와요? 뭐 땀시 그라요? (하다가)

히익! 처용탈을 보고 놀라는 길금. 지영이 황급히 길금의 입을 막고 쉬잇!

12. 봉덕궁 일각 / 밤

지영과 길금이 궁의 으슥한 곳으로 허겁지겁 뛰어간다. 앞장서서 길을 인도하는 처용탈. 말 한마디 없이 요리조리 궁의 샛길을 잘도 찾아낸다.
그때 저쪽에서 횃불을 들고 다가오는 금군들. 순찰 중인 듯한데.
손을 들어 지영과 길금을 멈춰 세우는 처용탈.
지영과 길금을 이끌어 담벼락 안쪽 사각지대로 숨어든다. 긴박한 분위기.
다행히 금군들이 이들을 발견하지 못하고 멀어져 가면. 다시 나와 달리는 세 사람. 그때.

수혁 (E) 죄인이 탈옥했다!

지영과 길금, 처용탈, 교각 밑으로 숨는다.

그러자 비로소 교각 위로 들이닥치는 금군들. '이쪽에는 없습니다!' 소리치고.

지영과 길금 쪽을 향해 다가오던 횃불들이 우르르~ 반대쪽으로 멀어져 가는 게 보인다.

처용탈이 다시 앞장서자, 지영과 길금 서로를 보고 고개를 끄덕. 손을 잡고 다시 나아간다.

Cut to_ 반딧불이 발광(發光) 중인 숲길을 빠른 걸음으로 걷고 있는 처용탈, 지영과 길금.

신비로운 숲의 분위기에 감탄하는 지영과 길금.

13. 봉덕궁 / 자홍원 / 행운당 / 밤

호롱불만이 일렁이는 방 안. 추월, 목주에게 은밀하게 귓속말로 뭔가를 보고 중이다. 커지는 목주의 눈.

14. 봉덕궁 / 너른 공터 / 밤

공길을 따라 마지막 수풀을 헤치며 너른 공터로 튀어나오는 지영과 길금. 헐떡이는 숨을 몰아쉬는데.

다음 순간. 팟- 하며 횃불이 여기저기서 일제히 밝혀진다.

헉? 뭐야? 당황해서 주위를 둘러보는데.

보면. 장구와 악기 소리에 맞춰 공길과 같은 처용탈을 쓴 광대들이 장단에 맞춰 군무처럼 처용무를 춘다.

그들 중 두 명이 앞으로 나오며 흰 천을 펄럭거리다, 지영과 길금을 정신없게 공터 중앙으로 밀어붙이면,

다른 광대들도 지영과 길금을 에워싸고 군무처럼 처용무 동작을 같이

한다.

지영　(두려운) 길금씨, 이 사람들 다 뭐야?

길금　(지영의 곁에 붙어서) 지두 몰루거써라.. 놀이패들 같은디? 와 여깄지
라...?

지영　(긴장하며) 놀이패...?

이때, 중앙에 하얀 무명옷을 입고 주인공처럼 등장하는 처용탈.
흰 천을 펄럭이며 춤사위를 선보이다가, 지영의 앞에서 처용탈(얼굴)을
흔든다.

이헌(처용탈)　그래. 달밤의 산책은 즐거웠느냐?

지영　지금 뭐 하시는 거예요? 탈출시켜 준다면서요.

길금　마, 맞당께요~ 쪼까 보내주쇼잉~ (하는데)

이헌(처용탈)　(껄껄) 보내달라?

짓궂게 처용탈을 흔들던 남자가, 처용탈을 벗어 올린다. 이헌이다!
충격과 공포로 얼굴이 굳어지는 지영과 길금!
어느새 다가온 송재가 이헌의 옆에서 팔짱을 끼고 미소를 짓는.

이헌　내 그대를 위해 특별히 준비한 놀이인데. 재미있었는지 모르겠구나.

지영　(떨리는 목소리로) 저, 전하? (그러다가 문득) 그럼 아까 그 탈바가지는?

씩 웃어 보이는 이헌. 옆에 서 있는 송재를 보면.

송재　여보게! 공길!

다음 순간 공길이 송재와 이헌의 앞으로 달려와 고개를 조아리고.

공길   (광대들에게) 잠시들 멈추어라!

처용탈을 쓴 광대들 일제히 동작을 멈춘다.

이헌   아. 이놈 말이냐?
지영   (!!!!) 뭐야 한편이었어?!!
이헌   (미소를 지으며) 오늘도 수고했다.
공길   황공하옵니다 전하. (처용탈을 위로 올리며 히죽)

처용탈을 쓸 때와 달리 허리를 펴자, 어깨가 떡 벌어지고, 고개를 흔들
자 흐트러진 머리가 찰랑인다.
야성미 넘치는 훈남 포스인 공길의 모습에 지영과 길금 입이 떡 벌어
진다.

길금   (감탄) 오사럴놈... 참말로 훤칠허니 잘생겼네.
지영   (작게) 지금 그게 문제야? 우리 속았다구.
길금   (멍하니) 지는 속으라면 또 속게써라.
지영   (절레절레)... 정말 이럴 거야? 정신 차리자. 제발.
길금   (이미 넋이 가서) 아가씨 지는 지금 암것두 안 들려라.. 아...

이헌, 강아지처럼 공길을 쓰다듬자, 공길이 두 손을 모으고 얌전한 강
아지처럼 머리를 숙인다.

이헌   (지영을 보며) 이자는 과인이 특별히 아끼는 배우다. 공길이라 하지.
지영   (황당하고) 배, 배우요?
길금   (고개 숙인 채 작게) 광대란 뜻이여라.
지영   (작게) 아. 그건 아는데..
이헌   (흡족한) 그래. 이놈이 추는 처용무가 아주 일품 아니더냐.
        (공길에게) 이제, 그만 가보거라.

| 공길 | 예, 전하. 즐거우셨나이까? |
| 이헌 | 오늘 밤은 유난히 흥이 돋았다. 옜다! |

이헌, 엽전 뭉치를 저 멀리 강아지에게 던지듯 힘껏 던진다.
그들 중, 공길이 가장 먼저 공중 재주넘기로 받아내고, '황공하옵니다
전하~!' 대답하고.

| 공길 | (놀이패들을 향해) 이 겁대가리 없는 놈들아! 돈들 받았으면 냉큼 가자! |

처용탈을 쓴 놀이패들이 특유의 과장된 몸짓으로 '얼쑤!' 하고 추임새
를 넣으며, 손가락으로 동그라미를 만들며 돈이 부족해 가지 않겠다, 떼
를 쓰는 시늉들을 하는 광대들.
각시탈을 쓴 광대1이 공길에게 다가오며.

광대1	(여자 목소리로) 야밤에 탈 쓰고 처용무 추다가 몇 번 틀려서 죽을 똥 쌀 뻔했는데, 흥~ 이걸 누구 코에 붙여. 난 못 가. (하면서 돈을 요구하듯 손바닥을 내민다)
공길	(원래 목소리로) 저, 저 저년이! 지 혼자 뒤질 것이지! 그게 상감마마 앞 에서 할 소리냐!
광대1	(여자 목소리) 내 이제 신나게 한판 놀아 볼 것인데? 흥! (하고 과장되 게 치마 잡다가 벌러덩 자빠지며 치마를 위로 확 까면, 속곳이 보이고)

이헌, 깔깔 웃고, 송재를 비롯해 웃는 길금. 지영만 팔짱을 낀 채 팩 토
라져 있고.

광대1	(여자 목소리) 잘 보시고 볼만하면 몇 푼 더 주시겠지~
이헌	하하하하, 정말 못 당하겠구나. (하면서 송재에게 손짓한다)
송재	(가슴에서 엽전 더 꺼내 던지며) 옜다!

광대1, 재주 넘으며 엽전 받아내고.

공길 아이고~ 황공하옵니다 도승지 어른~
자 가자~ 한밑천 챙겼으니, 오늘은 코가 삐뚤어지게 마셔 보자구!

하며 숲속으로 달려가 사라지는 공길. 왁자지껄 공길을 잡듯 달려가는
놀이패들, 그대로 사라진다.
그들을 지켜보던 지영과 길금, 이중 삼중 충격받은 표정이다.

지영 (작게) 왕의 남자.. ? 길금씨, 저 사람이 조선 최초의 궁중 광대.. 맞지?!!
길금 야~ 공길이라고 지도 풍문으로는 들었는디, 정말 이런 광대가 있었는
갑네요. (아쉽다) 아따~ 참말로 좀만 더 보여주고 가지.

15. 봉덕궁 다른 일각 / 밤

일각에서 거친 숨을 몰아쉬며, 엽전 주머니를 꺼내 보는 공길.
그곳에 둘둘 말린 밀서를 펴보는 공길.

이헌 (E) 숲에서 자객의 화살을 맞았다. 이 역모의 배후가 누구인지 은밀히
알아보거라.

공길, 밀서를 소맷자락에 넣고, 처용탈을 내린 후 날랜 몸동작으로 순
식간에 모습을 감추고.

16. 봉덕궁 / 너른 공터 / 밤

극심한 공포와 혼란에 흔들리는 눈빛으로 이헌을 올려다보는 지영.

지영   도대체 왜, 이렇게까지 하는 건데요? (하는데)

이헌   (O/L) 놀이다. (한쪽 입꼬리가 올라가며) 왜. 재미가 없었느냐?

지영   (화나고) 놀이라고 하기엔 너~어무 공을 들이셔서, 재미를 느낄 새가 없
        었네요.

이헌   다시 또 도망치려 한다면. 그때는 이렇게 웃으며 넘어가지 않을 것이다.

지영   하.. 전하께서 처용탈만 안 보내시면 될 거 같은데요..

이헌   한마디를 안 지는구나. 네가 정녕 살고 싶지 않은 것이야?!
        (산뜻하게 주위를 향해) 여봐라~! 인두를 달구거라!

지지직 소리와 함께 화로에 인두를 달구는 나졸들.
다음 순간, 추월을 거느린 목주가 멀리 일각에 모습을 드러낸다.
인두를 지지는 나졸들을 보고.. 걸음을 멈추는 목주와 추월. 일각에 서
서 상황을 지켜본다.

지영   (급히) 자, 잠깐만요. 놀이라면서요.!

길금   (다급히 작게) 아가씨, 지가 고 주뎅이 조심하라고 해짜녀요.

지영   (참으며) 이게 참는다고 될 일이야?

길금   (지영의 입을 막으며) 아가씨!

이헌   (길금을 가리키며) 저년부터.

나졸들, 지영과 붙어 있는 길금을 무릎 꿇리고.
길금, 눈물 콧물 '아가씨, 아가씨!' 울부짖고.

지영   (!!) 길금씨! 길금씨! (하다가 이헌의 앞에 달려가)
        잠깐! 잠깐만요! 전하! 우리말은 끝까지 들으셔야죠!

이헌   좀 전까지는 그리 건방을 떨더니. 왜, 생각이 바뀐 것이냐??

지영   (어색하게 으쓱) 건방이라뇨. 하하. 절대로 도망치지 않겠습니다~ 됐죠?

이헌   (만족) 다행이다, 과인도 자네를 이대로 보내긴 아까웠거든.
        (길금을 가리키며) 저 아이를 풀어줘라.

나졸들이 그제야 길금을 풀어준다.
길금을 보는 지영, 지영을 보는 길금, 눈을 맞추는 두 사람.

지영　　(조심스럽게) 그럼, 전하, 이제... 저희 옥사로 보내주시는 거죠?

이헌　　(피식) 어림없는 소리! 과인이 지금 몹시 출출하니, 이제 오늘의 요리를
　　　　　시작하거라.

지영　　(입술을 질끈 E) 하 어이없어. 그래도 내 요리가 먹고는 싶은가 보지?

길금　　(지영 툭 치며 작게) 아가씨... 대답 좀 싸게싸게 하쇼잉..

지영　　(정신 차리며, 자동 넙죽) 예~ 전하, 당장 시작하겠습니다. 근데 저, 부
　　　　　탁이 있어요.

이헌　　부탁이라?

지영　　(길금을 가리키며) 길금이를, 제 보조 요리사로 일하게 해주세요. 혼자
　　　　　는 힘들거든요.

이헌　　(길금을 보며 고민하는 표정) 흠...

길금　　(고개를 숙이며 식은땀을 흘리고).....

이헌　　좋다. 대신, 이제부터 더욱더 음식에 전심전력을 다해야 할 것이다.
　　　　　초가집에서 만든 꽁보리밥 정도로는 안 통할 테니.

지영　　(조심스럽게) 혹시 전하께서 원하시는 요리가 따로 있으실까요?

이헌　　생즉필사(生則必死)는 사즉필생(死則必生)이라 하였으니
　　　　　살기 위해 이전에 내놓은 음식을 또 올리면 죽을 것이고,
　　　　　죽을 각오로 새로운 음식을 내면 살 것이다.
　　　　　물론, 그 맛이 나를 만족시킨다면 말이다.

지영/길금　(!!!)

추월을 거느린 목주가, 노여운 표정으로 일각에 서서 지켜보다가 홱-
치맛바람을 일으키며 가고.

17. 봉덕궁 / 수라간 가는 길 / 밤

새우처럼 허리를 굽힌 창선을 따라 수라간으로 가는 지영과 길금.

길금　(울상) 아가씨. 졸지에 수라간에 가는 것은 좋은디요. 괜찮것지라?

지영　(길금의 어깨를 붙잡고 비장하게) 아니, 도망칠까 봐 놀이랍시고 우리
가지고 노는 거 봐. 엄청 예민한 사람이야. 이제 빠져나갈 구멍이 없어.

길금　워매, 그럼 어째야쓰까요잉. 입에 안 맞아뿔믄 바로 황천길인디요..

지영　길금씨, 나는 어떻게든 살아서 집으로 돌아갈 거야. 그래서.. 그래서..
아빠 다시 만나고.. (눈시울이 붉어지고) 아빠랑 같이 밥두 먹구...
(말잇못)

길금　(거의 울먹이며) 아가씨! 이럴수록 마음 독하게 묵어야 된당께요!
지두 살아남아서 수라간 최고상궁 되고 싶당께요!

지영　아, 알았어. 길금씨, 마음... 마음... 독하게 먹을게. 흐엉엉엉 (하지만
눈물이 터지고)

길금, 그런 지영을 감싸 안으며 '워매, 아가씨 어째 이런다요!' 하고 같이
눈물 터트리고.

지영　(눈물 닦으며) 고마워. 길금씨... (결연) 그때 말했지.
이래 봬도 내가 요리대회 우승자야.

길금　...

지영　장원급제!
아~ 미션이 어려울수록 나는 더 잘해. 그러니까 걱정 마. 알았지?

길금　(눈물 닦으며) 야, 어차피 지는요~ 아가씨밖에 없어라.

지영　됐어, 그럼 가보자고. (분노로 입으로 후 불어 앞머리 넘기며 혼잣말)
기대해라. 연희군.

결연한 지영의 표정. 겁에 질린 길금. 그 위로.

엄숙수　(황당, E) 예? 여인에게 수라상을 맡기다니요! 농이 지나치십니다 도설

리 어른.

18. 봉덕궁 / 수라간 / 밤

야참으로 육찬을 준비하고 있던 맹, 엄, 민, 심 숙수들.
난데없이 창선과 함께 등장한 지영과 길금을 보며 어이없고.

지영　(애써 밝게) 안녕하세요~ 연지영이라고 합니다.

길금　안녕하셔라. 서 길금이여라...

엄, 맹, 민, 심 숙수들 인사도 받지 않고 창선을 본다.

창선　어쩌겠는가. 전하께오서 명하신 것을.

엄숙수　(난감) 허허. 이것 참. 대비전에서도 알고 계십니까?

윤내관　어허! 언제부터 수라간의 기강이 이랬는가?
　　　　　상선 영감께서 직접 오신 것을 보면 사안의 위중함을 모르시겠는가들?
　　　　　쯧.

맹숙수　(서늘하게) 수라간에는 엄연한 수라간의 법도가 존재하는 법이옵니다.

창선　(빙그레) 내 알다마다. (엄숙 보며) 아직 대비전에서도 모르시고,
　　　　　(맹숙 보며) 숙원 마마께서도 모르시네. 답이 됐는가?

맹숙수　(입술을 깨물고) 여인은 수라간 나인이나, 궁녀로 보내면 될 일이 아닙
　　　　　니까.

엄숙수　(못마땅하게 지영 보며) 거 보아하니, 우리 같은 숙수들하곤 근본이 다
　　　　　른가 본데, 어디서 일을 배웠는가? 명월관?

지영　제가 일하던 곳은.. (인상 쓴 숙수들 보면서) 저~ 먼 곳이어서 말해도 잘
　　　　　모르실 텐데..

맹숙수　명나라 사천? 왜관? 그것도 아니면 어디 오랑캐 나라에서 배웠소?

지영　(난감) 저, 그게요.. 음.

길금   (껴들며) 워매~ 야박들 하쇼잉. 워디서 온 것이 뭐가 중한디요?
전하께서 명하신 일을 워째 요로코롬 따지고 드신다요?

엄숙수와 맹숙수, 서로 의미심장한 눈빛을 주고받은 후 팽- 나간다.
지영이 주변을 흘끔 보다가 '저.. 저기요' 하고 밝게 말을 붙이는데,
심숙수와 민숙수도 '흥!' 콧방귀를 뀌며 엄숙수와 맹숙수를 따라서 홱 나
가 버린다.

길금   워매~ 인심 한번 야박시럽네. 아가씨 지금은 그냥 무시해 부러요.
지영   (픽 웃고) 쎄하네~ 쎄해. 그래~ 이게 키친이지~
길금씨 조리도구 확인 좀 해줘. 식재료도~
길금   야~! (찬장에 가서 그릇이랑 조리도구 확인하고) 무다덜 아가씨 음식
한번 자시면, 달라질 거랑께요~
지영   내가 프랑스에서 처음 요리를 시작했을 때는 이보다 더했어. 괜찮아~
길금   (조리도구 착착 지영의 앞에 꺼내 놓으며) 불안수요? 아따~ 정안수도
아니고 그런 물이 다 있어라?
지영   큭~ 응~ 그런 물이 있어~ (앞치마를 매며) 이제 슬슬 손 좀 풀어볼까?
(길금을 보며) 어때? 긴장 좀 풀렸지?
길금   야~

창선, 빙그레 미소를 짓고 나간다. 윤내관, 지영과 길금을 바라보며 일
각에 감시하듯 서 있다.
지영 빠르게 주방을 종횡무진하며 길금과 함께 주방 곳곳을 살핀다.
아궁이, 가마솥, 식기류, 식재료 등등.

Cut to_

지영   (황당하고) 뭐야? 이게 다라고?

호박, 밤, 곰취, 마늘, 무 등을 비롯해 각종 산나물 푸른 채소를 당황스런 눈으로 보는 지영.

지영   (양념 재료들을 뒤적이며) 시나몬은 계피(육계)로 대체하고, 양파는 양하로 대체하고,

길금   (작은 수첩에 적으며) 시나몬은 계피로 대체, 양파는 양하로 대체..? (갸웃) 시나몬..? 양파?

지영   (미소) 지금 여긴 없지만 미래엔 자주 쓰는 재료들이야~

길금   아~

지영   간장은 (간장을 수저에 퍼서, 살짝 찍어서 혀에 대보고) 크아~ 이건 좋네. (일각으로 걸어가 접시들을 보며) 그나마 굽접시는 백자네.

길금   (열심히 적으며) 굽접시 백자.

지영   (확인 마치고) 좋아~ 가보자고.

길금   가보지라~

지영, 검호(劍鎬, 궁중에서 음식을 다듬고 잘라내는 데 사용되던 칼)를 드는데,
갑자기 길금이, 흡, 흡 거리며 냄새를 맡는다.

길금   (흡) 아가씨, 근디 워디서 생고기 냄새가 나는디요?

지영   응? (주위를 두리번) 생고기? 아무 냄새도 안 나는데?

길금, 사냥개처럼 흡흡~ 하면서 냄새의 근원지를 찾다가 고개를 휙~ 돌려서 도마를 본다.
지영도 도마를 본다. 자세히 살피면, 숙수들이 급히 치우고 남은 고기 찌꺼기가 미세하게 남아있다.
지영, 고기 찌꺼기를 자세히 본다. 급기야 입에 넣어 맛을 보는.

길금   (호들갑) 아따~! 그게 뭔지 알고 입에 넣는당가요!

지영	소고기는 아닌데..? (다시 한번 맛을 보고) 이건.. 이 맛은.. (눈이 번쩍) 사슴..?
길금	(놀라) 사슴고기여라?
지영	응. 분명 사슴이야 (윤내관을 보며) 할아버지, 혹시 여기 사슴고기가 있었나요?
윤내관	사슴? (하다가) 아아. 전하께서 어제 사냥해 온 사슴을 손질해서 사옹원에 두었네.

지영, 눈이 번쩍! 좋아하며 길금을 본다.
길금 의아한 눈으로 지영을 보면서, '와 그라요?'

지영	으흐흐~ 길금씨~ 이 사슴 스테이크가 내 주전공이거든?
길금	(갸웃, 수첩에 적으며) 사슴 스때끼?
지영	응 잘 배워놔. (식재료 흘끗 보고) 보자~ 양념 재료들은 대체할 게 있으니까..
길금	(수첩에 적으며) 이걸로 뭘 하는디요? 사슴찜? 사슴구이?
지영	(빙긋) 아니~ 전하께서~ 평생 못 잊을 최고의 샤또브리앙!
길금	사또부리옹? 위매~ 뭔 말이 요로코롬 어렵당가요~
지영	(킥~) 처음엔 다 그래~ (소매를 걷어 올리며) 길금씨~ 아궁이에 불 좀 올려줘~
길금	야, 아가씨~ (수첩 넣고, 후다닥 뛰어가서 아궁이에 불 올리고)
지영	(재료 썰어가며) 저, 할아버지. 어제 전하께서 잡으신 사슴의 혀를 좀 가져다 달라고 사옹원에 전해 주세요. (방긋 미소)
윤내관	흠, 그리하지. (밖으로 총총 사라지고)

지영, 눈을 빛낸다. 능숙한 손놀림으로 푸른 채소를 다듬기 시작하는 지영. 길금이 곁에서 거들고.

김상궁	(E) 그래서요? 주상께서 데려온 여인이 수라간을 점령했다.. 이 말이십

니까?

19. 대왕대비전 앞 / 밤

일각. 김상궁과 마주 보며 분한 듯 얘기하는 엄숙수.

엄숙수 그렇다마다. 이게 말이 되나? 내 억울해서 진짜. (하면서 김상궁 손 꼭 잡고)
김상궁 (얼굴이 붉어져 손 뿌리치며) 에그머니나.
엄숙수 (남자답게 홱 다시 손잡고) 이보게 김상궁~! 나 좀 살려주게~!
김상궁 (손을 슥 빼고) 에그 망측해라. (엄숙수 등짝 퍽- 때리며) 몰라요~ 몰라~ 힝~
엄숙수 (김상궁 손이 맵다. 크헉 대며 참는) 헉, 그, 그만, 그마안!
김상궁 (헉, 그제야 정신 차리고 엄숙하게) 일단 지켜보시지요.
제가 대왕대비마마께는 말씀드려 놓겠습니다.
엄숙수 (김상궁 손을 꼬옥 잡는 시늉만 하며) 그럼 김상궁만 믿네~

김상궁, 엄숙수에게 기품 있게 인사하며 대왕대비전 안으로 들어가고.
김상궁이 들어가는 모습을 다 보고 나자, 발길을 돌리는 엄숙수.

20. 봉덕궁 / 대왕대비전 안 / 밤

〈열녀전〉 책을 문갑 위에 툭- 놓고 안경 너머로 김상궁을 보는 인주
대왕대비, 노엽다.

대왕대비 뭐라 하였느냐? 주상께서 귀녀를 데려와 수라간에 보내셨다고?
김상궁 예, 대왕대비마마. 특별숙수로 임명했다 하옵니다.

대왕대비	그래 무슨 음식을 시키셨다더냐.
김상궁	그것은 알 수 없사오나.. (눈치)
	전하께서 잡아 오신 사슴고기로 음식을 만든다 하옵니다.
대왕대비	(분노에 차 안경을 벗고) 뭐라?! 사슴고기?!!!
김상궁	예, 대왕대비마마.

| 목주 | (E) 귀녀에게 특별숙수라니?! 귀녀가 음식을 한단 말이냐? |

21. 봉덕궁 / 자홍원 / 행운당 / 밤

중간쯤 발이 내려온 방 안에 맹숙수와 강목주가 마주 보고 앉아 있다.

맹숙수	예, 마마.
목주	(심각) 어떤 요리를 시키셨는지 아느냐?
맹숙수	모르옵니다. 허나 여인이 제대로 된 수라를 만들 수 있겠사옵니까? 결과는 불을 보듯 뻔할 것이옵니다.
목주	음식에 대해선 더없이 까다롭고 예민한 분이신데.. (혼잣말처럼) 믿을 수가 없구나..
맹숙수	듣자하니, 경기감영에서 귀녀가 음식을 만들었는데 전하께서 맛있게 드셨다 합니다.
목주	경기감영에서? 귀녀가 음식을 했단 말이냐?
맹숙수	예, 허나 여인이 어디서 음식을 배웠을 리도 만무하고, 찬 몇 가지 잘한다고 얼마나 버틸 수 있을까요? 음식에 미약을 넣는 게 아니라면 말입니다.
목주	(손을 톡톡) 미약이라.. 전혀 말이 안 되는 건 아니다.
맹숙수	(당혹) 예?
목주	귀녀가 수라를 만들고 나면 확인해서, 어떠한 흠이 있는지 찾아내거라.
맹숙수	(의미심장) 예, 숙원마마. (예를 갖추고 나간다)

| 목주 | 추월아! |

'예 마마!' 문이 열리고 추월이 들어온다.

목주	(미소) 전하께서는 지금 침전에 계시더냐?
추월	예, 마마.
목주	내 지금 뵈어야겠다.
추월	예. 알겠습니다.
목주	얼마 전 명나라에서 들어온 그림 한 점 내오거라.. 채비를 하거라.
추월	예. 잠시만 기다려 주십시오.

22. 봉덕궁 / 침전 밖 / 밤

침전 밖에서 수라상을 놓고 기다리고 있는 지영.
부복하고 있던 지밀 최상궁이 손짓으로 지영에게 문이 열리면 들어가
라는 신호를 알려준다.
지영, 알아듣고 고개를 끄덕한다.

| 최상궁 | 전하, 수라를 들이겠사옵니다. |

자동문처럼 정확한 움직임으로 침전의 영창문이 양쪽으로 열리고.
지영, 수라상을 들고 안으로 들어간다.

23. 궁 / 침전 안 / 밤

지영, 최상궁을 비롯한 나인들과 함께 수라상을 들고 안으로 들어오면,
어의가 급히 이헌의 침통을 챙겨서 나간다. 닫히는 문.

침전 한가운데, 금빛 보료 위에 흰 비단옷을 걸치고 나른한 얼굴로 앉
아 있는 이헌.
지영, 이헌의 근육질 가슴팍과 하얀 얼굴을 보자 왠지 심장이 두근거
린다.

지영 (E) 다 큰 남자가 옷을 왜 풀어 헤치고 있는 거야? 긴장돼 미치겠네.
진정하자. 후~
(하지만 더욱 긴장) 저, 전하 저녁 수..수. 뭐였지?

최상궁 (속삭이듯) 수.라. 수~라, (하다가 답답하고 좀 더 크게) 석수라..

지영 (고마운 듯 눈인사하며) 전하~ 수라수라.. 석수라 왔습니다.

이헌 (어처구니없어 픽 웃고) 그래 왔느냐.

최상궁과 나인들, ‘예, 전하’ 하며 고개를 숙이고.
최상궁이 눈짓하면 나인들이 고개를 숙이며 뒷걸음질로 나간다.
그런 가운데 지영을 뚫어져라 바라보고 있는 이헌.
지영, 그런 이헌을 보자 괜히 긴장되면서 가슴이 철렁. 내려앉는 기분
이고.

지영 (E) 정신 차리자. 정신! 아무리 역사상 최악의 폭군이라도,
난 역사를 알고 있잖아. 괜찮아. 긴장하지 마. (심호흡하고)

이헌 뭐 하는 거냐? 어선을 설명하지 않고?

최상궁 (지영을 보며 툭 밀고)

지영 아 네. (손짓으로 안내하듯 수라상을 보며) 이것은 베르사이유 궁정 요
리에 뿌리를 둔 최고의 정통 프랑스 요리. ‘오트퀴진’ (haute cuisine)입
니다.

이헌 (흥미롭게 지영의 수라상을 보고) 부란수? 오또카지?

지영 (번역기 느낌으로) 오트퀴진. 이요.

이헌 (무시) 흠흠.. 그럼 이것부터 먹으면 되는 것이냐? (젓가락을 드는)

지영 아, 아니요. (젓가락을 막으면서) 이것부터 드시죠.

식욕을 돋우는 오르되브르입니다.
전하의 입맛을 돋울 수 있게, 얇게 썬 육회에 각종 장아찌와 배를 올렸습니다.
자막 | 오르되브르(hors-d'œuvre) : 전채요리

이헌 보면, 한입 크기로 뭉쳐진 육회 위에 잘 조려진 장아찌와 새하얀 배가 비스킷처럼 올라가 있다.

이헌   (흥미롭게 바라보고, E) 난생, 처음 보는 요리..
오래 되불어?

지영   (킥) 예, 참으로 오래 되불었지요.

최상궁, 고개를 돌리며 큼큼.. 웃음 참고.

이헌   (정색) 지금 나를 놀리는 것이냐?

지영   (짐짓 심각) 아유~ 그럴 리가요. 전하, 어서 드셔 보세요.

이헌   (최상궁을 돌아보며) 기미하거라.

최상궁   예. (작게 한입 먹고 젓가락을 내린다. 놀란 눈으로 지영을 보고)

이헌   (자신의 젓가락을 들고 맛을 보는 E) 아니, 이 맛은..?! (상상의 세계로 빠져드는)

INS_ 마늘꽃이 화사하게 핀 후원을 거니는 이헌.. 소를 타고 피리를 불고 있다.

이헌   늘 먹던 육회인데.. 새롭고 상큼한 느낌! 흥미롭구나.
뭐랄까 강렬한 듯하면서 수줍고, 여운이 남는 맛이라고나 할까?

지영, 이헌의 반응을 살피고, 안심하며 말을 이어간다.

| 지영 | 다음은 포타주인데요. (다음 상 안내하며)
버섯과 야채를 넣어 진하게 쑨 타락죽으로 준비했습니다.
자막 | 포타주(Potage, 걸쭉하고 진한 수프) |

이헌 보면, 새하얀 죽그릇, 뚜껑 열면, 김 나는 연노랑 빛깔의 타락죽 사이사이 버섯과 야채 조각들 보인다.

이헌	(향을 맡으며) 보타주? 향이 기묘하도다.
지영	(미소) 전하께서는 음식에서 가장 중요한 게 맛인가요? 향인가요?
이헌	맛이 아니겠느냐?
지영	저는 향이라고 생각해요.
이헌	어씨 그러하냐?
지영	맛은 쓴맛, 단맛, 신맛, 매운맛, 짠맛, 이렇게 다섯 가지밖에 없지만, 향은 셀 수 없을 만큼 다양하거든요.
이헌	(긍정) 듣고 보니 그렇군. (미소) 그럼 이제 과인은 다섯 가지 맛을 확인해 보겠다.
(위엄 있는 눈빛으로) 최상궁, 기미하거라.
최상궁	예, 전하. (기미하고 수저 내려놓는다. 흠칫 놀란 눈으로 지영 보면)
지영	(미소) 전하도 드서 보세요.
이헌	(향을 음미한 후에 수저로 죽을 먹는다)

INS_ 아침 햇살을 받아 빛나는 송이버섯이 피어난 소나무 둥치를 보고 있는 이헌.

이헌	이 향은 화려하진 않지만 은은하면서도 그윽하고 깊은 맛이 나는구나.
지영	그죠! 마치 아침 햇살을 받아 빛나는 송이버섯이 피어난 소나무 둥치를 보는 그런 느낌. 맞죠?
최상궁	(놀라 보며) 아니 어찌 그걸...!
이헌	(픽 웃고) 정확히 그러하다.

지영, 최상궁과 이헌의 놀라는 모습에 자신도 만족스러운 얼굴로 바꾸고.

지영　……. 그리고, 이것이 오늘 수라상의 메인이옵니다.

지영, 접시에 덮여 있는 뚜껑을 연다. 회심의 미소.
최상궁, '와..!' 작게 감탄하고.

지영　오트 퀴진의 꽃, 비앙드!
　　　자막 | 비앙드 (Viande, 고기) : 스테이크 요리를 뜻함

이헌　오떠카지의 비암드라?
지영　(크헙, 웃음 참고) 예, 정말 오떠카지요?

최상궁, 웃음을 참으려 고개를 돌려버린다.

이헌　(왠지 심기불편) 아무래도 과인을 또 놀리는 것 같은데..
지영　에이~ 아니라니까요. (싱긋)
　　　이 요리는, 사슴의 혀(녹설)를 저온에 살짝 익혀 마데이라(Madeira) 소스를 곁들인 요리예요.

이헌, 기대감이 드는 얼굴로 접시 위를 보면,
부드럽게 익은 핑크빛 녹설 덩이에 말간 갈색 소스가 한 폭의 산수화처럼 뿌려졌다.

이헌　(E) 수많은 사슴 요리를 먹어 왔지만, 이것은 난생처음 보는 맛이 아닌가.
지영　사슴의 혀는 예로부터 팔진의 하나로 꼽히는 귀한 식재료.
　　　그리고, 아시겠지만 예부터 사슴은 왕을 상징했습니다.
　　　자막 | 팔진 : 여덟 가지 진귀한 식재료

(이헌을 바라보며, E) 그러니까 이건.. 강한 권력욕과 높은 자아도취감. 그리고 극도로 예민한 미각. 연희군의 모든 욕망을 완벽하게 만족시킬.. ....최고의 수라상이다!

이헌   (지영을 보며 E) 실로 당대의 수준을 벗어나는 요리 솜씨다. 조선에서 익히 보던 음식이 아니다. 이 여인은 대체 어디서 온 거지? 그런 것도 아느냐. (피식) 기특하군.

지영   (회심의 미소) 예, 그래서 왕권 다툼을 '축록(逐鹿)'이라고 부르는 것은, 바로 그 때문이었잖아요.

왠지 불편한 얘기에 고개를 숙이는 최상궁.
지영은 그들의 불편함과 상관없이 솔직하게 얘기를 이어간다.

이헌   참으로 영특하구나. 대체 이런 것은 다 어디서 배웠느냐?

지영   지난번에 제가 말씀드렸잖아요. 정말 믿어지지 않으시겠지만, 저는요, (진심을 담아) 미래에서 왔어요. 진짜루요.

이헌   (가만히 보는)....

최상궁, '아..' 작게 탄식하고. 고개를 숙인다.

이헌   (탄식) 참.. 아직 정신이 온전치 못한 게 흠이구나. 차라리 저 멀리 오랑캐의 나라나, 섬국에서 왔다고 하면 내 믿어줄 텐데 말이다.

지영   (한숨) 하지만, 그게 사실인데요.

이헌   (지긋이 보며) 정말이지....... 마음에 든다. 너의 첫 수라는..

지영   (못마땅) 다행이네요. 요리라도 믿어주시니.

최상궁   (껴들며) 전하, 기미하겠사옵니다.

이헌   아니다, (지영을 보며) 이번엔 네가 기미하거라.

지영   (놀라) 제가요?

최상궁   (다시 툭 치고 작게) 어허.

지영   (떨떠름) 아 예, 그럼 제가 기미하겠습니다.

지영, 사슴 혀 요리를 숟가락으로 작게 잘라 입에 넣는다.
이헌, 지영의 모습과 과거의 기억 속 폐비 연씨가 수라를 먹여주던 얼굴이 겹쳐 보이며.

24. 회상 / 궁 / 침전 안 / 밤

세자, 이헌의 수라상을 먼저 먹어보고 있는 중전연씨(폐비).
이헌, 침을 삼키며 기다리고 있다.

중전연씨 (젓가락에 음식을 집어서 입에 가져다주고) 자 이번엔 세자 한 번~
이헌 아~ (하고 받아먹고) 음~ 너무 맛있어요, 어머니!

중전연씨, 이헌을 보며 미소 가득한 얼굴.

25. 현재 / 봉덕궁 / 침전 안 / 밤

기억에서 깨어나는 이헌. 지영을 본다.

이헌 이제 과인에게도 한 점 주어라.

지영, 화들짝 놀라서 최상궁을 보고. 최상궁 엄한 눈빛으로 지영을 단속하고.

지영 (화들짝) 예....? 지금 음식을 떠먹여 달라. 이 말씀이신 거죠?
이헌 (냉랭) 싫은 것이냐.
지영 아, 아닙니다. (냉큼 사슴 혀 한 점을 집어서 입가에 가져다주며) 요기요.

이헌, 아이처럼 '냠' 하고 음식을 받아먹는다. 지영을 뚫어져라 응시하
면서.
지영, 아이처럼 받아먹는 이헌의 모습이 무서우면서도 귀엽고.
이헌, 다 먹고 나면 곁에 있던 최상궁이 달려와 건수로 이헌의 입을 닦
아주려고 한다.

이헌   (손을 들어 최상궁을 제지한다)

최상궁, 고개를 숙이고 뒷걸음질로 일각으로 가서 선다.

이헌   (지영을 뚫어지게 보며) 나의 마음을 어떻게 읽었느냐.
시영   (뜻밖의 질문에 놀라 보며) 예..?
이헌   다시 묻지. 과인이 이 요리를 좋아할 줄 어찌 알았느냐?
         (얼굴을 가까이 입술이 닿을락 말락 한 거리) 그래, 어떻게 확신했지?
지영   제가 연희군 공부 좀 했거든요. 이걸로 요리대회에서 우승도 했고,
         이렇게 직접 대접하는 날이 올 줄은 상상도 못 했지만...
이헌   연희..군? 지난번에도 그러더니, 대체 연희군이 누구냐?
지영   (긴장하고 E) 아, 이거 설명하면 사화랑 연희군에게 일어날 역사를 다
         말해야 하잖아. 이건 안 되지. 위험해. 차라리 기억이 안 난다고 하자.
         음... 아.. 그건 저, 제가 저, 기억이..
이헌   흠... (지영을 찬찬히 살피다가) 그럼 다시 묻지.
         이 요리를 어떤 연유로 하게 되었느냐.
지영   (이헌의 눈치를 보며) 전하의 밥상에 관해 생각하다가,
         다른 나라 왕의 밥상을 한번 차려 드리고 싶다고 생각했어요.
         비빔밥 같은 것으로는 어림도 없다고 하시기에..
         유럽에선 왕들이 이렇게 먹는 게 일상이거든요.
이헌   율업? 남만 쪽을 말하는 것인가?
지영   남만이요? (생각하다가) 조선시대엔 유럽이 남만일까요? 감이 잘 안
         오네요. (미소)

이헌   (삐딱하게 보고)…

26. 봉덕궁 / 침전 밖 / 밤

목주가 추월과 함께 침전으로 들어온다.
창선과 다른 내관을 비롯한 나인들이 모두 조아리고 있다.

목주   고하시게.
창선   들어오시면 아니 됩니다.
추월   뭐라? 어디서 감히… 비켜라!
창선   아니 되옵니다. 마마. 전하께서 새로운 숙수의 음식을 시험하시는 중
         이옵니다. 아무도 들일 수 없사옵니다.
목주   (다짜고짜 문을 연다)
창선   아니 되옵니다 마마! (하는데)

         슬쩍 열리는 문.
         /침전 안/ 지영을 보며 환하게 웃고 있는 이헌의 얼굴이 보인다.
         문 앞에 서서 화가 나 손을 벌벌 떨고 있는 강목주. 문을 열고 들어가
         려는데, 문이 닫히며, 창선이 막아선다.
         다음 순간 다른 내관들이 창선의 옆으로 병풍처럼 늘어선다.

목주   뭐 하는 짓들이냐!
창선   전하의 하교가 있기 전까지는 절대 들어가실 수 없사옵니다.
목주   고얀 것!! 네가 이러고도 무사할 성싶은 것이야? 비켜라! (하는데)
이헌   (E) 밖에 웬 소란이냐! 내 아무도 들이지 말라 했거늘.
창선   (숙원에게 보란 듯이 무표정하게 고개를 숙이고)
목주   (상냥한 목소리로) 전하, 숙원이옵니다.
         명나라에서 귀한 그림 한 점이 들어와서, 찾아왔사온데,

오늘은 날이 아닌 것 같아 물러갈까 하옵니다..

이헌　　(E) 그게 좋겠다. 숙원은 자홍원에 가서 기다리시게..

창선과 내관들 차갑게 목주를 본다.
목주, 화가 나 치마를 꽉 잡고, 팩 치맛바람을 일으키며 나간다.

27. 봉덕궁 / 침전 안 / 밤

소란이 가시자 대수롭지 않게 지영을 다시 보는 이헌.

지영　　(가시방석) 제가 이쯤에서 일어나는 게.. (하는데)
이헌　　잠깐. (하면서 지영이 만든 수라상을 쭉 훑어본다)
지영　　(E) 아 왜 또. 왜. 뭐.
이헌　　(지영을 뚫어져라 보며) 진짜 미래에서 온 것은 아니겠지.
지영　　(놀라고) 왜요? 믿어주시는 건 감사한데, 갑자기 이러시니 믿어지지
　　　　　않네요.
이헌　　(대뜸) 허면, 연희군이 누구냐. 말하라.
지영　　(당황) 아~ 하하. 연희군 씨. 그게 가끔 말이 헛나옵니다. 정말이에요.
　　　　　제가, 미래에서 온 것은 사실이지만~ 그 부분만 그렇다니까요~
이헌　　(팍 식) 정녕 그러한 것인가..
지영　　예, 그럼 저는 이만...

지영, 두려운 마음과 긴장된 마음이 교차하며 슬쩍 일어나려 하는데!
이헌, 지영의 손목을 잡고 확 낚아채며 얼굴을 가까이 응시한다.

이헌　　(지영을 가만히 보는데) 너는... 보통 여인이 아니야..
지영　　(E) 그렇다고.. 얼굴을.. 이렇게 가까이.. 들이대면 어떻게.. (두근두근)
이헌　　(귓가에 속삭이듯).. 과인은 너로 정했다.

지영   (두려움에 가슴이 쿵쾅쿵쾅 하며 보고) !!
          (E) 대체 뭘? 왜 나로 정해? 왜?
이헌   (의미심장한 미소로 보고)

28. 봉덕궁 / 침전 밖 일각 / 밤

지영이 지친 얼굴로 침전 밖을 나온다. 일각으로 걸어가면서 생각에 잠
긴 지영.

지영   (E) 나로 정했다는 게 혹시, 스, 승은은 아니겠지?
          혹시, 승은을 내려 주겠다고 했던 게 빈말이 아닌 거야?
          아, 이러면 안 되는데. 내가 왕의 후궁이 되면 역사가 바뀌는 거잖아.
          (안절부절) 희대의 악녀 강목주가 알면 날 죽이려고 들 텐데.
          미치겠네. 하.

송재   (E) 뭔 생각을 그리 골똘히 하는 게냐?

지영, 화들짝 놀라서 돌아보면 송재다.

29. 현재 / 봉덕궁 일각 / 밤

좀 더 은밀한 느낌이 드는 궁 일각. 지영이 서서 송재를 보고 있다.

송재   네 이름이, 지영이라 했더냐?
지영   예, (하아품) 뭐 때문에 이러는진 모르겠지만, 빨리 좀 얘기해 주시면 안
          될까요? 제가 오늘 너무 피곤해서요.
송재   내 긴히 너에게 내릴 명이 있어서 불렀다.

지영   (E) 그래~ 이게 궁이지. 이게 궐이야. 전하는 어명~ 도승지는 밀명~
     (하지만 애써 미소) 명이요? 실례지만 도승지님은 어떤 명이실까요?
     설명? 운명? 변명? 엄머머~ 제가 말해놓고도 썰렁하네요. 호호.

송재   (니가 좀 많이 피곤하구나) 앞으로 네가 전하께 수라상을 올리며 거기
     서 알게 되는 모든 것을 내게 전달해라.

지영   (E) 맨입으로 나를 포섭하시겠다? 와 이건 좀 너무하네~
     (하지만 미소) 승지님, 저, 죄송한데 현실적으로 그건 어려울 것 같아요.
     전하 성격 잘 아시잖아요. 그러다 걸리면 다 죽는데, 저는 간이 (검지의
     한마디를 보여주며) 요만하거든요~ 너무 기분 나쁘게만 듣지 마시구요.

송재   ..이 궁에서 네 편이 필요하다 생각지 않느냐?

지영   ..편이야 많을수록 좋겠죠? (하는데)

송재   (O/L) 솜 전 네가 전하께 수라를 올릴 때 강숙원이 침전으로 들지 않았
     더냐?

지영   아, 네, 뭐. (하는데)

송재   전하께서 수라를 드신다고 강숙원을 돌려보내신 것은 처음 있는 일이다.
     허니, 앞으로 강숙원은 너를 주시하겠지. 그러다 네 목숨을 노릴 것이
     틀림없고. 그 말인즉슨, 너는 누구의 도움 없이는 이곳에서 살아남기
     힘들다는 뜻이다. (미소)

지영   (생각에 잠기고)

     F.C_ 궁에 들어오던 순간, 함거에 갇힌 지영을 쏘아보던 강목주의 시선
     들 컷컷

송재   내가 너의 뒷배가 되어주마. 널 보호하고, 살아남게 해주겠다.

지영   (E) 인정. 나 살아남기 힘든 거 인정. 역시 통찰력 있어~ 탑 클래스 간
     신다운 딜이야. 하지만 나는 뒷배 따윈 필요 없다구. 내가 필요한 건...
     (상냥하게) 승지님, 그럼 저도 조건이 있는데요~

송재   조건?

지영   예, 물건 하나만 찾아 주세요.

약속하시면, 저도 말씀하신 제안을 받아 보겠습니다~

송재 지금 나와 협상을 하자는 것이냐? (어이없고) 재밌구나. 무어냐? 그 물건이.

지영 (눈을 빛내며) 제 가방이요.

송재 가방이?

지영 (답답한 듯, 가방 멘 흉내) 왜 어깨에 메고 이것저것 넣고 다니는 거 있잖아요. 가방, (다시 메는 흉내) 가아방!

송재 (빙고) 아 봇짐! 봇짐을 말하는 게로구나.

지영 (딩동댕) 예, 제 봇짐이요. 그걸 찾아 주세요. 전하를 처음 만난 살곶이 숲 절벽에서 잃어버렸거든요? 근데 그 안에 있는 물건들이 다 들어있는 채로 찾아 주셔야 해요.

송재 (알 수 없는 미소) 원하는 것이 겨우.. 봇짐이라..

30. 어느 대감집 / 벽장 안 / 밤

각종 집과 땅문서가 놓인 벽장 안.
망운록이 한쪽에 둘둘 말린 채로 지영의 가방 안에서 밝게 빛나고 있다.

31. 봉덕궁 / 자홍원 / 행운당 / 밤

추월이 목주를 향해 부채질 중이다.
마주 앉아 있는 목주. 화가 잔뜩 나 있다.

목주 이제 됐다. 그만하거라.

추월 (부채를 내려놓으며) 예, 마마.

목주 (배신감에 분한 듯 서안을 탕! 치며) 전하께오서 어찌 내게 이러실 수 있단 말이냐!

| 추월 | (눈치).... 맹숙수를 시켜 귀녀를 수라간 밖으로 쫓아내라 할까요?
숙수들이 텃세를 부리면 분명 하루도 못 버틸 것이옵니다. |

추월   (눈치).... 맹숙수를 시켜 귀녀를 수라간 밖으로 쫓아내라 할까요?
         숙수들이 텃세를 부리면 분명 하루도 못 버틸 것이옵니다.

목주   (눈을 빛내며) 그거 좋은 생각이다. 나랑 다시는 마주치지 않게 할 수
         있겠느냐?

추월   (결심하고) 예, 수단과 방법을 가리지 않고 귀녀를 쫓아내겠습니다.

목주   사흘이다.. 사흘 안에 해결하지 못하면 맹숙수의 자리도 위태롭다고
         전하거라.

추월   예, 마마. 맹숙수를 믿어 보시지요.

맹숙수   (E) 식신이시여~ 어찌하여 제게 이런 시련을 주시나이까.

32. 봉덕궁 / 수라간 / 밤

지영이 휩쓸고 간 자리에 홀로 남아 양념을 손가락으로 푹 찍어서 먹
어보고 있는 맹숙수.
신성한 음악이 흐른다. 온갖 음식들이 맹숙수의 머릿속에 그려진다.
살리에리가 모차르트의 음악을 처음 들은 것처럼, 뜨거운 눈물 한 줄
기가 흘러내린다. 너무 맛있다.
조리도구에 남은 다른 음식의 흔적도 손가락으로 찍어 먹어본다. 절망
이 급습하는 표정의 맹숙수.

맹숙수   (슬픈) 믿을 수가 없다. 정녕, 이것이 귀녀의 솜씨란 말인가.

다시 이것저것 찍어 먹으며 맛과 향을 음미하다가, 믿을 수 없다는 듯
고개를 절레절레 흔드는 맹숙수.

맹숙수   우리는 한 하늘 아래 있을 수 없는 운명이다.. (칼을 꺼내 도마를 내리
         찍는)

33. 봉덕궁 / 수라간 몽타주

 # 다음 밤. 수라간.
지영, 아궁이에 장작을 집어넣는데 불이 붙지 않고 연기만 난다. 콜록.
기침하는 지영.

지영   (연신 콜록대며. 당황하는) 이거 왜 이래. 장작이 다 젖었잖아.

길금   그라네요. (고개 돌리며 열심히 부채질) 아가씨 (콜록) 이거시 말로만
듣던 텃세여라?

맹숙수   (들어왔다) 아유~ 연기 봐. 최악이구만. 주방을 누가 이리 어수선하게
만드는지. (나가고)

지영   (괴로운 듯 기침을 하면서 계속 아궁이에 부채질)

 # 다른 날 밤. 수라간.
지영, 무심코 닫혀 있는 솥뚜껑을 열자, 쉬익! 소리를 내며 대가리를 쳐
드는 뱀!

지영   (놀라서 솥뚜껑을 집어 던지며 뒤로 나자빠지고) 배, 배, 배, 배, 뱀!
(하는데)

길금   (빗자루 들고 와서 쫓으며) 쉿! 쉿! 비키랑께요 씨게요!

지영   (길금 뒤에 숨고) 아 미치겠네, 진짜! (손짓) 훠이~ 훠이!

맹숙수   (사악한 얼굴로 들어와서) 하~ 여인이 수라간에 있으니 별일이 다 있
구만. (나가고)

지영/길금   (서로 보며 미치겠고)

 # 다른 날 밤, 수라간.
지영과 길금 수라간 안으로 들어서자, 어디선가 바퀴벌레가 기어 나오
고 있다.

지영　(아궁이 옆쪽을 보며 소스라치게 놀라) 바.. 바.. 바퀴벌레!!! 꺄악!!
길금　(비 들고 쫓아다니며 밟고 난리법석) 아따! 시방 뭔 일이라요! 아가씨!
지영　(영혼이 가출한 표정) 아... 하루하루가 진짜 스펙타클하다.
　　이게 어디서 들어오는 입구가 있을 거 같은데. (나가고)

지영, 밖으로 나가보면 맹숙수의 뒷모습이 보인다. 자세히 다가가 보면.
맹숙수, 수라간 밖 부엌채로 통하는 구멍에 바퀴벌레를 풀고 있다.
(씨익)
지영, 기가 막히고..

34. 봉덕궁 / 궐내 옥사 / 밤

지친 채 터덜터덜 옥사로 들어오는 지영과 길금. 간수를 보고 꾸벅 목
례를 하고선, 제 발로 옥사 문을 열고 들어간다.
다크서클이 짙은 눈으로 들어서는 두 사람.

간수1　오늘도 고생 많았수.
지영/길금 (퀭한 눈으로 힘없이) 예. / 야.

간수가 옥사 문을 잠가주면. 스스로 목에 칼을 차는 지영과 길금. 마치
제집 같은 익숙함이다.
적당히 벽에 등을 기대고 앉은 지영. 처량한 듯 한숨을 푹 쉰다.

지영　길금씨. 난 이제 여기 옥사가 차라리 더 맘 편하고 집 같고 그래.
　　이거 정상 아닌 거지?
길금　긍께요. 이럴 거면 계속 가둬놨으면 좋게써라.
지영　(아랫입술 힘껏 깨물며. 울음 참는) 그래도 우리 힘내자. 길금씨.
　　내일은 괜찮을 거야.

길금	(울컥) 아가씨. 지는요. 시방 내일이 안 왔으면 좋겠당께요.
지영	.. (괴롭다) 생각보다 숙수님들이 쎈캐네. 갈구는 수준이 달라.
	전하께 고자질이라도 한번 해봐?
길금	(찡그리며) 글다가 싹 다 디져불텐디요. 괜찮게써라?
지영	(같이 찡그리며) 그래 맞아.. 처참할 거야.. 이건 아닌 거 같다.

지친 두 사람 위로 비스듬히 쏟아지는 달빛.

35. 궁 / 침전 / 낮

궁녀들의 도움으로 곤룡포를 입고 있는 이헌.
송재가 상소를 잔뜩 들고 이헌의 앞에 서 있다.

이헌	(다 입고 앉아서) 그게 다 무어냐?!
송재	아뢰옵기 황송하오나, 대신들의 사직 상소이옵니다.
이헌	뭐라? (표정이 싸늘해지고) 무슨 내용이냐.
송재	(눈치 보며) 전하께오서 구식례에 참석하지 않은 것과,
	경기 관찰사 홍경달을 유배 보낸 것에 모두 유감을 표하고 있사옵니다.
이헌	과인에게 죄를 지은, 대역죄인을 벌한 것이 문제가 된단 말이냐?
송재	그것이 아니오라, 관찰사 홍경달이 대역죄로 유배를 갔으니,
	같은 죄로 잡혀 온 귀녀도 참형에 처해야 한다는 상소들이옵니다.
이헌	죄를 지은 자를 언제 죽일지는 과인이 정해야 마땅하거늘.

분노로 쾅! 서안을 내리치는 이헌. 부복하며 넙죽 엎드리는 송재.

이헌	(화가 나 일어서서) 편전으로 갈 것이다. (밖을 향해) 상선!
창선	(문이 열리고 들어와) 예, 전하.
이헌	연지영을 편전으로 데려와라.

창선	예, 전하. (나가고)

	침전을 나서는 이헌. 뒤를 따르는 송재.

대신들	(E) 전하! 통촉하여 주시옵소서!

36. 편전 안 / 낮

	이헌, 서늘한 표정으로 어좌에 삐딱하게 앉아 있다.

한민성	전하를 능멸하였다는 죄로 홍경달 대감이 유배를 당한 것이라면,
	대역죄로 잡아 온 죄인 귀녀부터 극형으로 다스려야 마땅하다 사료되
	옵니다.
	헌데 전하께서 마땅히 벌하셔야 할 죄인을,
	수라간에 보내 온갖 음식을 만들게 한다는 것은,
	신들이 참으로 이해할 수 없고 받아들일 수도 없는 일이옵니다.
박원준	(O/L) 이것은 요녀가 전하를 매일 밤 미혹하여 목숨을 부지하듯,
	홍경달도 미혹하여 그 같은 일이 벌어졌을 것이라 사료되는 바,
	전하를 능멸한 죄로 잡혀 온 귀녀를 참형에 처하시고,
	홍경달 영감의 억울함을 풀어주소서!

	대신들이 일제히 / 억울함을 풀어주소서! / 외친다.

이헌	자네들 하는 짓거리가.. 참으로 볼만하구나.
유형민	잘못된 일을 마땅히 바로잡으시어, 군왕의 도를 바로 세우소서!

	대신들 일제히 / 군왕의 도를 바로 세우소서! / 외친다.

이헌   (점점 끓어오르고) 그대들이 원하는 왕은 허수아비 왕인가?

       대신들 침묵한다.

이헌   (분노로 붉어진 눈) 말하라!
       과인을 무시하고 능멸한 그자를 그냥 뒀어야 하는가 이 말이다!

       이헌, 대신들의 사이로 걸어가며.

이헌   그래, 좋다!! 기꺼이 내 명을 내리지! (하는데)

       이때 침묵을 깨며 고요한 가운데 편전에 울려 퍼지는 창선의 목소리.

창선   (E) 전하, '연지영'을 잡아 대령했사옵니다.

       편전의 문이 열리고, 지영이 오랏줄이 묶인 채 안으로 들어서면,
       긴장된 분위기 속에 청, 홍색의 관복을 입은 조정 신하들이 마주 보며
       서 있다.
       어좌로 다시 걸어가 천천히 앉는 붉은 곤룡포 차림의 왕 이헌.
       지영, 눈치를 살피며 천천히 그들 가운데로 들어가 그 중앙 한가운데
       외딴섬처럼 엎드린다.

목주   (E) 참으로 잘했구나.

37. 자홍원 / 목주의 처소 / 낮

추월   예, 마마님 말씀대로, 궁인들에게 홍경달 영감의 귀양 또한 귀녀의 잘
       못이라 소문을 내었더니, 궁에 불이라도 난 듯 소문이 삽시간에 퍼졌

	습니다.
목주	잘했다. 허나 궁은 벽에도 눈과 귀가 있는 곳이니 귀녀가 궁을 나가기
	전까진, 언행을 각별히 조심해야 한다.
추월	예, 걱정 마십시오. 귀녀는 이제 목숨을 부지하기 어려울 것입니다.
목주	(미소)
성인재	(E) 전하! 귀녀를 마땅히 극형으로 다스리시어, 군왕의 도를 바로 세우
	소서!

38. 편전 안 / 낮

대신들이 일제히 외친다. / 군왕의 도를 바로 세우소서! /
몸을 움츠리며 떨고 있는 지영. 두렵다.
이헌, 싸늘한 얼굴로 천천히 걸어 내려와 지영의 앞에 선다.
그제야 일제히 조용해지는 신하들.

이헌	들거라, 이 여인은 어젯밤, 해괴한 수라상을 올려 과인을 미혹하였으니,

지영이 몸을 떨며 고개를 들어 올린다.
이헌의 발부터 무릎, 가슴팍에 수놓은 금빛 용을 거쳐 그의 입술까지
시선이 닿는다.
이헌, 그런 지영을 보더니 씨익. 잔인한 미소를 짓는다.
그리고 오른쪽에 서 있는 수혁(호위무사)의 검을 잡아 뽑는다.
섬뜩한 쇳소리에 조정의 신하들 한층 더 머리를 조아린다.

이헌	지금 당장 이 여인을.....(칼끝을 겨누며) 수라간 대령숙수에 임명하라!!

사방에서 작게 술렁이는 신하들의 소리.

대령숙수? / 어찌 여인이 대령숙술…. / 이제는 정식으로 맡기시려는
가… 하.. (탄식)

지영   (당황) ..예?
이헌   (입꼬리가 올라가며) 오늘부터 그대는 하루도 빠짐없이 과인을 위해
요리하라. 단!

신하들, 긴장된 표정으로 다시 이헌을 본다.

이헌   하루라도 같은 음식을 올리거나, 나의 입맛에 맞지 않을 시에는.
(한층 서늘한 목소리) 극형에 처할 것이다.

지영, 이헌의 황당한 명령에 저도 모르게 고개를 들어버린다.
이헌, 장신의 훤칠한 실루엣과 겨누고 있는 칼날이 아찔하고 선명하게
역광에 비쳐 보이고.

39. 봉덕궁 / 편전 밖 / 아침

편전을 나와서 걸어가는 성인재와 유문정과 영의정 한민성(남, 60대,
파평한씨, 인주대왕대비의 오라비).

유문정   귀녀를 저리 싸고도시니.. 이번 기회에 반드시 몰아내야 합니다.
성인재   맞습니다. 서둘러 대책을 세워야 합니다.
홍경달 대감 다음으로 누가 유배를 가게 될지 모릅니다.
유문정   영상대감께선 왜 아무 말씀도 없으십니까.
한민성   (미소) 어차피 대왕대비께서 보고 계시지만은 않을 걸세.

앞장서 걸어가는 한민성, 뒤를 따르며 생각에 잠기는 성인재와 유문정.

40. 봉덕궁 / 자홍원 / 행운당 (목주의 처소) 안 / 아침

목주가 추월의 보고를 받는 중이다.

추월　　　송구합니다. 일이 이리될 줄 몰랐습니다. 마마, 이제 어찌해야 할까요?
목주　　　(심각하게) 전하께서 직접 대령숙수로 임명하셨으니, 지금 내가 나설
　　　　　수는 없어.
　　　　　(곰곰이 생각하다가) 아무래도 다른 이의 손을 빌려야겠다.
추월　　　누구 말씀이시옵니까..?
목주　　　(표정 무서워지며) 대왕대비전으로 갈 것이다! 채비하거라.
추월　　　(눈을 빛내며) 예, 마마.

41. 봉덕궁 / 자경전 대왕대비전 / 낮

상석엔 인주대왕대비가 앉아 있고 좌우로 자현대비와 성귀인과 양귀
인이 앉아 있다.
목주, 인주대왕대비를 마주 보는 상태로 앉아 있는.

대왕대비　(마땅치 않은) 숙원이 내게 문안을 오다니 참으로 오래 살고 볼 일이오.
목주　　　참으로 송구하옵니다. 앞으로는 더 자주 찾아뵙겠사옵니다.
대왕대비　(무시하고) 예까지 온 걸 보니 용건이 있는 듯한데 무슨 일이냐?
목주　　　(미소) 실은 귀녀의 문제로 찾아뵈었습니다.
대왕대비　귀녀? 주상이 들였다는 그 귀녀 말이냐?
목주　　　예. 대왕대비마마! 음식 솜씨로 전하의 어심을 흐리고 있는 그 요사스
　　　　　러운 계집이.. 대령숙수가 되었다 합니다.
대왕대비　(!!!)
양귀인　　(조용히 중얼) 자기도 요사스러우면서...
성귀인　　(양귀인을 쿡 찌르고)....

대왕대비 (놀랐지만 아무렇지 않은 척) 그래서 하고 싶은 말이 무어냐?

목주   일식이 있던 날 나타난 계집이옵니다. 또한! 그 계집이 나타난 날,
          전하께서는 자객으로부터 화살을 맞으셨습니다.

대왕대비 ... (사색이 되어) 전하께서 화살을? (서안을 탕 치며) 왜 진작 얘기하지
          않았느냐?

목주   예, 전하께서 함구하라는 어명을 내리셨기에 그동안 말씀을 드리지 못
          했사옵니다.
          헌데 전하께서 그 귀녀를 직접 대령숙수에 임명하셨다고 하니,
          이대로 지켜보고만 있을 수 없어 대왕대비마마를 찾아왔사옵니다.

자현대비 (인주대왕대비에게) 저도 그게 걱정이긴 합니다.

대왕대비 (못마땅한 한숨을 내쉬며) 흠...

목주   어디서 왔는지 근본을 전혀 알 수 없는 계집이옵니다.

대왕대비 나 역시 마음에 걸리던 참이긴 하나, 대전 수라간 사람을 어쩔 명분은
          없다.

목주   그러시겠지요. 하면 대왕대비께서 귀녀의 실력을 직접 시험해 보심이
          어떠할지요?

자현대비 시험? 시험이라...

양귀인   그거 좋은 생각이네요. 음식 실력이 얼마나 대단한지 저도 궁금하던 참
          입니다.

성귀인   예, 어차피 대신들은 반발할 것이 뻔하니, 귀녀를 시험해서 실력이 그
          만치 있으면 대신들의 반발을 잠재울 수 있고, 없으면 이대로 궁밖에
          내칠 수 있으니 좋고요.

대왕대비 (생각에 잠겼다가) 내 안 그래도 소문만 무성한 귀녀의 음식 실력이..
          얼마나 대단한지 궁금하기는 했다만.

목주   (씨익) 대왕대비마마, 명을 내려 주십시오. 준비는 소첩이 알아서 할 것
          이옵니다.

대왕대비 (속내를 꿰뚫어보듯 목주를 보고)....

42. 별궁 안채 / 지영의 처소 / 낮

문을 열고 방 안으로 들어서는 지영과 길금.
동쪽으로는 창이, 안쪽에는 문갑이 놓여 있고, 그 외 이불 한 채가 놓여
있는 그야말로 '방'이다.

길금   (멍하니) 아가씨. 벽이여라~ 워매~ 참말루~ 벽이여라.
지영   (마찬가지로 멍하니) 길금씨. 온돌이야.
길금   (점점 벅차오르고) 시방 저거시 이불 맞지요?

그제야 감개무량하여 꺅꺅! 거리며 이곳저곳을 둘러보는 두 사람,
그러다 서로의 눈빛이 마주친다.

지영   (울컥) 길금씨! 고생했어 그동안!
길금   (울컥) 말은 바로 해야지라~ 그 작것들이 아가씨 괴롭혀싸서, 그간 얼
        마나 고생이 많으셨소.
        그란디, 요로코롬 아가씨가 대령숙수가 되시다니 꿈만 같아라~
지영   아니야~ 고생은 길금씨도 같이했지~ 대령숙수가 되니까 거처도 옮겨
        주고 너무 좋다~
길금   야~ 언감생심. 살다봉께 이런 특혜도 다 있당게요?

누가 먼저랄 것 없이 서로를 와락 끌어안는 두 사람. 거의 울먹인다.

길금   (훌쩍) 지가요, 실은 쪼까 힘들어써라.
지영   (훌쩍) 나도. 내가 어쩌다가 저런 폭군을 만나가지고.
길금   (화들짝 놀라서 떨어지며) 아가씨! 고 주뎅이! 조심하고 댕기기로 약속
        해짜녀요!
지영   괜찮아. 여긴 벽이 있잖아. (작게) 안 들린다고.
길금   (다시 지영을 와락 끌어안고) 아따~ 그라네요. (하는데)

창선   (E) 연숙수 나와보시게.

지영과 길금 흠칫 놀라 서로를 보고.

43. 별궁 안채 / 지영의 처소 밖 / 낮

지영과 길금이 나가보면 창선과 윤내관이 서 있다.

창선   (숙수복과 나인복을 건네며) 대령숙수가 된 걸 감축하네.
          이걸로 갈아입고 나오시게.

지영과 길금 모처럼 새 옷을 펼쳐보며 신났다.

지영   이 옷 여자용 숙수복 맞죠? 언제 이런 걸 준비했어요?
길금   (옷을 대보며) 오메~ 이 비단 좀 보쇼잉~ 허벌나게 고운 것이, 참말로
          깔롱지네요잉~
윤내관   자네가 궁에 온 첫날 밤 전교가 내려왔네. 어서들 갈아입게.
지영   (윤내관 보며) 네~ 감사해요 윤내관 할아버지~ 길금씨 어서 가자. (안
          으로 들어가고)
길금   지두 고맙당게요~ (꾸벅, 하고 안으로 들어가고)
윤내관   (미친 사람 보듯 지영을 보다가 떨떠름하게 창선 보고) 상태가 영.. 괜
          찮을까요?
창선   허, 사람 참. 자네 내관 생활 몇 년 찬가? 아직도 궁을 그리 몰라? 말을
          아끼게.
윤내관   예, 상선어른.
창선   연숙수의 수라간 생활이 어떻게 굴러갈지 나도 잘 모르겠네만,
          (아득히 먼 기억을 떠올리듯) 연숙수가 누군가를 떠올리게 하는 건 확
          실하네.

44. 별궁 안채 / 지영의 처소 / 낮

난리법석을 피우며 지영은 숙수복을, 길금은 나인복을 갈아입는다.

창선   (E) 그분도 참으로 활달하고 곱디고운 마마님이셨지..

45. 봉덕궁 / 수라간 전경 / 낮

46. 봉덕궁 / 수라간 / 낮

일도 안 하고 자기들끼리 둘러앉아 구시렁대고 있는 숙수들.

심숙수   수라간에 상궁도 있고 나인도 있는데, 대령숙수가 여인이라니.
지금 우리더러 여인의 명을 들어가며 수라상을 준비하라 이 말 아닙
니까?
민숙수   엄숙수님, 대비전에 말이라도 해봐야 하는 거 아닙니까?

끙. 골치 아픈 듯 인상을 쓰는 엄숙수.

엄숙수   이 사람아. 대비전에 말을 하면 뭐 하나? 여인을 대령숙수로 내리꽂은
게 다름 아닌 주상 전하라는 말 못 들었는가? 그 여인의 뒷배가 주상 전
하라니까.

일제히 깊은 한숨을 내쉬는 숙수들.

맹숙수 (비장하게) 그렇다고 해서, 수라간의 기강이 이리 개판 나는 걸 가만히
        지켜보고 있을 수만은 없습니다.

엄숙수 허면, 어쩌겠는가? 자네라고 무슨 뾰족한 수가 있냔 말일세.

맹숙수 (눈을 빛내며) 내쫓을 수 없다면, 제 발로 나가게 만들어야지요.

심숙수 제 발로요? 어떻게요?

다들 솔깃한 표정으로 맹숙수 앞에 모여들며 귀를 기울이고.

47. 봉덕궁 일각 / 낮

창선과 윤내관의 안내를 따라 수라간으로 향하는 지영과 길금.
지영은 어느새 숙수복을, 길금은 수라간 나인 복장을 갖춰 입고 있다.
셰프의 포스가 느껴지는 지영.

길금 (긴장해서) 아가씨 괜찮지라? 저 싸난 숙수들이 또 구박하고 텃세 부리
      고 그라믄.. 어떡한당가요?

지영 텃세라. 해보라지 뭐. (길금 보며) 사실 온도는 이미 알잖아?
      저번에 인사 나눌 때 기억나지?

길금 (풀이 죽어 고개를 끄덕) 야, 어떻게 잊게써라.

지영 걱정 마~ 이번엔 당하고만 있진 않을 테니.

길금 아따~ 그러신 분이 요 며칠은 당하기만 하셨서라?

지영 (뻘쭘) 뭐 내 주방이 아니었으니까. 근데 이제는 우리 주방이잖아.

윤내관 (듣다가 껴들며) 저 아이 말처럼, 걱정은 해두는 게 좋을 것이네.

지영 (걷다가 멈추고) 예? 왜요?

창선 (미소) 궁 안은 어디나 위계질서가 엄격하지만, 특히 수라간은 더 남달
      라서 하는 말인 듯싶네만.

지영 이해해요. 주방이란 데가 어딜 가나 다 비슷하거든요. 불 쓰고, 칼 쓰고,
      위험하잖아요. 그러니까 군기도 셀 수밖에 없는 거고요.

근데 웬 헤드셰프가 하늘에서 뚝 떨어졌다? 이런 건 또 그냥은 못 보거든요. 셰프들이.

지영이 대체 무슨 소리를 하는 건가 싶어 당황하며 시선을 주고받는 창선과 윤내관 그리고 길금.

지영　뭐 두고 보면 알겠죠?

겁먹은 듯 눈을 동그랗게 뜨는 길금. 심드렁한 윤내관과 인자한 미소를 짓는 창선.

48. 봉덕궁 / 수라간 / 낮

분주하게 뛰어다니는 숙수들. 엄숙수가 이리저리 둘러보며 체크 중이다.

엄숙수　(근엄하게) 소금이랑 설당은 바꿔 놨는가?
자막 | 설당 : 설탕의 옛말

심숙수　(민숙수와 함께 소금을 포대자루째 옮기며) 예, 지금 하고 있습니다.
엄숙수　(전에 없이 다정하게) 맹숙수야~ 식칼은?
맹숙수　(광에서 뭔가를 하다가, 고개를 쏙 빼고) 형님~ 숫돌에 갈아서 날을 완전히 뭉개 놨습니다. (사악한 미소) 두부도 썰기 힘들게.
엄숙수　하하. 잘했스~ 장도 오래 묵은 것들은 뒤로 숨겨 놓고, 육고기도 제일 상태 좋은 것들은 따로 빼놓으시게!
민숙수　(솔직) 예~ 숙수님~! 근데 두 분이 모처럼 동맹을 맺으시니~ 보기 좋습니다.
심숙수　(툭 치며) 눈치 챙겨라.

그때 창선과 윤내관이 헛기침 소리를 내며 수라간으로 들어온다.

엄숙수 (황급히 고개를 조아리며) 아이고. 상선 영감, 윤내관 나으리 오셨습
니까?

그 소리에 다른 숙수들도 후다닥 제 자리로 돌아오자, 때마침 수라간으
로 이어 들어오는 지영과 길금.
숙수들 지영과 길금을 경계하듯 바라보고.

윤내관 이미 들어서 알고 있겠지만, 이 사람은 주상 전하께서 낙점한 새로운
대령숙수일세.

지영 (나서며) 안녕하세요. 초면은 아니지만, 정식으로 인사드릴게요. 연지
영이라고 합니다. (길금이를 가리키며) 이쪽은 저와 보조를 맞춰줄 서
길금씨고요.

길금 (작게) 안녕들 하셨어라.

크흠. 건성으로 반응하는 숙수들. 창선이 지영을 흘끔 본다.

창선 (윤내관을 향해) 나는 이만 돌아갈 테니, 수라 준비에 차질이 없도록 하
시오. (나가고)

윤내관 예, 상선 영감.

창선을 향해 '살펴가십시오.' 하고 인사하는 숙수들.
이제 수라간에 지영과 길금, 윤내관과 숙수들만이 남았다.

맹숙수 (마뜩잖은 듯) 여인이 무슨 용쓰는 재주가 있어서 수라간의 대령숙수
자리를 꿰찼는지 모르겠지만, 그 자리가 얼마나 막중한 책임을 요하는
자린지 아시오?

지영 (보면)

맹숙수 수라간에서 하루에 일하는 인원만 무려 195명씩 2교대로, 총원이 390명
이나 되는데, 이들을 일사불란하게 통솔하고 아무 문제 없이 이끌어야

하는 우두머리가 바로 종6품 재부(宰夫), 다시 말해 대령숙수란 말이오.

지영 (감탄) 와, 말 진짜 빠르게 잘한다. (길금 보며) 귀에 쏙쏙 박혀. 그치?

길금 야~ 참말로 대단하네요~

맹숙수 (흥, 고개를 돌리고)

지영 그나저나 390명? 와. 이 정도면 진짜 초일류 호텔 레스토랑도 따라오기 어려운 규몬데. 진짜 대단하네요.

엄숙수 (호텔? 갸웃) 좌우당간! 그대 같은 풋내기가 함부로 감당할 수 있는 자리가 아니니, 괜히 큰 사고 치고 망신당하기 전에 알아서 (하는데)

지영 (O/L) 잠깐만요.

엄숙수 (황당해서 보면)

지영 근데 여기 제일 높은 분이 누구시죠? 아. 제가 대령숙수니까, 저 빼고.

못마땅하게 인상을 찌푸리는 숙수들. 엄숙수가 마뜩잖은 듯 앞으로 나선다.

엄숙수 나요. 선임 숙수인 엄가라 하오. 그쪽이 오기 전까지 대전의 음식을 책임지고 있었소.

지영 아. 그러시구나. 엄숙수님. (맹숙수 가리키며) 그럼 이분은?

맹숙수 맹숙수요. 주로, 반찬을 담당하고 있소.

지영 (심숙수 쪽을 힐끗)

심숙수 (눈치껏) 심숙수라 합니다. 불 다루는 일과 양념을 주로 담당하고 있습니다.

민숙수 저는 밥 짓는 일과 생선 굽는 일, 삶는 음식을 담당하는 민숙숩니다.

지영 (손뼉 짝 치면서) 자. 그럼 이제 통성명은 끝났고. 이제부터 수라상을 차려야 하니까 (뒤로 쓱 빠지면서) 어서 시작하세요. 넋 놓고 계시다가 전하의 불벼락이 떨어집니다. 다들 전하 성격 잘 아시죠?

엄숙수 (당황하여) 뭐, 뭐요? 그럼 그쪽은 뭘 하려고? 아, 대령숙수면 대령숙수답게 지휘를 해야 할 거 아니오? 찬은 무엇으로 몇 가지를 낼 것인지, 탕국에 쓸 고기는 뭐며, 오방색은 또 무슨 재료로 맞출 것인지, 하나하

나 다 일러줘야 (하는데)

지영　(상냥한 미소) 에이. 제가 수라간 일을 뭘 알겠어요. 주상 전하 빽으로
뚝 떨어진 낙하산인데. 그냥 평소처럼 엄숙수님이 다 알아서 하세요.
책임도 물론 엄숙수님이 지시는 거고. 저는 빠져 있을게요.

엄숙수　(버럭) 그게 말이 되오? 내가 대령숙수도 아닌데, 그 책임을 내가 왜 (하
는데)

지영　(생긋 웃으며) 아. 주상전하께 벌써 다 말씀을 드려놨거든요~
(천연덕스럽게) 제가 일단은 아무 일도 안 하고 지켜만 볼 거라고.

땡! 입이 떡 벌어지는 숙수들. 정지 화면처럼 일순간 굳어지는데. 믿어
야 할지 말아야 할지 고민스럽다.

엄숙수　(E) 만에 하나 저 말이 사실이면.. 나는 오늘이 제삿날이다.

맹숙수　(E) 전하께서 절대 그럴 리는 없을 텐데.. 왠지 또 거짓말은 아닌 거
같고...

순간, 일제히 서로를 쳐다보다가, 어디선가 '야옹' 고양이 소리에 일제
히 흩어지며 분주하게 움직인다.

맹숙수　민숙! 칼 갈아라!

민숙수　예! 지금 갈고 있습니다.

엄숙수　탕국에 넣을 고기부터 가져오게! 특상품으로!

심숙수　예! 지금 갑니다.

군대처럼 알아서 일사불란하게 움직이는 숙수들.
지영이 그 모습을 흡족하게 지켜보는데, 길금이 지영을 보며 엄지를 척
들어 보인다.

지영　(E) 훗. 이런 일은 숱하게 겪어 왔다고~ 나한텐 안 통하지~

이때, 김상궁이 들어온다.

김상궁   연숙수, 대왕대비마마께서 보자고 하시네.

수라간 숙수들과 길금이 하던 일을 멈추고 지영을 본다.

지영   (!!) 대왕대비전이요? 거기서 왜 절.. 아.. 이거 왠지 또 불안해지는데..

49. 봉덕궁 / 자경전 대왕대비전 / 낮

인주대왕대비와 자현대비, 성귀인과 양귀인, 그리고 목주가 앉아 있는
가운데 지영이 손을 모으고 서 있다.

지영   (E) 아... 이 숨 막히는 분위기 뭔데, 왜 불안한 예감은 한 번도 틀리질
       않냐?
대왕대비 네가 전하께서 데려왔다는 그 귀녀 대령숙수냐?
지영   (넙죽 엎드리며) 저기... 귀녀는 아니고요. 좀 먼 데서 온 사람입니다.
대왕대비 여러 소리 할 것 없다. 나는 전하의 할미로서 네 솜씨가 진짜인지 확인
       코자 불렀다.
지영   (고개를 살짝 들고) 확인...요?
대왕대비 만약에 얕은 수작으로 전하의 입을 홀린 것이라면 그 대가를 치러야 할
       것이다.
지영   (E) 어이구. 무슨 대가를 치르라는 거야 또..
       저, 할머니.. 아니 대왕대비마마. 그 대가라는 게... 어떤 건가요?
대왕대비 마땅히 혀로 임금을 속인 자는 혀를 자르고, 음식으로 임금을 속인 자는
       팔을 자른다.
지영   (놀라 벌떡 몸을 세우고) 네?!! 그럼 어떤 방식으로 확인하신다는 거죠?
대왕대비 (회심의 미소) 대전숙수들 중 선임 숙수들과 경합을 벌일 터이니 채비

하거라.

지영 예? 요리사의 생명인 팔을 걸고 경합을 하란 말씀이세요?

대왕대비 잘 알아들었구나. 팔을 지키고 싶다면 맛으로 납득시키면 될 터!
그래, 그러면 될 것이다. (미소)

지영 (미치겠고 E) 대체 내가 왜 그런 일을 해야 하는데.. 대체 내가 왜요..

목주 (지영을 보며 사악한 미소 E) 어디 도망칠 테면 도망쳐 보거라.

지영 (목주 보며 E) 너구나~? 네가 이 판 세팅한 거지?
내 팔 하나 자르는 건 일도 아니다 이건가?

목주 (지영을 보며 E) 팔 하나로 끝나지 않을 것이다.

지영 (인주대왕대비를 보며) 그럼 대비마마, 요리 경합은 어디서 하나요?

대왕대비 요리는 다른 대전숙수들과 함께 대왕대비전 앞마당에서 하게 될 것이다.

50. 봉덕궁 / 침전 / 낮

수혁과 은밀히 독대 중인 이헌.

이헌 홍문관 교리 이장균으로부터 연통이 왔다고?

수혁 예, 전하. (밀서를 건네며)

이헌, 밀서를 펼쳐보면,
〈 史草得. 今日夜 亥時 〉 (사초득 금일야 해시)

이장균 (E) 사초를 얻었습니다. 오늘 밤 해시에 뵙겠습니다.

이헌, 밀서를 읽던 손이 가늘게 떨린다. 믿어지지 않는다는 듯 멍하고.

이헌 (E) 사초를 찾았구나... (울컥) 어머니의 죽음과 관련된 비밀을.. 드디어..

이때, 다급한 누군가의 발걸음이 문밖에서 들려온다. 수혁, 병풍 뒤로
모습을 감추고.

송재 (E) 전하. 신 도승지이옵니다.
이헌 (소맷자락에 밀지를 넣으며) 들어오너라.

문이 열리고 송재가 들어와 예를 올린다.

이헌 (태연한 표정) 무슨 일이냐?
송재 연숙수가 대왕대비전으로 불려갔다 하옵니다.
이헌 (의아한) 거긴 왜?
송재 대왕대비께서 귀녀의 음식 솜씨를 보고 싶으시다며 불렀다 하옵니다.
이헌 (!!) 대왕대비께서는 평소 음식을 즐기지 않는 분이 아니냐?
     ..... 그런 분께서 숙수의 음식 솜씨를?
송재 예. 대전 선임 숙수들과 경합을 하는데, 연숙수가 진다면,
     임금을 속인 죄로 팔을 자르겠다고 엄포를 놓으셨다 하옵니다.
이헌 (노엽고) 그 문제는 이쯤 하시는 게 좋으실 텐데..
송재 그보다.. 그 자리에 숙원마마도 계신 것으로 아옵니다.
이헌 (흠칫) 숙원이?
송재 (어렵게) 예, 아무래도... 가보시는 것이 어떨까 하옵니다.
이헌 (생각에 잠기고)

51. 봉덕궁 / 대왕대비전 앞마당 / 낮

인주대왕대비를 필두로 자현대비, 성귀인과 양귀인, 그리고 목주가 계
단 위에 놓인 의자에 앉아 있는 가운데,
마당 양쪽으로 흰 천막이 둘러쳐져 있다.
마당 중앙엔, 지영을 비롯한 맹숙수와 엄숙수가 엄숙한 분위기 속에 서

있고,

그 앞, 각자의 자리에 개인별로 놓인 아궁이와 솥뚜껑, 그리고 개인 도마가 준비되어있다.

자못 긴장감이 감도는 대왕대비전 앞마당.

목주　(E) 아무리 날뛰어봐야 소용이 없을 것이다. (흘끗 인주대왕대비를 보며) 대왕대비는 음식 자체를 안 좋아하는 분. 그나마 맛나게 드시는 거라고는.. (맹숙수 쪽을 보는데) …

지영은 살짝 긴장해 있고, 맹숙수와 엄숙수가 지영을 노려보며 서 있다. 그 위로,

창선　(E) 주상전하 납시오.

창선의 말이 끝나기 무섭게 이헌이 우림위장 신수혁과 송재를 대동하고 나타난다.

인주대왕대비를 비롯한 대비전 여인들이 모두 일어서 고개를 숙인다.

이헌　(힘주어 미소) 그간 강녕하셨습니까. 할마마마.

대왕대비　(뼈 때리며) 주상, 참으로 오랜만이외다. 귀녀가 대령숙수가 되었다기에 내 경합을 준비했는데, 주상도 함께 구경하시겠소?

이헌　예, 할마마마. 과인이 임명한 귀녀의 팔을 걸고 경합을 벌인다 듣고 온 참입니다.

대왕대비　귀녀가 애틋하긴 하나 봅니다. 주상. 예까지 오시어 이 할미와 얼굴을 마주하시는 걸 보니…

이헌　(무시하고) 먼저 도를 넘으신 것은 할마마마가 아닙니까?

　　　대전의 대령숙수입니다. 제 사람이지요.

대왕대비　허니 저 아이가 경합에서 이기면 될 일입니다. 그리되면, 모든 것이 잠 잠해지겠지요.

주상께서 저 아이를 대령숙수로 임명하신 일에 신하들의 반발도 있었다 들었습니다. 결국 그냥은 조용해지지 않을 거라는 걸, 모르시진 않겠지요?

이헌   (노엽지만 참고) ..허면 다른 숙수들도 경합에서 지면 팔을 자르는 것이옵니까?

대왕대비   저들은 이미 궁에서 인정한 숙수들이 아닙니까. 처지가 다르지요.

이헌   (의미심장한 미소) 할마마마~! 그러면 경합이 재미가 없지 않사옵니까. 할마마마의 말씀대로 이기면 되는 것이니 규칙은 공평하게 하는 것이 좋겠습니다.

대왕대비   (!!)

이헌   여봐라~! 오늘의 경합은,
이긴 숙수 한 명을 제외하고, 모두 팔 한쪽을 내놓아야 할 것이다.
알겠느냐?

엄숙수와 맹숙수를 비롯한 지영 모두가 놀라서 이헌을 본다.

이헌   (좌정하며 엄하게) 작두를 대령하라!

그러자 내명부 일동 여인들과 구경하던 모두가 긴장하는데.
이헌의 말이 떨어지기 무섭게, 내금위들이 시퍼렇게 날이 선 작두를 들고 와 일각에 내려놓는다.
작두를 보며 두려운 표정과 비장한 표정이 교차하는 맹숙수와 엄숙수.
황당한 표정의 지영.

지영   (E) 하아.. 정말 돌아가고 싶다. 평생 이러고 살 순 없잖아..

이헌   (씨익) 자, 이제 경합을 시작하거라.

이헌의 말을 시작으로 징~ 소리가 울리자. 지영, 비장하게 이헌을 본다.

지영	(E) 어쩔 수 없다. 내가 요리사란 사실을.. 나 스스로 증명하는 수밖에..
이헌	(E) 네가 미래에서 온 것이 사실이라면, 보여주거라. 새로운 (너만의) 요리를.

이헌, 지영을 깊은 눈으로 바라보는 데서. 엔딩.

<3부 끝>

제 4 부

1. 봉덕궁 / 대왕대비전 앞마당 / 낮

(3부 엔딩에 이어서)

지영   (E) 폭군의 셰프로 살아간다는 건… 결국 목숨을 건 시험의 연속이다. 원치 않아도 상황은 계속 그렇게 흘러간다.

작두까지 등장하자, 분위기는 더욱 조용하고 엄숙한 가운데,
대왕대비전 김상궁, 일각에 준비되어 있던 지필묵을 인주대왕대비에게
대령한다.

김상궁   대왕대비마마, 시제를 내려 주시옵소서.

이헌이 지켜보는 가운데, 인주대왕대비가 자리에서 일어나 내려온다.
그때 잠시 중심을 잘 잡지 못해 휘청하는 인주대왕대비. 김상궁이 재빨
리 부축하고.
일각에 서서 그걸 본 지영, 순간 '뭐지?' 하고 놀라는 느낌으로 인주대왕

대비를 보고.

다음 순간, 다시 중심을 잡고 지필묵 앞에 서는 인주대왕대비.

비장한 얼굴로 붓을 들고 일필휘지로 한 글자를 써 내려간다.

긴장감이 흐르는 대왕대비전 앞마당.

인주대왕대비가 다 쓴 글자를 김상궁에게 주면, 대기하던 김상궁이 모두에게 인주대왕대비가 정한 경합의 주제를 들어 보인다… 행서체로 쓴 '효(孝)'다!

목주만이 의미심장한 미소로 앉아 있고, 자현대비를 비롯한 양귀인, 성귀인은 웅성거린다.

이헌은 심기 불편한 얼굴로 시제를 바라본다.

엄숙수와 맹숙수, 각각의 의미심장한 눈빛.

지영, 아리송한 표정으로 시제를 바라보며 갸웃거리고 있다.

지영　(E) 아, 흘려 쓰셨네. 저게 뭐지? 이(李)? 효(孝)?

그때, 지영의 걱정을 깨고 들리는 인주대왕대비의 음성.

대왕대비　(좌중을 보며 의미심장) 이번 경합의 시제는 효(孝)다.

지영　(E) 후~ 그래 '이'일 리가 없지~ (심호흡)

지영, 주사위는 던져졌다는 느낌의 결연한 표정으로 인주대왕대비를 본다.

대왕대비　(좌중을 보며) 이번 경합에 완성될 음식에는 '효의 정신'이 담겨있어야 하며, 사용될 음식의 재료는, '두부'와 '된장'을 포함하여야 한다.
제한 시간은 한 시진(약 2시간)으로 한다. (자리에 앉고)

이헌　자, 시행하라.

이헌의 말이 끝나자, 상궁이 일각으로 걸어가 향시계에 불을 붙인다.
그와 거의 동시에 정(鉦, 궁중에서 사용되는 징) 소리가 울려 퍼진다.

김상궁　(해시계를 보고) 현재, 오(午)시 반각이옵니다.
자막 | 오시 반각(午時 半刻) : 낮 12시 무렵

긴장한 표정으로 각자의 생각에 잠긴 엄숙수, 맹숙수.
지영 역시 긴장된 얼굴로 그들을 보는.

지영　(E) 어차피 저 숙수들과 궁중 요리로 대결하는 건 승산이 없어.
집중하자, 집중! 두부와 된장.. (눈을 감고 심호흡하며 몰입) 두부와 된장.

INS_ 머릿속 수많은 된장, 두부 요리들이 지나가다가 천천히 멈추면서,
바람이 불어오는 어느 창가. 작은 식탁 위에 놓인 된장 파스타. '아빠가
새로운 음식을 만들었어요.'(지영 부) / '이게 뭔데?'(지영) / '된장 파스타
라고 아시나 모르겠네~'(지영 부) / '된장 파스타? 진짜 맛있어, 아빠!'(지
영) / '그래? 많이 먹어라~ 허허.'(지영 부)

머릿속에 요리 그림이 완성되자 눈을 번쩍 뜨는 지영. 인주대왕대비를
본다.

지영　(E) 그래, 아빠가 자주 만들어 주시던 된장 파스타로 승부하자.
이거라면, 대왕대비 할머니도 분명 입에 맞으실 거야..
이헌　... (무심히 지영을 보며 E) 귀녀, 실수하지 말거라. 자비란 없을 테니.

지영, 자신을 향해 피식 웃고 있는 이헌의 시선을 느끼고.

지영　(이헌을 노려보며 E) 저, 저, 썩소 뭐야? 어이없어, 진짜. (하는데)

다음 순간, 재료를 챙기러 바람처럼 사옹원으로 달려가는 엄숙수와 맹숙수.

지영　　(E) 요리는 뭐니뭐니 해도 좋은 재료가 제일 중요하다~ 절대! 질 수 없지.

지영이 기를 쓰고 엄숙수와 맹숙수를 추월해 일등으로 달려간다.
그 모습을 본 성귀인, 양귀인, 자현대비, '저런..' / '경박스럽게..' / '쯧쯧..'
작게 탄식.
인주대왕대비만이 눈을 가늘게 뜨고 멀어지는 지영의 뒷모습을 보다가.

대왕대비　　주상, 그나저나 서운해서 어쩝니까? 귀녀숙수하고 그동안 정도 많이 드신 듯한데.

이헌　　(의미심장한 미소) 할마마마, 물은 건너보아야 알고, 사람은 지내보아야 안다고 하였습니다. 결국 누가 살아남을지, 지레짐작할 필요는 없지 않겠습니까?

대왕대비　　(가소롭다는 미소) 헌데 말이에요, 주상.
요즘 들어 이 할미가 부쩍 피곤하고 입맛이 없네요.

이헌　　타고나시길 예민하신 성정에, 입이 짧기로 유명하신 할마마마께서,
피곤하고 입맛까지 없다 하시니...

대왕대비　　(빠직) ...

이헌　　소손, 경합이 한층 더 재미있게 느껴집니다.
과연, 할마마마의 잃어버린 입맛을 되찾을 수 있을지..
새 대령숙수의 활약이 더욱 기대가 되옵니다.
(E) 죽이려 했던 소자의 마음도 변화시킨 여인이니까요. (미소)

대왕대비　　(미소) 곧 알게 되겠지요? 호호.
(E) ..두고 봅시다. 주상의 말대로 될지.

목주, 이들의 대화를 흥미롭게 엿들으며 아무렇지 않은 척 앉아 있다.
미소 짓는 목주.

(E) 전하, 오늘 소첩이 자르려는 것은 귀녀의 팔이 아닙니다.

.. 전하의 마음이지요.

타이틀. **"폭군"** 뜨면,

식칼이 슝! 하고 날아와 꽂히고 칼자국 사이로 흘러내린 글자가 문장을 완성한다.

"폭군의 셰프"

- Course N˚4 재첩 시금치 된장국 -

2. 봉덕궁 / 사옹원 몽타주 / 낮

1. **[된장]** 엄숙수와 맹숙수, 지영을 밀쳐내고 담장 옆 항아리에서 절미 된장을 모두 퍼가는 모습 컷.
   지영, 엄숙수와 맹숙수가 다 퍼간 된장 항아리를 들여다보고 한숨을 내쉰다. 빈 항아리다.
   찌꺼기를 떠서 혀를 대보는데, 놀라운 맛과 풍미. 항아리를 기울여 남은 찌꺼기를 닥닥 긁어 담는다.
2. **[야채]** 파, 마늘, 동과, 양하 등 육수의 기초 재료를 챙기는 지영, 엄숙수, 맹숙수.
3. **[두부]** 지영이 위치를 몰라 헤매는데 엄숙수와 맹숙수는 두부를 칼로 예쁘게 썰어 소반에 담고 있다.
   얼마 안 되는 경두부, 연두부를 소반에 쓸어 담으며 울상이 되는 지영 컷. 서리들이 엄숙수와 맹숙수만 도와준다.
4. **[버섯]** 안쪽 깊은 데 감춰진 듯한 서랍 속에서 귀한 버섯들을 챙기는 엄숙. '이겼다' 싶은 표정.
5. **[숭어]** 맹숙수는 윤내관이 서리들을 시켜 항아리를 앞에 놓아주자, '어만두'를 위해 숭어들을 여러 마리 꺼내놓고, 크고 빛깔 좋은 놈만

골라 담는 컷.

6. [닭] 엄숙수는 연포탕에 넣을 닭을 고른다. 닭들이 이리저리 도망치
   고, 몸을 던져 큰놈을 잡는 엄숙.
7. [메밀] 지영은 여러 곡물더미 속에서 메밀가루를 찾는다. 손에 찍어
   맛을 보고 '이거다' 하며 담는 컷.

3. 봉덕궁 / 사옹원 앞 / 낮

지영, 각종 재료를 담은 소반을 들고, 부서진 두부와 부족한 된장 때문
에 고민에 빠진 얼굴로 뒤뜰에서 걸어 나오다가 평상에 털썩 앉아 재료
들을 바라보며.

지영　두부는 부서져도 괜찮은데.. 된장이 뭘 만들기엔 양이 너무 부족한데..
어떡하냐, 진짜.. 진짜 너무들 하네..

문득, 사옹원 한쪽에 쌓여있는 채소를 발견한다.

지영　어? 이거 시금친데..? (향을 맡으며) 엄청 싱싱하네.
(E) 하긴 시금치는 고려 말 조선 초에 들어왔다고 하니.. 있어도 이상
할 건 없지.
(뭔가 퍼뜩 떠올리는) 아~ 맞다!

F.C_ 인주대왕대비가 시제를 쓰기 위해 자리에서 일어날 때 휘청이던
컷 / 시제를 쓸 때 손을 떨던 컷컷

지영　(E) 시금치는 뼈를 튼튼하게 해주고 빈혈에도 좋으니까 할머니 건강에
도 딱이네~
시금치 페스토를 추가하자. 그래.

(앉아서 시금치를 고르기 시작하고)

시금치를 골라서 적당히 챙겨 일어서던 지영, 사옹원을 나오던 윤내관
이 마주친다.

| 윤내관 | (놀라며) 왜 아직도 남아있는 것인가?
다른 숙수들은 벌써 재료 다 챙겨서 대왕대비전 앞마당으로 달려갔는데.
| 지영 | (미소) 윤내관 할아버지, 혹시 된장 좀 구할 수 없을까요?
| 윤내관 | 된장? (하다가) 사옹원 안 항아리에 된장이 있지 않나?
| 지영 | 다른 숙수분들이 다 퍼가셔서, 항아리가 텅텅 비었어요.
| 윤내관 | 아, 이걸 어쩌나? 절미 된장은 그 항아리가 마지막인데,

자막 | 절미(絶味) 된장 : 절메주로 담근 된장을 여러 해 묵혀서 밑바닥에 눌러붙은 진한 된장

| 지영 | 절미 된장이었구나! 어쩐지 장맛이 깊이도 있고 풍미가 끝내주더라구요.
근데.. 어쩌죠? (심란하고) 된장 요리는 장맛에 성패가 달렸는데..
| 윤내관 | 절미 된장은 아니지만, 담근 지 3년 된 숙성장은 뒤뜰에 좀 있네.
따라오게. (앞장서 걸어가며)
| 지영 | (깜짝 놀라) 진짜요? (따라가며) 감사합니다! 감사합니다, 할아버지~

| 유문정 | (E) 음식 경합이라니요?!

4. 봉덕궁 / 궐내 각사 / 낮

우의정 성인재, 이조판서 유문정, 영의정 한민성, 좌의정 박원준,
예조참판 유형민, 사옹원 제조 제산대군과 대제학 김양손이 찻잔을 앞에 두
고 서로 마주 보고 앉아 있다.

| 한민성 | 온갖 상소와 무엄한 말이 함부로 궁중에 떠도는 것 자체가 망극한 일
이라..

대왕대비께서 직접 나서신 것 같소.

성인재 허허. 대왕대비마마의 의도는 알겠으나,
지금 저희가 한가롭게 경합의 결과를 기다려야 합니까?

박원준 설사 그 천한 것이 경합에 일등을 한다고 해도,
귀녀가 대령숙수가 되는 일은 절대로 받아들여서는 아니 됩니다.

김양손 답답들 하십니다.. 전하께서는 분명 물러서지 않으실 것입니다.
(의미심장) 차라리 이번 기회에.. (하는데)

침묵하던 제산대군이 갑자기 옆에 앉은 김양손의 옷에 차를 쏟는다.
'앗!' 하고 일어서는 김양손.

제산대군 (손수건을 건네며) 흐흐~ 미안하네~ 손에 힘이 없어가지고~

김양손 (서늘해지며) 괜찮습니다. 괜찮습니다, 대군. (앉고)

한민성 (날카롭게) 대군, 대군께서도 한말씀 해주시지요.

제산대군 (배를 움켜잡고 일어서며) 똥! 똥을 좀 싸야겠소. 뒷간이 어디요?

유문정 (작게) 대군, 견디셔야..

제산대군 뒷간~ 못 견디셔~

유문정 저, 저를 따라오세요.

유문정이 제산대군과 함께 나간다.
'쯧' / '하..' 탄식과 난감함이 뒤섞인 소리를 하며 못마땅한 소리를 내는
대신들.

5. 봉덕궁 / 대왕대비전 앞마당 / 낮

이헌과 인주대왕대비를 비롯해 자현대비, 목주와 양귀인 성귀인 등이
심사위원단처럼 앉아 있고.
엄숙수는 닭을 손질한 후에, 가마솥에 닭 몸통, 닭가슴살, 대파, 마늘을

넣고 연포탕 육수를 우리는 중이고, 맹숙수는 어만두를 만들기 위해 된 장과 두부, 고기, 채소 등을 늘어놓고 숭어를 다듬는 중이다.

엄숙수 (육수를 우리다 말고, 맹숙수를 흘끔 보며) 맹숙수, 설마, 어만두? 아무리 왜관에서 요리를 배웠다고 하지만 생선 살의 두께가 일정치 않으면, 어만두를 찌는 과정에서 상대적으로 얇은 부분이 다 터져 나올 텐데.

맹숙수 (숭어 껍질 벗기다 흘깃) 제 걱정을 하실 때가 아닌 거 같습니다만. (엄숙수 두부와 전립투 보며) 연포탕 끓이시는 거 같은데, 두부의 삶아진 정도를 잘~ 살피셔야죠.

엄숙수 이번 기회에 사천에서 배운 탕이 뭔지 내가 제대루 부여줄세. 크~ 험. (하는데)

다음 순간, 헐떡이며 뛰어오는 지영.
어느새 다른 숙수들과 함께 정렬해 선 뒤,
부서진 연두부와 넉넉한 경두부, 3년 된 된장과 시금치, 메밀가루를 순서대로 늘어놓는다.
지영, 심호흡 한번 크게 하고 조용히 자신만의 음식을 시작한다.

지영 (E) 긴장 풀자, 연지영. 할 수 있어.

엄숙수가 현란한 칼질로 닭다리살을 다지고, 소금을 뿌리고 깨를 으깨며 쇼처럼 '으라차차차!' 간을 한 후에, 전립투 고명으로 올릴 채소(미나리, 표고버섯, 동충하초 등)를 늘어놓는다.
/인주대왕대비와 내명부 여인들이 '오~' 감탄하며 엄숙수를 호기심 어리게 본다.
맹숙수, 질세라 현란하게 칼을 돌리며 쉭쉭- 투명할 정도로 얇게 숭어 포를 뜨고, 숭어 포 위에 소금과 후추를 뿌린다.
/인주대왕대비와 내명부 여인들이 '오오~' 하면서 다시 맹숙수를 본다.

지영, 집중하며, 메밀가루를 반죽한 후에 면포를 덮어두고, 데친 시금
치를 잘게 썰어 구운 잣, 콩기름과 함께 학독에 넣고 빻는다.
/인주대왕대비와 내명부 여인들 시큰둥한 표정.

6. 봉덕궁 / 대왕대비전 앞마당 중앙 일각 / 낮

양귀인과 성귀인이 지영을 보면서.

양귀인   귀녀숙수는 뭔갈 반죽해 뒀네. 설마.. 국시? 경합 음식치곤 너무 평범
한데..

성귀인   근데, 이상한 채소를 쌩으로 데쳐버리네. 저건 난생처음 보는 채소네요.

양귀인   이보게 성귀인, 자넨 적근채도 모르나. (에잉) 손에 물을 묻혀봤어야 알
지.. 참.
     자막 | 적근채(赤根菜) : 시금치의 옛 이름

성귀인   어머, 저게 적근채예요? 근데 그건 말려 먹는 묵나물인데..
심지어 뭘 넣고 저렇게 빻네요.
     자막 | 묵나물 : 묵은 나물, 말려서 보관했다가 먹는 나물

양귀인   (코웃음) 무식한 건지, 용감한 건지..

성귀인   귀녀 팔이 성치는 못하겠네요.

양귀인   (머리 만지며) 곡소리 나는 게지.

그런 소리를 다~ 듣고 있는 이헌의 표정. 인주대왕대비가 듣다가 양귀
인과 성귀인을 본다.

대왕대비   (짐짓 엄하게) 거 조용히들 하게.

양귀인/성귀인   (고개를 숙이고) 예, 마마.

자현대비   ..대체 뭘 하려는 겐지...

목주   (미소) 다른 숙수들에 비해 귀녀는 여러모로 부족해 보입니다.

목주의 말에 양귀인, 성귀인 고개를 팩 돌리고.

목주   맹숙수는 지난 연회 때 대왕대비마마께서 극찬하신 '어만두'를 만드는
것 같고, 엄숙수는 장기인 '연포탕'을 만드는 것 같아서 저는 벌써 시장
기가 돕니다.

대왕대비 (미소) 어만두와 연포탕이라.. 기대가 되는구나. 아니 그렇소, 주상?

이헌   (심드렁한 표정) 글쎄요. 그래봤자 뻔히 '아는 맛'이겠지요.

대왕대비 주상께선 아직도 귀녀숙수의 요리를 기대하시나 봅니다. 호호.

이헌   예, 대령숙수의 음식은 매번 저를 감탄하게 했으니까요.

대왕대비 (!!) 이 할미도 주상이 느낀 그 맛에 감탄을 할 수 있을지 참으로 궁금
히네요. (미소)

이헌   (의미심장) 한번 느껴보시지요.
사람의 입은 거짓말을 해도, 혀끝은 진실한 법입니다.

인주대왕대비와 이헌, 비수를 감춘 듯 마주 보며 미소.

7. 봉덕궁 / 대왕대비전 앞마당 중앙 일각 / 낮

지영을 비롯한 숙수들의 모습이 수시로 교차되며 긴장감을 더해가는
가운데, 면포에 덮어둔 메밀 반죽을 도마 위에 올려놓고 밀대로 밀기
시작하는 지영.
그 와중에도 지영, 윤내관이 얘기한 인주대왕대비의 입맛에 대해 계속
생각하고 있다.

윤내관 (E) 된장조치는 마마께 깊은 사연이 담긴 음식이라, 자주 찾으시는 거네.

8. (3씬 이어지는) 회상 / 봉덕궁 / 사옹원 뒤뜰 / 낮

3년 된 된장을 푸고 있는 지영. 그 옆에서 인주대왕대비의 사연을 들려
주고 있는 윤내관.

지영   청량한 감칠맛이요?

윤내관   워낙 어린 시절부터 입이 짧기도 하셨고,
입궁하던 날 부모님과 헤어질 생각에 하도 울어서 통 먹지를 못하셨다
들었네.

지영   (된장을 푸면서) .. 원래 입이 짧으셨구나.

윤내관   (잔잔한 미소) 그때 모친께서 마지막으로 해주신 요리가.. 섬진강에서
구해온 된장으로 끓인 국이었다 들었네.. 밥을 국물에 말아주며 드시
라고 했다는데..
그때 드신 된장 국물의 맛이 일품이었다면서 항상 그 맛을 그리워하
셨지. 무슨 감칠맛에 청량함이.. 느껴지셨다던가..

지영   그래서요?

윤내관   (난감한 표정) 숙수들이 최선을 다해 그 맛을 구현하려 된장국을 끓여
왔네만, 항상 그 맛은 아니라고 하셨지.

9. 현재 / 봉덕궁 / 대왕대비전 앞마당 중앙 / 낮

지영   (E) 아, 어쩌지..
대왕대비 할머니가 찾는 청량한 맛은 대체 무슨 감칠맛이었을까..?
정말 어머니가 해주신 마지막 식사라서 그렇게 느끼신 건가..
그냥 된장 파스타로는 안될 것 같은데..

지영, 어느새 넓적해진 메밀 반죽을 계속 민다.
다른 숙수들의 요리도 점점 형체를 갖춰가고.

10. 봉덕궁 / 대왕대비전 앞마당 중앙 일각 / 낮

민숙수와 심숙수는 맹숙수, 엄숙수의 현란한 솜씨를 구경하며 두런두
런 얘기를 나누고 있고,
지영, 메밀 반죽을 밀다 멈추고 또 생각에 잠긴다.
길금이 지영이 요리에 집중하지 못하는 모습을 보며 발을 동동 구르고
있다.

길금　(발을 동동 구르며) 아가씨, 시방 정신 빼놓고 뭣 헌대요? 집중, 집중!

11. 봉덕궁 / 대왕대비전 앞마당 중앙 / 낮

메밀 반죽을 가늘게 썰어 파스타 면을 만드는 지영.
옆에서 보던 엄숙수, 피식 된장을 푼 육수를 국자로 휘휘 저으며 약 올
리듯.

엄숙수　캬~ 육수 냄새 끝내주네.

하며 파를 썰려고 조리대를 보는데.

엄숙수　음.. 이제 파를 좀 썰어볼까? (식가마를 보고) 어? 대파를 벌써 다 썼나?
(맹숙수에게) 맹숙, 거, 대파 좀 빌려주게. (궁시렁) 육수에 너무 많이
썼어~ 허허.
맹숙수　(어만두를 빚으며)...
엄숙수　왜 대꾸가 없어? 내 말 안 들리나? 거, 대파 좀 빌려 달라니까? (빼앗아
가려는데)
맹숙수　(탁- 쳐내며) 지엄한 경연장에서 재료를 제대로 준비하지 못하는 것도
탈락하는 이유가 되겠지요.

어차피 대령숙수는 한 명입니다.

엄숙수　이 사람! 그렇게 안 봤는데 무서운 사람일세!

이때 지영, 중솥(면수) 뚜껑을 열어 메밀면을 넣으려다가 문득 파 한 단에 싸우는 두 사람을 보고..

지영　(계속 생각하는, E) 청량한 감칠맛.. 어떻게 낸 거지? 뭐가 들어가야..
(하다가)

엄숙수 맹숙수가 서로 밀고 밀치는 가운데 발밑의 흙이 돌과 함께 밟히는 모습을 보며 뭔가 깨닫는 지영.

지영　아?!!! (뭔가를 퍼뜩 깨닫는 지영) 아! 청량한 감칠맛!!! 그거구나!

표정이 환해진 지영, 급히 중솥(면수) 뚜껑을 닫더니 재료를 확인하듯 둘러보면 표고버섯과 다시마, 대파 등이 보이는데 감칠맛을 낼 재료들이다.

지영　(E) 육수는 이 정도면 충분하고..!

사용원을 향해 냅다 뛰는데, 안절부절못하는 길금.
일각에서 지켜보던 맹숙수와 엄숙수, 놀라서 '요리하다 말고 뭐 하는 짓이지?' 하는 표정으로 지영을 본다.
하지만 지영, 마당을 벗어나기도 전에 그 앞을 막아선 수라간 상궁에게 붙잡혀 실랑이한다.

수라간 상궁　무슨 짓이냐!
지영　잠시만요, 잠시만!
최고상궁　경연 중에 어딜 도망치는 것이냐?

지영   잠깐만 다녀올게요!
        저, 재료가 부족해서 잠시 다녀오려고 합니다. 잠시만요.
최고상궁 끌고 오거라.

12. 봉덕궁 / 대왕대비전 앞마당 중앙 일각 / 낮

대왕대비 (지영을 보며 인상을 쓰다가 상궁을 향해) 무슨 일이냐?

        지영, 최고상궁에게 이끌려 인주대왕대비 앞으로 와 조심스럽게 말을
        꺼낸다.

지영   (공손하게) 재료를 하나 더 쓰고 싶어서요. 부탁드립니다.
대왕대비 어허, 이 무슨 망발이냐? 어서 자리로 돌아가거라.
지영   아.. 죄송합니다.. 하지만.. (쭈뼛쭈뼛)
이헌   (짐짓 엄하게 지영을 보며) 무슨 재료 말이냐? (하는데)
지영   (눈을 반짝이며) 저, 그게.. (하는데)
목주   (E) 아뢰옵기 황송하오나 그건 아니 될 말입니다, 전하.

        이헌을 비롯해 인주대왕대비와 내명부 일동이 미어캣처럼 목을 길게
        빼고 목주를 본다.

목주   지금 숙수들이 무슨 음식을 낼지는 모르는 상황이옵니다.
        헌데, 이제 다른 숙수들의 음식이 대충 모습을 갖춰가자,
        중간에 재료를 추가하겠다니요?
        다른 숙수들의 상대가 안 될 것 같으니, 이제 와 자신의 음식을 바꾸려
        는 것입니다.
지영   (발끈) 시간 내에 요리를 완성하는 것이 규칙이었지,
        재료를 더 쓰면 안 된다는 말은 없었습니다!

목주   (무시하고 O/L) 만약, 그것이 아니라 해도
         다른 숙수들이 무엇을 만드는지 귀녀숙수가 본 이상,
         재료를 추가하는 일은 형평에 어긋나는 일이라 사료되옵니다.
         (하면서 의미심장하게 지영을 노려본다)

         목주의 말이 끝나자 인주대왕대비와 내명부 일동이 미어캣처럼 고개를
         돌려 이번엔 지영을 본다.

지영   (발끈) 메뉴에 대한 생각이 바뀐 건 사실입니다.
         하지만 말씀하신 것처럼 그런 이유 때문은 아니에요.
         만들려던 음식을 갑자기 바꾸는 거요, 그거 절대로 쉬운 거 아니거든요?
         지금 시간이 없다구요!! (하며 향시계를 보는)
대왕대비   그건 네 사정이 아니냐!
이헌   할마마마, 숙원의 말대로 형평성에 어긋나는 것도 사실이나...
         대령숙수의 말대로 재료를 더 쓰면 안 된다는 규정도 없었습니다.
목주   (!!)
이헌   허니, 재료를 더 쓰게 하시고,
         대신.. 경합에서 진다면 양팔을 자르시는 게 어떻겠습니까?

         지영과 내명부 일동, 길금과 숙수들 일동 모두가 놀라서 이헌을 본다.

지영   (E) 저, 저 미친 사이코 시키... 입 좀 열지 말라구!! 아~ 진짜 킹받네!
목주   (흡족) 호호, 참으로 좋은 생각이십니다, 전하.

         이헌, 스스로 생각이 만족스러운지 뿌듯한 얼굴로 인주대왕대비를 본다.

대왕대비   (지영에게) 그래, 좋다. 대신 숙원의 말대로 네가 주상과 나를 능멸한 것
         이면, 목을 내놓아도 할 말이 없을 것이다.
지영   (다소곳하게) 예, 잘 알겠습니다.

(E) 할머니, 사실 팔이나 목이나.. 어차피 끝이라구요.

13. 봉덕궁 / 대왕대비전 앞마당 중앙 일각 / 낮

지영이 사옹원 쪽으로 뛰다가 방울 소리에 향시계를 보면, 3번째 마디
에 불이 붙었다.

지영   아.. 시간이.. 벌써.. 지금 가면 못 끝낼 텐데..

지영, 망설이다 길금에게 가서 귓속말로 부탁하면 길금, 결연한 눈빛으
로 사옹원을 향해 뛰는데.
그 모습을 보던 목주, 뒤에 서 있는 추월에게 눈짓하면, 추월, 슬그머니
길금을 따라가고.

14. 봉덕궁 / 대왕대비전 앞마당 중앙 + 중앙 일각 / 낮

지영, 자리로 돌아와 표고버섯, 다시마, 대파, 무를 끓는 중솥에 넣은 후,
번철에 콩기름을 달구고 된장을 볶기 시작하는 컷.

지영   (E) 절미 된장 맛을 이기려면 이렇게 하는 수밖에 없어. 불맛을 입혀
야지.

대왕대비 허허. 뭐가 저리 요란하냐?
목주   저게 무슨 상스러운..
이헌   (가만히 보는)...

Cut to_

다 만든 어만두를 찜기에 넣는 맹숙수의 손 컷.
경두부 샌드(두부 지짐)를 만드는 엄숙수의 손 컷.
기름을 꽉 채운 중솥에 전분 가루를 묻힌 두부를 넣고 튀기는 지영의
손 컷.

양귀인　지금 두부에 무슨 짓을 한 거예요?

성귀인　기름에 담근 거예요, 지금?

15. 봉덕궁 / 대왕대비전 오는 길 / 낮

길금, 작은 나무 상자를 들고 빠른 속도로 맹렬히 대왕대비전 앞마당을
향해 달리고 있다.

길금　아가씨, 쫌만 기다리쇼잉.

모퉁이를 도는 순간, 길금의 어깨를 툭 치는 추월.
악! 소리와 함께 나무 상자를 껴안은 채 넘어지는 길금.
담벼락에 머리를 부딪쳐 피가 나고, 상자 속에서 물이 쏟아진다.
추월, 소리 없이 길금의 뒤로 다가가며 비녀를 뽑아 드는데. 송곳처럼
날카로운 비녀 끝이 햇빛에 반짝이면.

길금　아가씨..

16. 봉덕궁 / 대왕대비전 앞마당 중앙 + 중앙 일각 / 낮

모든 숙수들의 요리가 거의 완성되어간다.

지영   (문을 바라보며 E) 아, 근데 길금씨가 왜 이렇게 늦지?

찜기에서 하나둘씩 뽀송한 모습을 드러내는 어만두. 잘 쪄졌는지 확인
하는 맹숙수의 손 컷.
전립투에 각색의 채소를 둥글게 배치하는 엄숙수의 손 컷.
내명부 일동, 완성되어가는 음식을 보며 저마다 한마디씩 한다.

목주   역시 맹숙수네요. 어서 어만두를 맛보고 싶습니다.
자현대비   엄숙수의 연포탕도 훌륭해 보입니다. 탕 속에 마치 작은 연회상이 담긴
듯합니다.
대왕대비   그렇군요, 허허.

지영, 중솥에서 육수 재료를 건져낸 후 육수를 냄비에 옮겨 붓는다.
면포에 거른 된장을 냄비에 푼 후, 무는 깍둑 썰고 시금치는 반으로 잘
라 넣는 지영의 손 컷.

성귀인   (지영 쪽을 보며) 지금 적근채를 쌩으로 국에 넣지 않았습니까?
양귀인   묵나물을 국에 넣다니요~
대왕대비   뭐라? 된장국에다가 적근채를 넣어? (기가 차고)
이헌   ... (지영을 지켜보고 E) 새로운 음식이냐, 아니면 실성을 한 것이냐, 연
숙수..
(대왕대비를 보며) 할마마마께도 너의 절묘한 음식 맛을 보여야 할 게
아니냐.

17. 봉덕궁 / 대왕대비전 앞마당 중앙 / 낮

초조한 표정으로 연신 입구 쪽을 바라보는 지영.
방울 소리에 돌아보면, 향시계의 마지막 한 마디가 남았다. 지영의 표

정도 타들어 간다.

지영　(E) 길금씨, 제발~ 더 늦으면 안 돼!

이때, 길 입구 쪽에서 누군가가 달려오고 있는 것이 보인다.
점점 더 커지는 누군가의 정체. 길금이다. 길금이 작은 나무 상자를 들
고 지영에게 뛰어온다.

길금　아가씨!
지영　(반색하며 달려가는) 길금씨!
길금　(나무 상자 건네며 배시시) 쪼까 늦었지라? 송구혀라~
지영　(받아 드는데 길금의 머리에 핏기가 보여 놀라는) 왜 그래, 무슨 일이야?
　　　　머리에 피야?
길금　고것은 쪼까 나중에 얘기하구요. (상자 건네며) 싸게 받으랑께요?
지영　(눈가에 눈물 맺히고) 고마워, 길금씨.
길금　알겠어라. (당부하듯) 그라고 경거망동하지 마쇼잉~

응원의 눈길을 보내며 자기의 자리로 물러나는 길금.
놀랐지만 상자를 받아 들고 자리로 뛰어가는 지영.

지영　(상자 열어 만져보며 E) 됐어, 바로 쓸 수 있겠어.

뽀글뽀글 끓는 된장국에 상자에서 꺼낸 뭔가를 쓸어 넣는 지영의 손 컷.

18. 봉덕궁 / 대왕대비전 앞마당 중앙 일각 / 낮

처음 보는 지영의 요리 방식에 웅성대는 내명부 여인 일동.

대왕대비   지금 귀녀숙수가 뭘 넣은 게냐?

최고상궁   (당황하며) 그... 저도 잘 모르겠사옵니다.

이헌   (흥미롭게 지영을 보고) 잘 모른다라..

대왕대비   아니, 아까는 된장국에 적근채를 넣지 않았느냐? 이런 방식이 예전에
도 있던 것이냐?

최고상궁   분명 된장국은 맞사온데, 처음 보는 방식으로 만들고 있사옵니다.

대왕대비   참.. 해괴하다. (인상을 쓰는)

묵주   행여.. 저것을 먹고 모두 탈이라도 나면 어찌합니까? (오바스럽게)

성귀인   흠.. (최고상궁에게) 적근채가 혹 잘못 먹으면 탈이 날 수도 있는가?

최고상궁   송구하오나, 저렇게 데치고 무친 것을 처음 보았는지라, 무어라 장담
하기 어렵사옵니다.

대왕내비   누어라? 그런 것을 어찌 먹는단 말이냐. 음.. (손가락을 톡톡)

최고상궁   (인주대왕대비 눈치 보며) 음식을 멈추라 이를까요?

대왕대비   음.. (하고 뭔가 말하려는데)

이헌   (O/L, 최고상궁에게 엄하게) 네 지금 과인을 능멸하려는 게냐?!
분명 과인은 대령숙수의 자격을 두고 경합을 명하였거늘!

최고상궁   (넙죽) 전하, 소, 송구하옵니다. 고정하시옵소서. 죽을죄를 지었사옵니
다. 전하.

대왕대비   주상, 최고상궁은 원칙적인 이야기를 하고 있을 뿐 어찌 감히 주상을 능
멸하겠습니까. 노여움을 푸세요.

이헌   (분노를 누르며) 원칙이요? 지금 원칙이라 하셨습니까?
애초에 이 경합은 대령숙수의 '자격'을 두고 벌어진 시합이었습니다.
그 말은 바꿔 말하면, 귀녀숙수에게 대령숙수가 되라고 명한 이 임금의
자격을 문제 삼는다는 말로 들렸으나..

대왕대비   (!!) 주상...

이헌   선례가 없는 일이라 모두가 걱정하는 바를 이해하기에 이 경합을 허락
한 것입니다.

대왕대비   ...

이헌   헌데, 연숙수가 알 수 없는 음식을 만든다고, 맛을 보기도 전에 원칙 운

운하면서 시합을 멈추라 하신다면, 대령숙수 자격을 두고 한 번 더 겨
루라, 어명을 내린 소손은 뭐가 되는 것입니까?

대왕대비　… 주상, 진정하세요. 주상의 말대로 귀녀가 대령숙수가 되지 말라는
법은 없지요.

허나 이 할미는 이것이 지나친 선례로 남지 않길 바랄 뿐이에요.

주상의 마음은 충분히 알았으니 이제 먹어보고 결정하면 될 일이 아니
겠습니까?

이헌　(노엽고) ….

(E) 처음부터 대령숙수를 어떻게든 끌어내릴 생각으로 열린 경합임을,
제가 모르지 않습니다.

이헌의 시선으로 보면, 지영의 빠른 손놀림, 음식이 거의 완성되었다.
손에 땀을 쥐는 이헌.

이헌　(E) 늦지 마라, 제발..

엄숙수, 육수를 전립투 중앙에 붓고, 연두부를 올린다.

맹숙수, 어만두에 찍어 먹을 된장 양념장을 만든다. 된장에 감식초, 참
기름, 꿀을 넣고 잣가루를 뿌린다.

지영, 때맞춰 막 연기가 모락모락 피어오르는 큰솥. 뚜껑을 열자 찰기
가 반짝반짝한 쌀밥.

'호호' 불어가며 밥을 한 번 섞어 준 후 콩자반, 두부 튀김, 시금치 무침
이 놓인 소반에 밥과 된장국을 플레이팅한다.

향초가 모두 타고, 징- 소리가 들리면. 급히 손을 떼고 물러서는 지영,
맹숙수, 엄숙수.

김상궁　모두 손을 떼시오~

지영, 음식을 모두 끝내고 '아' 안도하는 얼굴.

자기도 모르게 '후' 옅은 한숨 내뱉는 이헌.

이헌   (피식 E) 연숙수.. 이제 모든 것은 음식 맛에 달렸구나.
        진정한 나의 숙수가 될지, 여기서 끝장이 날지..

19. 봉덕궁 / 대왕대비전 앞마당 중앙 / 낮

중앙의 심사대에 착착 놓이는 음식들.

맹숙수의 **어만두**와,
엄숙수의 **연포탕**,
지영의 **된장국** 순이다.

어만두부터 최고상궁이 기미를 하면,
차례대로 시식하는 이헌과 인주대왕대비를 비롯한 내명부 일동.
된장 양념장에 어만두를 찍어 진지하게 맛을 음미하는 사람들.

대왕대비   촉촉하면서 부드럽다. 다른 만두와 달리 촉촉한 연유가 무엇이냐?
맹숙수   그 연유는 투명할 정도로 최대한 얇게 썰어낸 숭어살 만두피 때문이옵
          니다.
자현대비   (감탄) 참으로 부드러운 어만두이옵니다.
이헌   (다시 한입 먹고) 음.. 녹말가루 옷을 입은 숭어살 만두피,
          그리고 꽁꽁 다진 소고기, 볶은 오이, 숙주 등의 만두소가
          두부와 만나 한꺼번에 터져 나오며 입안을 가득 메우는구나.
성귀인   주상의 미각은 감탄스럽습니다.
양귀인   (씹으며) 이건.. 너무 맛있네요. 말이 안 나옵니다.
이헌   (날카롭게) 맛은 있다. 헌데, 된장 맛은 잘 안 느껴지는구나.
맹숙수   된장은 식초와 꿀을 섞어 이 양념장에 사용하였사옵니다.

이헌	양념장이라.. (수저로 양념장을 살짝 찍어 혀끝에 대보는데)
	쩝, 된장 맛은 살아 있지만.. 아쉽구나, 양념으로만 사용하다니.
목주	(황급히) 혀에 닿는 순간 녹아버리는 만두피의 질감도 훌륭하고,
	그 안에 육즙이 살아있는 만두소 하나하나가 모두 알맞게 조리되었사
	옵니다.
대왕대비	(고개를 끄덕) 정말 그렇구나. 이 늙은이가 먹기에도 아주 안성맞춤이다.
맹숙수	(뿌듯한 표정) 황감할 따름이옵니다.

모두가 인정하는 듯 흡족한 표정.

대왕대비	(맹숙수에게) 그래, 이 음식에 어떻게 효를 담았느냐?
맹숙수	주상전하께오선 백성의 어버이십니다.
	그런 전하께 백성들이 자식된 도리로 재료를 바쳤고,
	마침내 이 재료들로 대왕대비마마께 드릴 음식을 만들어 올리오니,
	이것이야말로 지극한 효가 아니면 대체 무엇이겠사옵니까.
대왕대비	그럴듯하구나.
목주	참으로 현답이옵니다.
이헌	네 말대로라면 공납받은 식재료로 만든 궁중의 음식이 모두 다 그러하
	지 않느냐?

난처한 표정의 맹숙수. 돌아보는 내명부 여인들.
이를 보고 긴장하는 지영, 엄숙수.

Cut to_
이헌과 내명부 모두 자리를 옮겨 엄숙수가 만든 연포탕 앞으로 간다.

대왕대비	(안색이 밝아지며) 두부 연포탕이 아니냐?
엄숙수	예, 대왕대비마마. 지난 연회 때 맛있게 잡수시는 걸 보고 실력 발휘를
	좀 해보았습니다.

인주대왕대비, 엄숙수를 향해 조용한 미소 짓다 눈짓하면 최고상궁이
기미하고,
차례대로 시식하며 맛을 음미하는 이헌과 인주대왕대비를 비롯한 내
명부 일동.

대왕대비 참으로 담백하다. 유달리 이 두부 지짐이 담백한 연유가 있느냐?

엄숙수 두부 지짐의 속을 소고기가 아닌 닭고기로 채워

기름기 없이 부드러운 맛을 살렸기 때문이옵니다.

이헌 (두부 지짐을 국물과 함께 떠먹으며) 이 두부 지짐은 어떻게 만든 것
이냐?

엄숙수 번철에 지진 두부 지짐을 미나리로 감싸 향긋함을 더한 후,

절미 된장을 푼 닭 육수에 넣어 깊은 맛이 배어 나오게 했습니다.

이헌 그래서 두부 지짐과 국물이 조화롭게 어울렸구나.

각종 진귀한 버섯의 향도 더없이 훌륭하다.

엄숙수 무한 광영이옵니다.

진안의 표고버섯과 기력에 좋은 귀한 동충하초로 풍미를 살렸사옵니다.

내명부 일동, 먹으면서 모두 고개를 끄덕인다.

대왕대비 (엄숙수에게) 자네가 만든 이 연포탕에서 효란 무엇이냐?

엄숙수 명심보감(明心寶鑑)에 따르면, 집안이 화목하면 모든 일이 이루어지고
자녀가 효성스러우면 어버이가 즐겁다,라고 하였습니다.
궁중의 자손들이 모두 모여 따뜻한 한 끼 수라를 드시길 바라는 마음
으로 두부 연포탕을 끓였습니다.

대왕대비 부모와 자식이 한자리에 앉아 따뜻하게 먹을 만한 음식이 아닌가.

자현대비 예, 맞사옵니다. 대왕대비마마의 연회 때가 떠오르옵니다.

성귀인 이번에는 두부 지짐이 더 맛있습니다.

양귀인 더 깊은 맛이 나는데요.

이헌 그 화려한 음식은 부모에게 대접하는 자식의 마음을 담았다는 겐가?

엄숙수   (주저하며) .. 예, 그렇사옵니다.

          엄숙수를 흡족하게 바라보는 인주대왕대비. 어깨가 한껏 올라간 엄숙수.
          긴장하며 보는 지영과 맹숙수.

          Cut to_
          모두들 자리를 옮겨 지영이 만든 된장국 앞으로 간다.
          음식을 보면.. 된장국과 시금치 무침, 두부 튀김, 콩조림이다.
          처음 보는 된장국과 튀김에 의아하고.. 인주대왕대비는 인상을 찡그
          리는데.. 지영의 긴장된 표정.

이헌   (된장국을 보며 냉랭) 고작 국이냐?
지영   (E) 뭐야, 아군이야 적군이야?
대왕대비   (인상 팍 쓰고) 음.. 무슨 생각으로 이리 만들었느냐?
지영   (애써 자신있게) 대왕대비마마를 위한 특별한 된장국입니다.
          (이쁘게 손 내밀며) 드셔 보시죠. (미소)

          최고상궁이 기미를 하면, 차례대로 시식하는 이헌과 인주대왕대비를
          비롯한 내명부 일동.
          먹어보고는 진지한 표정을 짓는 이헌과 인주대왕대비.
          초조한 엄숙수, 맹숙수.. 조마조마한 지영..

지영   (E) 응? 왜들 이래? 맛있다는 거야, 맛없다는 거야?

          이헌, 맛을 보더니 지영의 맛의 비결을 알아챈다.

이헌   (피식 E) 청량한 감칠맛이군.
          이걸 넣을 생각을 했다니.. 놀랍구나.
지영   (이헌 보며 E) 설마~ 알아챈 거야? 역시 절대 미각!

하지만 심각한 표정으로 계속 된장국을 맛보는 인주대왕대비.
목주, '올 것이 왔다'란 표정으로 인주대왕대비를 대신해 지영을 본다.

목주　(한껏 고개를 치켜올리며) 그래서 이 음식이 말하는 효란 무엇이냐?
　　　　(하는데)

지영　(서툴지만) 이 음식에는 여러 가지 효의 마음이 담겨 있습니다.
　　　　첫째로 볶은 된장으로 어머니의 깊은 손맛을 담은 된장국.
　　　　둘째로 두부의 풍미를 살린 두부 튀김. 그 안엔..

목주　(O/L) 입방정 떨지 말고 요점을 말하거라. 아니면 당장 그 팔을 요절낼
　　　　테니..

대왕대비　(O/L) 그만.

목주　(의아힌 듯 인주대왕대비 보는데)

대왕대비　이 음식엔 효가 담겨 있다.

이헌　(!!)

모두가 경악하는 표정으로 인주대왕대비를 본다.
인주대왕대비, 어느새 밥을 국에 말아서 먹기 시작한다.
엄숙수와 맹숙수, 놀라서 지영을 쳐다보고.

지영　(E) 아.. 드신다, 드셔. (미소) 다행이다!

일순간 조용해진 경합장.
마치 소중한 음식을 음미하듯이 한 수저를 다시 먹는 인주대왕대비.
눈시울이 붉어지며 자신도 모르게 질끈 눈을 감는다.

어린 인주　(E) 어머니 싫어요! 먹기 싫어요! 그냥 보내 주세요.

20. 회상 / 인주대왕대비 친정 사저 / 안채 / 낮

입궁 직전인 15세 어린 인주가 모친과 된장 국물과 밥, 나물 두어 가지가 담긴 작은 밥상을 두고 마주 앉아 있다.

어머니　(눈시울이 붉어져) 아무것도 드시지 않고 궁으로 가려면 힘드실 겁니다.
어린 인주　(울먹울먹) 소녀 진짜 먹기 싫습니다..
어머니　(애처롭게 어린 딸을 보다가 밥을 국물에 말아 한 수저 내밀며)
이 어미가 섬진강까지 사람을 보내서 구해온 된장입니다.
(흐르는 눈물을 옷소매로 닦으며) 입궁하시면 이제 만나 뵙기도 힘듭니다. 한 수저만 드십시오.

어린 인주, 마지못해 한 수저를 뜬다. 근데 맛이 좋다.. 울먹이며 웃으며.. 계속 먹는다.
밥을 먹으면서도 울먹이는 어린 인주. 씩씩하게 눈물 참으며 계속 먹는다.
그런 딸을 보며 눈물을 훔치는 인주의 어머니.

21. 현재 / 봉덕궁 / 대왕대비전 앞마당 중앙 / 낮

시선 내리면서, 밥 한 수저 더 푸는데 놀란 이헌, 목주, 자현대비와 귀인들.
인주대왕대비, 어느새 눈시울이 붉어진 채로 된장국에 말은 밥을 한 수저 더 먹는다.

대왕대비　(E) 신묘하다. 어찌 이 맛을 알았을꼬...?
효를 물어 꾸짖으려 했더니, 되려 나에게 효를 묻는 음식을 담아냈다.
(지영에게) 네가 마지막으로 추가한 그 재료가 무엇이냐?
지영　(자신감 넘치는 미소) 재첩입니다.
(E) 시원한 국물맛은 역시 재첩이지~

조선시대엔 섬진강이나 낙동강 근처 사람들이나 먹었을 테니까.

내명부 일동 '재첩?' '겨우 이걸 넣으려고..' 하며 웅성대는 모습.

이헌 (수저로 조개를 건져 올리며) 대령숙수가 양팔까지 걸며 추가한
이 재첩의 칼칼하고 시원한 맛이 된장국에 청량함을 더했습니다.

지영 (E) 오~ (이헌 보며 찡끗, 엄지척) 잘했어~ 우리 폭꾼!

이헌 (왠지 붉어져 고개 돌리면서도 좋은)

목주 (지영을 보며 E) 저년이! 지금껏 전하께 저리 교태를 부렸구나.. (입술
을 깨물고)

대왕대비 (!!) 재첩이라면, 조개당에 들어가는 그 작은 조개를 말하는 것이냐?

지영 예, 맞습니다. 대왕대비마마께서 평생을 찾으셨던 청량한 감칠맛의
비결.
어머니께서 만들어주셨던 그 마지막 된장국에도 아마 섬진강에서 온 조
개 맛이 들어 있었을 겁니다.
저는 이 된장국에 그 청량함을 담았습니다.

이때 인주대왕대비, 젓가락으로 된장국 속의 시금치를 떠서 들어 보
인다.

대왕대비 헌데, 이렇게 먹어보기는 처음인데, 적근채를 된장국에 넣을 생각은 어
찌했느냐? 아주 부드럽고, 단맛이 나는구나.

지영 (E) 어모나!? 이 당연한 것을 설마..!!
내가 지금 재첩 시금치 된장국의 창시자가 된 거야??
음.. 적근채는 국에 넣으면 부드럽고 맛이 달아서 된장에도 잘 어울립
니다.
데쳐서 바로 무쳐 먹어도 맛이 좋아서 반찬으로도 올렸구요. 그리고..

대왕대비 (완전 몰입되어) 그리고...?

지영   아까 보니까.. 몸을 잘 못 가누시고 손을 떠시는 게 마음에 걸려서요.

        F.C_ 시제를 쓰기 위해 일어나며 휘청이던 인주대왕대비 컷 / 시제를
        쓰며 손을 떨던 인주대왕대비의 손 컷

지영   적근채는 뼈와 빈혈에도 좋아서, 자주 드시면 분명 도움이 되실 겁니다.

        인주대왕대비를 비롯한 내명부 여인들 모두 고개를 끄덕이며
        '그렇구나' 신기한 표정들.

지영   대왕대비마마, 식약동원(食藥同源)이란 말이 있잖아요.
        음식과 약은 한 뿌리라는 거죠.
        이왕이면 쓴 약보다는 맛있는 음식으로 건강하셨으면 좋겠습니다.
        자막 | 식약동원(食藥同源) : 음식이 곧 약이 될 수 있다는 한의학적 개념

대왕대비   (끄덕) 참으로 영특하고 속이 깊구나.
        (이헌 보고 다시 지영 보며) 내 네가 누군지 더는 묻지 않으마.
        …다만, 다음에도 이런 음식을 만들어 줄 수 있느냐?
지영   (놀라며) 예?.. 예, 알겠습니다.
이헌   (기다렸다는 듯이 인주대왕대비를 향해) 이제, 승자가 결정된 것 같습
        니다.
대왕대비   (끄덕하며 돌아보면)

        순간 긴장하는 지영과 맹숙수, 엄숙수.

        Cut to_
        세 숙수들은 각자의 자리에 서고, 인주대왕대비와 이헌은 단상 위에 서
        있다.
        내명부의 여인들이 양옆에 도열했다.

대왕대비 오늘 경합의 일등은... (결심하고) 연숙수다.

지영과 길금, 좋아서 팔짝팔짝 뛰고, 맹숙수와 엄숙수는 절망한다.
희비가 교차하는 숙수들.

지영 (E) 살았다! 감사합니다, 감사합니다! 아빠, 나 살았어~
대왕대비 연숙수가 만든 적근채 된장국은 '효'의 정신을 제대로 담아내었다.
본 적 없는 방법으로 재첩과 적근채를 써서 청량한 감칠맛과 보신력까
지 담아내는 음식을 만들어 나를 감동시켰다.
이헌 이제부터 수라간 대령숙수는... (잠시 뜸을 들이다가) 연가 지영이다!
대왕대비 모두, 수고들 많았다. (양측 내명부 돌아보며 들어가자 하는데)

화가 난 목주가 홱 하고 일어서서 먼저 자리를 뜬다. 옆 계단으로 내려
가면 추월이 조용히 뒤를 따르고.
자경전 안으로 들어가려다 돌아보는 인주대왕대비, 자현대비, 성귀인,
양귀인.

이헌 (서늘한 미소) 자, 이제 처벌의 시간이 왔구나.
경합에서 패한 두 숙수들을 작두 앞에 앉혀라!

그러자 지영과 내명부 일동 여인들과 구경하던 모두가 긴장하는데.
내금위들이 두 숙수를 잡아다가 작두의 앞에 꿇어 앉힌다.
시퍼렇게 날이 선 작두를 보며 벌벌 떨고 있는 맹숙수와 엄숙수.
인주대왕대비와 성귀인, 양귀인, 자현대비는 이헌을 말리지 못하고 그
저 난감한 표정.

이헌 작두에 팔을 올리거라!

맹숙수와 엄숙수의 팔이 작두에 올려지고, 이헌의 올라간 손이 내려가

려는 그 순간!

뒤에 서서 망설이던 지영이 작두 앞으로 튀어나온다. 갑작스런 상황에 길금이 '아가씨!' 부르고.

지영   (이헌을 보며) 잠깐만요!! 전하!!

이헌   (못마땅) 예가 어디라고 나서는 것이냐?

지영   (조심스럽게) 죄송하지만 전하께서 지금 이 두 숙수의 팔을 자르시면 경합을 망치는 꼴이 됩니다. 정말 그걸 원하시는 거예요?

이헌   어디 말 같지도 않은 소리를 하느냐. 약조는 약조다. (하고 다시 손을 들어 올리는데)

지영   전하, 오늘 경합의 주제는 '효'였습니다.

이헌   좋은 말로 할 때 물러나거라.

지영   (O/L) 전하, 그동안 대왕대비께서 이 두 숙수들의 음식을 드시면서 건강을 잘 지켜 오셨잖아요.
         그런 숙수의 팔을 자른다는 건 (작심하고) 대왕대비께 큰 불효가 되지 않을까요?

이헌, 표정이 순간 굳어진다.

이헌   (지영에게) 이런 방자한 것.
         음식 좀 한다고 살려 두었더니, 네 지금 과인을 가르치려 드는 것이야? 진정 죽고 싶으냐?

지영   (무섭지만 용기내서) ..살고 싶습니다.. 이들도 살고 싶을 거구요..
         숙수의 팔을 자른다는 건 죽이는 것과 같은 겁니다.
         우리는 더 좋은 요리를 위해서 경합한 것뿐인데, 그게 왜 죽을죄가 되는지 잘 모르겠습니다..

이헌   (분노로 보고) 그 입 다물라!

지영   (움찔하고) ...!

'하.. 어쩌나..' 다음 순간 벌어질 참극을 상상하며 모두가 고개를 돌리고 안타까운 탄식을 내뱉고.

대왕대비　(눈을 감았다가 결심한 듯 뜨고) 주상.. 연숙수의 말이 맞소.
두 숙수들을 용서해 주시오. 이 모든 것은 애초에 어심을 제대로 살피지 못한, 이 할미의 불찰이 아니겠소? 사실.. 이 할미는 말입니다.

이헌/지영　(보면)

대왕대비　선왕께서 아끼셨던 사슴을 경멸하며 주상이 사슴 사냥을 즐겨 하는 것을 안타깝게 생각하고 있었소.
얼마 전 연숙수가 주상께 생각 없이 사슴 고기를 올렸다기에, 내 그것을 꼬집어 '효'라는 시제를 낸 것입니다.

내명부 일동과 지영 모두가 경악하는 표정. 이헌, 짐작한 듯 고개를 돌린다.

지영　(E) 어머... 그런 사연이?
(이헌을 보며) 이 사람 진짜 큰일 날 사람이네 이거?
아무리 아버지가 미워도 그렇지.

대왕대비　헌데, 이제 대령숙수가 된 연씨의 음식으로,
오히려 이 할미가 '효'에 관해 되새겨 보게 되었으니...
실로 주상이 총애하시는 이유를 알겠습니다.
주상.. 오늘은 이쯤에서 끝내시지요.

이헌　...(망설이는데) 허나 경합은 경합입니다. 상과 벌이 확실해야 하지 않겠습니까.

대왕대비　(생각하고) 그렇다면은 두 숙수들에게 왕실에 충과 효를 다하라는 의미로, 당분간 연숙수의 음식을 배우도록 하시는 건 어떻겠습니까?

이헌이 두 숙수들을 보면, 맹숙수, 엄숙수 바닥에 넙죽 엎드리며 '살려 주십시오, 전하' 눈물 콧물 짜고.

지영   (자신도 따라서 넙죽) 전하, 제발요.

        그러자 그 자리의 모두가 넙죽 엎드리며 '살려 주십시오, 전하' 외치고.
        이헌, 그 모습에 잠시 두통을 느낀다.

이헌   두 숙수들은 들거라. 경합에 건 약조는 분명 지켜져야 마땅하다.
        허나, 새 대령숙수와 할마마마께서 이리 간청하시니,
        이번만큼은 특별히 과인이 너희들을 살려줄 것이다.
        할마마마께서 말씀하신 대로 경합에서 진 두 숙수는 당분간,
        연숙수에게 음식을 배우도록 하라.
        이것으로 이번 경합을 마무리하겠다. 작두를 치워라.

        모두 안도의 한숨을 쉬고, 지영과 길금, 좋아서 팔짝 뛰고, 맹숙수와 엄
        숙수를 일으켜 준다.
        인주대왕대비, 안도의 한숨을 내쉬며 내명부 여인들과 눈을 맞추고.

대왕대비 주상... 안에 들어가서 차 한잔하시는 건 어떻겠소? 내 오늘.. (뭔가를
        더 말하려는데)
이헌   (O/L) 된장국 때문에 그리운 얼굴이 떠올라 그러신지
        오늘은 마음이 참으로 너그러워지셨습니다. 껄껄껄.
대왕대비 (말문이 막혀)...

        옷자락을 탁 털고 일어나 걸어가는 이헌. 뒤따르는 내관, 상궁들.
        멀어지는 이헌을 의미심장하게 바라보는 인주대왕대비.

22. 봉덕궁 / 대왕대비전 / 낮

자현대비 (미소) 오늘 일로 귀녀숙수에 대한 논쟁은 더 이상 없을 듯싶습니다.

양귀인　숙원이 역정나서 먼저 일어서는 것 보셨어요? 호호.

성귀인　지 뜻대로 안 되니 화가 난 거지요.

대왕대비　(미소) 되었네. 이제 더 이상 자주 문안을 오겠다는 싱거운 말은 듣지
　　　　　않아도 되니.

내명부 일동 고개를 큭큭. 웃음을 삼키며,
고개 숙이며 '예, 대왕대비마마' 하고.

성귀인　(조심스럽게) 하온데, (주변 눈치를 보며) 경합이 끝나니,
　　　　전하의 분위기가 급작스레 너무 살벌해지지 않으셨습니까?

양귀인　(더 조심스럽게) 그러게나 말이에요.
　　　　진짜로., (모친이) 그 일을 아시는 건 아닌지, 걱정이 되었습니다.

성귀인　그게 아니라면, 전하께서 대왕대비마마께 이리 찬바람이 불 리가 없지
　　　　않습니까.

자현대비　(더 더 조심스럽게) 지금 무슨 말씀들을 하시는 겁니까.
　　　　　입 밖으로 나와서는 안 될 얘기들임을 모르고 이러십니까?

대왕대비　음.. (생각에 잠기고)

F.C_ 경합이 끝나고 인주대왕대비의 말이 다 끝나기도 전에 냉랭하게
돌아서 가던 이헌의 모습 컷

성귀인　(속삭이듯) 그게 어찌 우리의 탓만이라 할 수 있습니까?
　　　　애초에 폐비가 그런 망측한 짓만 하지 않았어도 될 일 아니었습니까.
　　　　(하는데)
　　　　자막 | 폐비(廢妃) : 왕후의 신분을 박탈당하여 쫓겨난 여인

양귀인　(O/L) 주상께서 아신다고 생각하니 소름이 돋아요. 방책을 세워야 하
　　　　지 않을까요?

자현대비　(괴롭다) 그만들 하세요. 주상께서는 어릴 때 생모가 병으로 돌아가신
　　　　　줄 아십니다. 폐비가 되어 사사된 사실은 모르시고요.

양귀인   또 모르지요. 뒤에서 몰래 사람을 시켜 알아보고 계시는지도요.

인주대왕대비 서안을 탕 치며.

대왕대비 (내명부 일동을 보며) 그만들 하세요!
설사, 주상이 폐비의 일을 알게 되신다 해도, 어쩔 수 없지 않겠나?
시간을 다시 돌린다 해도 이 사람은 똑같은 결정을 할 걸세.

엄숙한 분위기에 내명부 일동, 고개를 조아리고.

23. 봉덕궁 / 침전 가는 길 일각 / 낮

이헌을 태운 연이 천천히 침전을 향하고 있다. 생각에 잠긴 이헌.

F.C_ 송재가 연숙수에 관해 아뢰던 컷컷들

송재   헌데.. 그 자리에 숙원마마도 계신 것으로 아옵니다. / cut
송재   연숙수 때문에 홍경달 영감을 유배 보냈다는 거짓 소문이 자
홍원에서 시작된 것 같사옵니다.

이헌   (E) 숙원이 만든 판이야.. (찌푸려지는)

창선, 슬그머니 이헌을 본다.

이헌   (싸늘) 숙원은 지금 어디 있느냐?
창선   (!!) 자홍원으로 돌아가셨다 하옵니다.
이헌   (굳어진 얼굴) 자홍원으로 가자.

24. 봉덕궁 / 수라간 / 낮

수라간은 어느 정도 정리가 되어가는 상태다.
하지만 아직 일꾼들이 경합에 사용된 물품들을 수라간 안으로 나르고
있고..
수라간 앞에 각자 편한 자세로 서 있는 지영과 길금, 엄, 맹, 심, 민숙수.

지영　(수라간 입구 일각에 걸터앉아 다리 주무르며) 아이구, 다리야.
　　　하여간 쉬운 일이 없어. 안 그래, 길금씨?

길금　야, 다들 팔 한 짝씩 없어지는 줄 알고 걱정했당게요.

엄, 맹숙수, 하들짝 놀라며 사신의 팔을 만져 보며 괜시리 헛기침. '어흠!'
엄숙수, 일각에 자신이 자주 앉아 있던 나무 밑동을 어디서 들고 와 지
영의 앞에 심드렁하게 놓는다.

지영　(이상하게 생긴 나무밑동 보며) 이게 뭐예요?

엄숙수　허흠! 흠!....... (애써 부끄러움을 감추며) 아까는 고마웠소. 음식도 한
　　　수 배웠고.

지영과 길금, 서로 놀라며 눈 맞춤. 지영, 위세 등등하게 나무 의자에
앉고.

지영　(엄숙수보며 손사래) 아유~ 고맙긴요.
　　　다들 힘들게 사는 처지에, 알아주면 고맙죠. (하다가 슬쩍 맹숙수 보며)
　　　근데~ 왜 이리 갈증이 나냐. 누가 물 한 잔만 갖다주면 좋겠는데~?
　　　(하고 맹숙수를 뚫어져라 보면)

맹숙수, 정말 내키지 않는 얼굴로 수라간에 들어가서 냉큼 물 한 사발
을 떠와 지영의 손에 쥐여주며.

맹숙수   뭐, 운빨 좋은 건 인정하리다.
          그 운 때문에 다 같이 살긴 했지만, 그래, 뭐, 그 운이라는..
지영   (O/L) 고맙다는 말을 되게 길게 돌려 하시네.
맹숙수   (괜한 헛기침) 에헴!

맹숙을 할 말 없게 만든 지영에게 엄, 심, 민, '오~' 작게 감탄하면서.

지영   (물 마시고 그릇 주면서) 배가 좀 고픈 것 같기도 하고. 아까 어만두 좀
          남은 거 없나?
맹숙수   (그릇 받아 들고) 어, 어만두요?..
지영   어만두 좀.. 없나?
맹숙수   (수라간으로 들어가면서) 이런 젠장!

지영과 길금, 서로 보면서 웃음 터지고,
민숙수와 심숙수가 같이 웃자, 엄숙수가 눈으로 단속하면서 둘을 데리
고 수라간 안으로 들어간다.

길금   아따 아가씨. 인자는 참말루 대령숙수 되신 거 같으요. 다행이랑게요.
지영   (수라간으로 들어간 숙수들 보며) 뭐, 수라간 서열은 대충 이렇게 정리
          가 된 거 같네.
          근데 길금씨, 아까 머리 다친 건 괜찮아? 어떻게 된 거야?
길금   아, 고것은.. (난감한) 사옹원에서 아가씨가 시키신 재료를 찾아서 오
          는 길에요. 갑자기 누가 팔로 쳐가꼬 넘어지면서 땅바닥에 팍 부닥쳤
          당게요.
지영   (벌떡 일어나며) 뭐?! 진짜야 길금씨?! 근데 왜 아까 말 안 했어!
길금   흐미~ 경합 중이신디 으쩌케 말한대요. 근디 참말루 괜찮당게요.
지영   (분하고 놀라고) 누가 그랬어! 얼굴은 봤어?!
길금   못 봤어라. 지가요. 끝까지 조개통을 안고 쓰러졌는디,
          웬 사내가 나타나 갖고 호통을 치니께 범인이 후다닥 목 빠지게 도망

갔어라. 그.. 잘생긴 광대 공길님 말이어라.
지영   공길?

25. 봉덕궁 / 자홍원 / 행운당 / 낮

추월이 곁에서 차를 쪼르르 따르고 있고,
벽을 뒤로 두고 앉은 목주가 머리에 손을 올리고 생각에 잠겨 있다.

목주   (E) 분명 예사 계집은 아니야. ......가만두면 화근이 될 것이다.
추월   (옆에 앉으며) 의도가 있는 계집이옵니다. 누군가 심어놓은 첩자가 분
        명히 옵니다.
목주   허나 음식 솜씨가 있는 것은 사실이다. 전하께서 마냥 끼고 도시는 것
        은 아니야.
추월   몰래 보쌈이라도 해서 팔아넘길까요?
목주   명줄이 긴 계집이니 경거망동하지 말거라.
        덫을 하나 놔야겠다.
추월   덫이라면..?
목주   (의미심장한 표정을 짓는데)
창선   (E) 주상전하 납시오!
목주/추월 !!

문이 드르륵 열리고 이헌이 들어온다.
목주와 추월이 곁으로 비켜서서 고개를 조아린다.
이헌, 들어와 중앙의 자리에 가 앉는다. 추월, 눈치껏 뒷걸음질로 방을
나가고.

이헌   어찌 된 일이냐.
목주   (미소) 소첩을 걱정하셨사옵니까? 호호.

소첩, 긴 경합에 두통이 일어 먼저 일어난 것뿐이옵니다. (하는데)

이헌　(O/L) 오늘 경합을 주선한 게 자네라면서?

목주　(!!)

이헌　게다가 과인이 연숙수 때문에 홍경달 영감을 유배 보냈다는 거짓 소문이 자홍원에서 시작되었다지?

목주　(그, 그걸 어떻게.. 공포) 저... 전하!!

INS_ 궐 일각. 멀리서 자홍원을 보며 사악한 미소를 짓고 있는 임송재.

이헌　말해 보거라. 왜 그랬느냐.

목주　... (고개를 떨군다)

이헌　(분노) 어서 대답하거라!! 왜 그랬냐지 않아!!!

목주　(눈시울이 붉어져) ...

이헌　과인이 임명한 대령숙수의 자격을 부정하는 것은..
　　임금인 나를 부정하는 것과 마찬가지임을 네 모른단 말이냐!!!

목주　(순식간에 눈물이 주르륵) 전하께서 지금 귀녀를 싸고도실 때입니까?

이헌　(!!) 뭐라?

목주　(원망하는 눈) 모친을 사지로 내몬 원수를 찾아다니시면서.. 잠도 이루지 못하시던 분이.. 벌써 그날의 일을 다 잊으셨습니까?
　　모친께서 쫓겨나던 날을 기억하신다면서요! 모친의 억울한 죽음을 풀어주시겠다면서요! ....아닙니까?

이헌　(부들부들) 그 입 다물라! 모친의 일을 함부로 입에 담지 말라!

목주　(무시하고) 이리 중한 시기에 근본도 없는 귀녀를 궁에 데려오시질 않나! 대령숙수 자리에 앉히시질 않나! (눈물) 헌데! 제가 가만히 있어야만 합니까!

이헌　그래서 과인에게 확인도 하지 않고 바로 그리 행동을 했느냐?
　　참으로... 참으로 실망이다...

목주　오해란.. 사소한 일로 시작되어도 한번 어긋나면 걷잡을 수 없는 것이옵니다. 언젠가 선왕께서 전하의 모친께 그랬던 것처럼요.

| 이헌 | 다물라! 그 입 다물라! |

이헌, 분노가 극에 달하자 '모친' '원한'이란 글자가 귓가에 맴돌며 순식간에 공간이 흑빛으로 변해간다.

| 이헌 | 아악~~!!!! (소리 지르며 일어선다) |
| 목주 | (눈치채고) 전하, 괜찮으시옵니까? 전하! |

이헌, 몸이 터질 것 같은 발작 증세를 느끼고는 벽에 기대 부들부들 떤다. 목주, 이헌을 부축해 앉히고, 가슴에 달린 향낭을 툭툭 친다. 이헌의 코에 가져다 대며.

| 목주 | 소첩이 진정시켜 드리겠사옵니다. (하는데) |
| 이헌 | (휙 뿌리치고) 되었다! |

휘청이며 일어서는 이헌. 목주를 노려보다가 싸늘하게 나간다.

| 목주 | !!! |

눈물 닦으며 싸늘하게 표정 변하는 목주.

26. 제산대군 저 / 외경 / 낮

27. 제산대군 저 / 사랑채 / 낮

창가에 앉아서 난초의 잎을 하나하나 닦고 있는 제산대군.
덕출이 그 뒤에 서서 상황을 보고 중이다.

제산대군	귀녀숙수가 물건은 물건인가 보군. 경합에서 대왕대비에게까지 실력을 인정받다니.
	(잎을 닦으며 미소) 이제는 나도 궁금하구나... 그 숙수가 만드는 음식이.
덕출	응당 대군께서도 그 맛을 보셔야지요. 다음 달이 문안진후가 있는 달이니, 그때 전하와 함께 수라를 드시면서 귀녀의 음식을 맛보시는 게 어떻겠습니까.

자막 | 진후(診候) : 왕의 건강 상태를 살피고 진찰하는 의례

제산대군	(면수건을 내려놓고) 그거 좋은 생각이네. 살곶이 숲의 자객은 어찌 되었는가?
덕출	대군의 짐작이 맞았습니다. 무인사화 때 부관참시를 당한 김이손의 형, 대제학 김양손 대감께서 원한을 품고 단독으로 벌인 일이었사옵니다.
제산대군	때가 올 때까지는 사사로이 행동하지 말라 그리 일렀거늘..
	(주먹을 꽉 쥐고) 자객은 찾았는가?
덕출	예, 찾긴 했사온데..
제산대군	(흠칫 보면) 놓쳤단 말이냐?

28. 저잣거리 일각 공터 / 낮

사람들이 몰려서 남사당패를 구경 중이다. 사당패1이 신나게 꽹과리를 치고 있는 가운데, 홀로 꽹과리 소리에 맞춰서 재주를 넘고 있는 공길.

덕출	(E) 얼굴은 탈바가지에 가려 보지 못하였으나, 몸이 날래기가 바람 같았다 하옵니다. 상당한 고수가 분명하옵니다.

공길의 재주가 끝나자, 구경꾼들이 환호하며 손뼉 친다.
바가지를 들고 구경꾼들 사이를 돌며 엽전을 받는 사당패2.
그사이, 탈을 벗어 올리며 머리를 흔드는 공길. 씩- 미소 짓자, 구경하던 아낙들 쓰러지고.

29. 제산대군 저 / 사랑채 / 낮

씬 27에 이어 제산대군과 덕출의 대화.

덕출   대군, 3일의 말미를 주시면 제가 직접 찾아 그놈을 요절내겠사옵니다.

제산대군   (생각하다가) … 되었다.

그보다, 오늘 밤 먼저 해야 할 일이 있다. 중요한 인물이니 단단히 준비하거라.

제산대군, 소매에서 쪽지를 하나 건내면 덕출 받아들고.

30. 봉덕궁 / 지영의 처소 / 해 질 무렵

한눈에 봐도 화려해 보이는 자개장을 쓸어보며 눈이 반짝반짝한 지영.
구석에 가져다 놓은 비단을 그저 눈으로 보며 감탄하는 길금.
텅 비어 있던 방에 어느새 온갖 사치스러운 세간살이들이 가득 채워져 있다.
송재가 거들먹거리는 표정으로 그 앞에 앉아 있다.

송재   이번 경합에서도 엄청난 실력 발휘를 했다지?
(하면서 패물함을 지영의 앞에 밀어주는)

지영이 패물함을 열어본다. 그 안에 가득 들어 있는 온갖 사치스러운 패물들.
지영과 길금, 눈이 휘둥그레진 채로 서로를 보고.

송재   그놈의 가방인지 봇짐인지는 내 언젠가 찾을 것이다.
어심을 잡을 좋은 기회다. 전하께서는 화려하게 꾸민 여인을 좋아하시니, 이 패물들로 예쁘게 꾸며보거라.

지영 (슬슬 불쾌, 난처) 아, 잠깐만요. 무슨 말씀이신지.. 오해가 좀 있네요.

송재 오해라니?

지영 주상 전하랑 저랑 썸타고 그런 사이는 아니거든요? (길금 보며) 맞지, 길금씨?

길금 (고개 끄덕) 그라지라~ 쌈싸먹고 그러는 사이 아니여라~

지영 (끄응) 쌈이 아니라~~ 썸~

길금 아, 썸~

송재 (인상 쓰며) 뭔 소리들을 하는 게냐?

지영 그러니까, 주상 전하께서 저를 그다지 어여삐 여기시는 건 아니다, 뭐 그런 뜻이에요.

길금 (어색하게) 맞당게요, 참말로~ 하하하.

송재 예끼! 이런 고얀 것을 봤나.
주상께서 너 하날 지키겠다고 지금 어떤 것을 감당하고 계시는지 진정 모른단 말이냐?

지영 경합 말씀하시는 거죠? 그게 결과적으론 저를 지켜주신 것처럼 보이는데. 그렇게 생각하실 만한 것도 아닌 게, 제 요리 실력이 결국은 모두를 설득해서. (하는데)

송재 네가 진정 네 실력으로만 살아남았다 생각하느냐?

지영 !!!

상궁1 (E) 연숙수, 안에 있는가? 수라를 올릴 시간이네.

지영 (화들짝 놀라 길금 보면)

길금 (밖을 향해 자연스럽게) 야~ 쪼까 기다리셔라.

송재 (일어나며) 그럼, 내 다시 찾아오마.

지영 아니, 말은 끝까지 해주셔야죠. 전하께서 뭐?

송재 오늘도 전하와 자~알 쌈싸거라. (가는)

지영 쌈싸고 있네, 진짜.

31. 봉덕궁 / 수라간 / 저녁

지영과 길금이 '늦었습니다' / '쪼까 송구혀라' 외치며 씩씩하게 들어온다.
느릿느릿 지영의 앞에 도열한 숙수들..

지영　　대령숙수로서 첫 수라네요.
　　　　다들 제 지시에 따라 주세요. 먼저, 엄숙수님은.. (하는데)

윤내관　　(E) 이보게들!

지영을 비롯한 길금과 숙수들 일동 부면, 윤내관이 헐레벌떡 들어온다.

윤내관　　(숨을 고르며) 큰일 났네.
　　　　전하께서 자홍원에서 발작을 일으키셨는데, 방금 침전으로 드셨다 하네.
엄숙수/맹숙수　　예? / 발작이 여태..
윤내관　　잠시 진정이 되셨다곤 하나 예민해진 상태에서 침전으로 드셨다 하니..
　　　　하, 오늘 저녁 수라상에 누구 하나 죽어 나갈지도 모르겠네.
　　　　다들 마지막의 마지막까지 점검들 잘하시게.

'하...' 낮게 탄식하며 표정이 어두워지는 숙수들.

지영　　(숙수들 보며) 전하께서 발작을 하세요?
엄숙수　　난리통이 시작되면 수라상 밥그릇 던지시고 깽판 치시는 건 기본이고.
민숙수　　몸을 사시나무 떨 듯하면서 환청이 들린다고 하실 때도 있습니다..
심숙수　　발작이 시작돼불믄 요 궁인들은 죄 숨넘어가유.
엄숙수　　숙원마마 외엔 멈출 수가 없다네.

INS_ 이헌의 발작을 진정시키는 목주 컷

지영	(E) 워낙 유명한 폭군이긴 하지만 처음 듣는 얘기네.
맹숙수	어쩌시겠소?
지영	(잠시 생각에 잠겼다가)

지영 (E) 평상시엔 그렇게 멀쩡한데.. 그래.. 폭군의 면모들과 그 괴상한 행적들은.. 마음의 병일 수도 있겠다.. 어머니 폐비 문제도 그렇고.. (새삼스럽고) 음..
그럼 오늘 저녁은 전하의 마음을 달래드릴 요리로 준비해 보죠.

엄숙수 (걱정) 괜찮겠소?

지영 (으쓱) 괜찮진 않지만, 오늘도 잘~ 살아남아 보겠소.

Cut to_ 다다다닥! 도마 위를 춤추듯이 내달리는 식칼.
국수틀을 이용해 얇고 가느다란 메밀면을 만들고, 면수에 재첩과 된장을 넣고 졸여서 소스를 만든다.
능숙한 손놀림으로 하얀 굽접시 위에 올라가는 된장 파스타.
'된장 파스타' 완성.
신기한 지영의 요리 비주얼에 압도되어 입이 쩍 벌어진 채 서 있는 숙수들 일동.

이헌 (E) (쨍그랑! 벽에 그릇 깨지는 소리) 네 정녕 죽고 싶은 것이냐?
내 이것들을 당장! (스르룽, 하고 칼 뽑는 소리)

32. 봉덕궁 / 침전 앞 / 저녁

지영이 최상궁과 함께 된장 파스타가 담긴 작은 수라상을 들고 서 있는데, 문이 열리고 탕약방 의녀들이 울며 도망치듯 나온다.

최상궁 (불안한 표정으로) 전하, 석수라 들었사옵니다.

최상궁, 긴장된 표정으로 지영에게 눈짓하며 안으로 들어간다.

33. 봉덕궁 / 침전 / 저녁

탕약 사발이 깨져 있고, 여기저기 난장판이 된 방 안의 풍경.
바닥에는 이헌의 칼이 시퍼런 칼날을 드러낸 채 내동댕이쳐져 있다.
무명옷 앞섶을 풀어 헤치고 분노의 눈으로 앉아 있는 이헌.
영창문이 열리고 최상궁과 지영이 작은 수라상을 들고 들어온다.

이헌   모두 물러가라!
최상궁   허면, 수라는 어찌할까요... (하는데)
이헌   지금 죽고 싶은 것이냐? 두 번 말하게 하지 말라!

'예, 전하' 급히 뒷걸음질치며 나가는 최상궁과 지영.

이헌   (지영의 뒤통수를 보고) 잠깐! 그 뒤꼭지 푸른 끝동은 대령숙수가 아니냐?
지영   (E) 하.. 망했다.. (뒤를 돌아보며 미소)
           예, 전하.
이헌   (악의적인 표정) 너는 남거라.

최상궁은 고개를 조아리며 뒷걸음질로 침전을 나가고.
지영, 왠지 긴장된 표정으로 이헌을 바라볼 때쯤 닫히는 문.

이헌   (못마땅) 오늘은 무엇을 준비했느냐? (수라상을 훑어보고) 국수냐?
지영   오늘의 저녁 특별 메뉴는~ (파스타 가리키며) 된장 파스타입니다.

하얀 굽접시 위에 갈색빛의 된장과 어우러진 파스타와,
그 위에 동그랗게 얹어진 초록빛의 시금치 페스토가 보인다.

지영   메밀로 파스타 면을 만들고, 고소하고 짭짤한 볶은 된장과
감칠맛을 더한 재첩으로 소스를 만들었는데요,

이헌   (분노) 지금 나를 능멸하려는 것이냐? 낮에도 된장으로 만든 음식을 먹
었거늘.

지영   (E) 확실히 초 예민 상태. 아까 경합 때는 분명 멀쩡했는데.
전하, 이건 이탈리아어로 '파스타'라고 하고, '반죽'이라는 뜻을 가진 음
식인데요.
그러니까, 된장이라는 양념은 같지만, 전혀 다른 음식이에요.

이헌   (움찔)... 이딸라러 버스타라?..

지영   2딸라? 파.스.타.

이헌   빠스트라..?

지영, 웃음을 참느라 고개를 숙인다.
이헌, 뭔가 쎄한 느낌에 얌전해진다.

이헌   어흠! 기미하거라.

지영, 작게 한 젓가락을 들어 돌돌 말아서 한입 먼저 먹는다.

지영   (미소) 드셔 보시죠.

이헌, 말없이 젓가락을 들어서 지영처럼 돌돌 면을 돌려 보는데 잘 안
된다.
지영, 픽 웃고는 젓가락을 들어서 '자, 보세요' 하고 젓가락을 수저에 대
고 돌리는 법을 알려준다.
이헌, 어설프지만 신기한 표정으로 지영을 따라 하며 파스타를 한입
먹는다.

Cut to_ 이헌이 파스타를 다 먹고 젓가락을 내리며 지영을 본다.

이헌	(진정된 얼굴) 낮에 먹은 된장이 이리 다르게 느껴지다니.
	적근채와 어우러져 부드럽고 달큰한 맛이 난다.
	게다가 메밀의 구수한 향과 재첩의 감칠맛이 마지막까지 입가에 맴도는구나.
지영	(만족) 그쵸. 정확하네요.
	사실 이 된장 파스타는 제가 속상할 때면, 아빠가 늘 저한테 만들어 주셨던 음식인데,
	전하께서도 오늘 복잡한 생각이 많으셨을 것 같고..
	저도 모처럼 긴 하루를 보냈고 해서.. 아빠의 기억을 가지고 만든 음식입니다.
이헌	그렇군.. (궁금) 허데, 모친은?
지영	..어렸을 때 돌아가셨어요.
이헌	(말을 고르다가) ...외로웠겠구나.. 많이.. 아팠겠어..
지영	(흠칫)...
	(E) 치.. 나 위로해 주는 거야? 자기도 마음 둘 곳 없어서 늘 외로우면서.
이헌	(E) ....너도 나처럼.. 쓸쓸했겠구나..
	(잠시 숙연해졌다가) 허면 네 부친은 지금 어디 있느냐?
지영	음... (난감하지만 결심하고) ..아빠는 아마 지금쯤 저를.. 애타게 찾고 계실 거예요.
이헌	(잠시 생각하고) 하! 궁에 온 사실을 모르시겠구나! 연통이라도 넣어 주랴?
지영	아니요, 전하.. 제가 몇 번을 말씀드려도 안 믿으시는 거 같은데,
	저는 진짜 미래에서 왔다니까요.
	잃어버린 가방만 찾아도 내가 증명할 수 있을 것 같은데..
이헌	내가 그때 벼랑에서 떨어뜨린 그 봇짐 말이냐?
지영	(반색) 예! 그 가방 안에 '망운록'이라는 책이 있거든요?
	그 책만 찾아도.. 조금은 제 말을 믿으실 수 있을 텐데... (한숨)
이헌	(놀라며) 망운록? (기색을 감추며) 허면, 망운록이 대체 무슨 책이냐?
지영	아마도, 제 생각이 맞다면, 저를 이곳에 오게 한 책이요.

이헌	이곳에 오게 했다? 어떻게 말이냐?
지영	음.. 타임슬립이죠. 미래에서 저를 이곳으로 오게 만든 마법의 책?
이헌	무슨 소린지 또 이해가 안 되는구나.
	(눈을 반짝이며) 좋다. 내 앞날에 관해 말해 보거라.
	이것을 맞춘다면, 네 말을 믿어주겠다.
	그리고 군사를 동원해서라도 네 봇짐을 찾아주마. 어떠냐?

지영, 순간 흔들리는 눈빛을 감추려 애써 고개를 돌리며.

| 지영 | (E) 연희군 씨... 멀지 않은 미래에 조선엔 갑신사화가 일어나. |
| | 어.. 그게.. |

자막 | 갑신사화(甲申士禍) : 갑신년에 연희군이 생모 폐비 연씨의 죽음에 관련된 신하들을 처형한 정치보복사건

이헌	그래, 어서 말해 보거라. 어서.
지영	(E) 후.. 갑신년에 일어나서 갑신사화고, 그 후엔 반정이 일어나서 결국 왕위에서 쫓겨나고 폐위되는데 그걸 어떻게 말해.. 역사를 바꿀 수도 없는데..
	(미치겠고) 그, 미래를 굳이 알고 싶으시다는 거죠?
	(망설이다가, 치맛자락을 움켜쥐고) 그러면, 어디 보자..
	우선, 올해를 잘 넘기셔야 되는데요.
	화나는 일이 있으셔도 꾹 참으시고, 가까운 사람을 조심하세요.

자막 | 사화(士禍) : 조선시대에 선비들이 정치적인 이유로 화를 당한 사건

자막 | 반정(反正) : 왕을 폐위하고 새 왕을 세워 나라를 바로잡음

| 이헌 | (가소롭다는 듯 피식) |

34. 봉덕궁 / 지영의 처소 / 밤

얼떨떨한 모습으로 처소에 돌아온 지영. 길금은 이불을 걷어찬 채로 잠

들어 있다.
지영, 복잡한 심경으로 길금을 본다.

지영   (E) 갑신사화가 정말 일어날까..
내가 지금 누굴 걱정하는 거야? 어떡하면 좋지..? (머리 헝클이고)

35. 봉덕궁 / 침전 안 / 밤

이헌, 일기장에 '된장 파스타'를 언문으로 적고 뭔가를 그린다. 자세히
보면 된장 파스타 그림인데,
다 그리고 나지 **#경진월 20일 기해, 대령숙수가 대왕대비전 경합에서
일등을 하다.** 적는 이헌.
이후, 옆 장에 자신의 심경을 적고 있는 이헌.

이헌   (E) 홍문관 교리 이장균에게 사초를 찾으라 명한 지 벌써 여러 해다.
그가 오늘 돌아올 것이다. 20년 전 어머니의 비밀을 가지고.
자막 | 사초(史草) : 사관이 기록한 실록의 초고

이헌, 책을 덮는다. 맨 앞 제목이 비어 있는 일기장. 이헌 잠시 생각에
잠긴다.

F.C_ 지영이 '망운록' 이라 말하던 순간들 컷컷

이헌   망운록.. 망운록이라.. 구름을 바란다란 뜻인가..?

붓을 들어 앞장에 **'망운록(望雲錄)'**이라 책 제목을 붙이는 이헌.

36. 임서홍, 송재 가택 / 벽장 안 / 밤

이헌이 망운록이란 제목을 자신의 요리 일기에 붙인 그 순간,
벽장 안에 숨겨진, 지영의 가방 안에 있던 망운록이 반응하며 밝게 빛
나며 팟! 하고 사라진다.

37. 봉덕궁 / 침전 안 / 밤

이헌, 자신의 일기장을 서탁 아래에 있던 작은 함에 넣는다.

신수혁   (E) 전하, 우림위장이옵니다.

이헌   들라.

신수혁, 다급하게 들어와 부복한다. 심각하게 이헌을 본다.

이헌   무슨 일이냐.

신수혁   전하, 큰일 났사옵니다. 홍문관 교리 이장균이 사라졌습니다.

이헌   (놀라) 뭐라? 이장균이?

신수혁   예, 분명 오늘 밤 해시에 북문 입구에서 만나기로 하였사온데..
시간이 지나도록 나타나질 않아 근방을 수색하던 중에 핏자국이 낭자
한 곳에서 이것을 찾았사옵니다. (이장균의 호패를 내밀고)

이헌   (호패를 받아 들고 눈빛이 서늘해지며) 자객에게 당한 것이냐.

INS_ 자객의 습격을 당하는 이장균 컷. 비단 봉투를 가져가는 자객의
손 컷.

신수혁   예, 핏자국과 떨어진 호패로 보아 자객에게 당한 것이 확실해 보이옵
니다.

이헌   (쾅! 서탁을 치며) 이런 방자한 일이 있나!

38. 봉덕궁 / 운영정 (후원 정자) / 밤

궁의 후원 가장 안쪽. 천제연 인근에 있는 정자.
이헌이 굳은 표정으로 달빛에 비친 호수를 바라보고 있다.
약간 뒤에는 창선과 젊은 내관 둘이 그런 이헌의 눈치를 살피고 있고.

이헌   (E) 이장균에게 내린 명은 극비였거늘, 도대체 누구의 소행이란 말인가.
            (점점 격앙되는) 대체 내 어머니께서 무슨 죄를 지으셨길래 그렇게까
            지 감추려 드는 것이냐. (분노 어린 표정)

            F.C_ 3부 씬 51, 인주대왕대비, 자현대비, 양귀인, 성귀인의 모습이 컷
            컷으로 지나가고..
            3부 씬 36, 성인재를 비롯해 유문정, 한민성 등을 비롯한 대신들의 모습
            이 컷컷..

이헌   (E) 어쩌면, 내 어머니의 죽음과 관련된 자들이 그들 모두일 수도 있겠지.
            자리 보전과 권력을 원하는 그들 모두..! (주먹을 부르르 쥐는)

            그러다 이헌, 허허로운 표정으로 하늘을 바라본다.

이헌   (허탈한 표정, E) 아무도 믿을 수가 없구나. 어차피 늘 혼자였지 않은가.
창선   (그런 이헌의 눈치를 보다가) 전하, 밤공기가 차웁니다. 이만 침전으로
            드시지요.
이헌   ...술이나 가져오거라.
창선   (놀라) 술이요?
이헌   오늘 밤은 취해야 할 것 같다.

Cut to_ 작은 술상을 두고 앉아서 달빛에 비친 호수를 보며 쓸쓸한 듯 술을 마시고 있는 이헌.
이미 옆에는 4병 정도의 빈 술병이 놓여 있는 상태다. 이헌, 상당히 취해있는.

창선   (안타까운) 전하, 술만 드시면 옥체가 상하시옵니다. 주안상이라도 들이시지요.
이헌   (듣지 못한 듯 술병만 기울이고)
창선   (급히 정자를 내려가 종종걸음으로 가고)

39. 봉덕궁 / 지영의 처소 / 밤

새근새근 잠든 길금의 옆에서 어느새 대짜로 뻗어서 잠들어 있는 지영.

창선   (E) 연숙수, 안에 있는가? 연숙수!

지영, 자동적으로 '예! 나갑니다' 하면서 좀비처럼 벌떡 일어나 나간다.
나가면서 비몽사몽. 눈을 비비고 정신을 차리려 애쓰는 지영.

40. 봉덕궁 / 수라간 / 밤

하아품 하며, 기지개를 한번 펴고, 주안상을 차리는 지영.

지영   (궁시렁) 아주 환장하겠어. 사람이 왜 잠을 안 자, 잠을. 어?
         (하면서도 다과를 상에 하나, 둘, 예쁘게 수를 놓듯 놓아두고)

말을 그렇게 하면서도 열심히 주안상을 차리는 지영의 반짝이는 모습.

창선   전하, 주안상을 들였사옵니다.

지영, 주안상을 들고 정자 안으로 들어서는데,
술에 취해 쿵! 소리와 함께 마침 술상에 머리를 박고 까무러치는 이헌.
지영, '앗!' 놀라 상을 급히 일각에 내려두고 이헌을 흔들어 깨운다.

지영   (이헌을 흔들며) 전하, 전하, 괜찮으세요? (하는데)

이헌   (고개를 살짝 든다) 향~ 왔느냐?

지영   (코를 막고 고개 돌리며 E) 취했어? 하, 술 냄새, 진짜 가지가지 한다.
예, 주안상을 준비했습.. (하는데)

이헌, 지영의 손목을 잡다가 벌렁 자빠진다.
'꺅!' 소리와 함께 본의 아니게 이헌의 품에 안겨서 누워 있는 꼴이 된
지영.
지영, 당황하는 한편 심장이 쿵쾅거려 어쩔 줄을 모른다.

지영   전하, 저, (하면서 이헌의 눈치를 살피며 조심스럽게 일어나려 하는데)

이헌   (눈을 감은 채로 지영을 다시 한번 꽉 잡아서 품에 끌어안는) 가만히
있거라.

지영, '꺅!' 다시 비명을 지르며 다시 이헌의 가슴에 푹 묻히고 만다.
지영, 안 되겠다. '저, 전하' 하면서 조심스럽게 일어나려는 순간!

이헌   (눈을 감은 채로 지영을 꽉 잡고 나직한 목소리로) 이대로 있거라.. 잠
시만..

지영   (놀라 이헌을 보는데)

달빛에 비친 이헌의 감은 눈 사이로 한 줄기 눈물이 보인다.

지영, 당황하고 놀랐다.

이헌, 자신의 품 안에 있는 지영을 힘주어 꽉 끌어안는다.

지영, 놀라서 이헌을 본다. 이헌의 감은 눈이 떠진다. 울고 있다.

이헌, 슬픈 눈빛으로 지영의 목덜미를 지나 지영의 입에 입맞춤한다.

이헌의 품에 안긴 지영의 심장이 터질 듯 쿵쾅거린다. 엔딩.

<4부 끝>

Bon Appétit, Your Majesty

제 5 부

1. 봉덕궁 / 전경 / 이른 아침

(4부 엔딩에 이어서)

탕탕탕탕! 리드미컬하게 방망이로 뭔가를 두드리는 소리가 울려 퍼지는 봉덕궁.

2. 봉덕궁 / 수라간 가는 길 / 이른 아침

탕탕! 소리 들으며 수라간으로 향하고 있는 맹숙수와 엄숙수.

맹숙수　(소리 듣고 멈칫) 아니, 대체 이게 무슨 소립니까?

엄숙수　(심각) 어휴~ 한동안 조용~하더니 전하께서 또 놀이패를 부르셨나 보네.

맹숙수　가뜩이나 궁 분위기도 어수선한데~ 놀이패는 아닐 겁니다.

엄숙수　장사 하루이틀 해 먹나? 보나 마나 놀이패야~ 어서 가서 초조반이나 서두르자고.

음식 늦는다고 불호령 떨어지기 전에. (서둘러 걸으면)

자막 | 초조반(初早飯) : 죽, 미음 등 속이 편안한 음식을 올리는 이른 아침상

맹숙수　　(따라가며 한숨) 예~

3. 봉덕궁 / 수라간 / 이른 아침

엄숙수, 맹숙수가 비장한 얼굴로 수라간에 들어선다.
입을 꾹 다문 지영이 방망이를 들고 미친 듯이 북어를 패고 있다. 탕!탕!
퀭한 눈빛으로 가루가 된 북어를 쓸어 담는 길금.
그 옆에 입을 딱 벌리고 서서 겁에 질린 얼굴로 지영을 바라보고 서 있
는 민숙수, 심숙수.

엄숙수　　(쫄아서) 흠흠.. 뭐 하는 건가.. 지금.. 무섭게..

맹숙수　　대령숙수가 바뀌었을 뿐인데.. 수라간이 전혀 딴 곳이 됐습니다..

지영, 고개 살짝 돌려서 맹숙수와 엄숙수를 삐딱하게 본다.

지영　　(귀신처럼) 오셨어요?

지영의 살기에 놀란 엄숙수, 맹숙수. '헉' 하며 길금을 본다.

길금　　(도리도리) 지도 모른당께요... 우짜 저라고 밤을 꼴딱 새신 건지..

엄숙수　　(눈치) 어흠! 나는 사옹원엘 좀 다녀와야겠네. (괜히 심숙수 보며 눈짓)

심숙수　　(황급히) 그라믄 지도 같이 가유~

민숙수　　(맹숙수 보며 눈짓하며) 형님, 여기 장작이 모자란 것 같습니다~ (나가고)

맹숙수　　장작이 모자라면 쓰나~ (따라가고)

맹숙수, 걸어 나가며 비상을 주머니에서 슬쩍 꺼냈다가, 갈등하는 표정

짓고 한숨을 쉬며 다시 넣는다.
결국, 길금과 둘만 남은 지영, 무아지경으로 북어를 팬다.

길금   (왠지 자기가 상처받은 얼굴로) 아가씨, 얼굴이 요로코롬 반쪽이 되어
       가꼬.. 우짜 그라신 건데요.. 우덜밖에 없응께 싸게 말을 좀 해보쇼잉.
지영   (안 들림) 악!! 뒈졌어!! (계속 북어를 패는)

       F.C_ 운영정에서 술에 취해 눈물 흘리며 지영에게 입맞춤하던 이헌의
       얼굴 컷

지영   내가 그런 놈한테 해장국까지 끓여 바쳐야 돼?
       (북어를 퍽퍽) 아오! 진짜! 고춧가루 없는 게 한이다!
길금   (울상) 이러다 북어가 가루만 남겠서라.. 아가씨, 시방 뭘 만드실라꼬
       이라신데요.
지영   응?

       지영, 그제야 내려다보면 북어가 만신창이가 되어 있다. 지영, 푹 한숨
       을 내쉰다.

지영   북어 해장국 끓이려고 했는데.. 이건 북어에 대한 예의가 아니다.. 그치?
길금   (어색하게 끄덕) 그라지라..
지영   (싸늘하게) 길금씨도 방망이 들어..
길금   야?
지영   아주 싹 다 가루로 만들어 버릴 거야! (만신창이 북어 보며)
       너!! 내가 부숴 버릴 거야아아아아!!! (탕탕!!)

       타이틀. **"폭군"** 뜨면,
       식칼이 슝! 하고 날아와 꽂히고 칼자국 사이로 흘러내린 글자가 문장
       을 완성한다.

"폭군의 셰프"

- Course N°5 눈꽃 슈니첼 -

최상궁   (E) 전하, 초조반 들었사옵니다.

자막 | 초조반(初早飯) : 아침 6시에 일찍 올리는 상. 대체로 갈탕이나 미음, 죽 등 속이 편안한 음식

#4. 봉덕궁 / 침전 / 이른 아침

멀끔한 얼굴이지만 숙취로 인한 두통에 인상을 쓰고 있는 이헌.

최상궁   (E) 전하, 초조반 들었사옵니다.
이헌   들라 하라.

문이 열리고 최상궁과 나인들, 그리고 지영이 도도한 얼굴로 해장국을 들고 들어온다.
이헌. 지영이 상을 들고 있는 모습을 보자 갑자기 불현듯 떠오르는 기억 하나.

F.C_ 운영정. 이헌이 술에 취해 주안상을 들고 있는 지영을 향해 '왔느냐?!' 하고 웃던 컷

이헌, 왠지 찜찜한 얼굴로 지영을 보면, 이헌에게 고정된 지영의 싸늘한 표정.

지영   (흥!) 어제 전하께서 과음을 하신 관계로 숙취에 좋은 북어 콩소메를 만들었습니다.

자막 | 콩소메(consomme) : 프랑스식 맑은 수프

이헌	(괜히 큼큼 헛기침) 북어꼰 소매...?
지영	(이를 갈듯) 예, 북어를 넣어 만든 프랑스식 탕이옵니다.
이헌	(기세에 눌려 순간적으로 움찔) 북어로 만든 탕이라..
	(최상궁 보며) 기미하거라.
최상궁	예, 전하.. (기미하고)

최상궁이 기미를 마치자, 이헌이 수저를 들고 해장국을 먹으려는데...
북어가 없다.
...놀라 안 그래도 큰 눈이 더욱 커지는 이헌!

이헌	분명 북어탕이라 하지 않았느냐? (수저로 휘휘 저으며) 허데 북어는 다 어디 갔느냐?
지영	(쎄하게) 드시기 편하게 잘.게. 부숴 넣었습니다. 드셔 보세요~ 혹시 찔리시는 게 있는지. 안 찔리시겠지만요.
이헌	(쎄하고) 대령숙수만 남고 모두 물러가라.

최상궁, '예, 전하' 고개를 조아리며 다른 궁녀들을 데리고 밖으로 나간다.

이헌	혹시, 간밤에 무슨 일이 있었느냐? (하는데)
지영	안 그래도 내가 물어보려던 참이었는데, 어젯밤 일, 기억나세요?
이헌	(표정 관리하며 담담하게) 뭐, 술을 좀 마시다가...
지영	(팔짱 끼고, 끄덕) 마시다가?
이헌	(생각이 나지 않는다).... 잊으려고 마시는 게 술인데 기억할 게 뭐가 있겠느냐?
지영	(순간 미간이 꿈틀) 한마디로, 아~무 기억 안 난다~ 이 말씀이신 거죠?
이헌	(자신의 짓은 까맣게 잊고) 어허. 질문이 도를 넘어서는구나! 왜 자꾸 묻는 것이냐?
지영	(이헌 흉내 내며) 이대로 있거라.. 잠시만~ 이거, 기억 안 나세요?
이헌	(꿈뻑꿈뻑) 그게... 뭐냐?

지영   (기분 나쁘고) 더 설명하기는 좀 그러네요. 다 드셨죠? (홱! 돌아 나가
       려는데)
이헌   (잡으며) 대체 왜 이러느냐? 말을 바로 하거라.
지영   (화난다) 전하, 제가 이거 하난 확실히 짚고 넘어갈게요.
       (정색) 전하는 제 스타일 아니세요.
이헌   (무슨 말인지 모르고) 뭐, 죄수딸?
지영   (가슴 팡팡) 이.상.형! 좋아하는 남자 취향! 전하는 전혀~ 아니시라
       구요!
이헌   (그런 뜻이었어? 하는 표정으로 픽 웃고) 잊었느냐? 너는 과인의 대령
       숙수다.
       그 말인즉슨, 너는 내게 여인이 아니다~ 이 말이다.
       헌데, 뭘 더 짚고 넘어갈 게 있느냐?
지영   (더 기가 막혀) 허!!! (혼잣말처럼) 지긋지긋하다 진짜~
       (정색) 제가 긴말 안 할게요. 전하, 앞으로! 밤 술(길) 조심하세요!
이헌   (흠칫) 아, 알겠다. 밤 술 조심하지. 상을 물리거라.

       문이 열리고 최상궁과 나인들이 들어와 순식간에 상을 치운다. 지영도
       작은 상을 들고 나간다.
       곰곰 생각에 빠져드는 이헌. 도무지 기억이 없다.

이헌   창선...!

       문이 열리고 창선, 쪼르르 달려와 이헌의 앞에 고개를 조아리며 서고.

창선   전하, 부르셨사옵니까.
이헌   (조심스레) 어제, 운영정에서 대령숙수에게 무슨 일이 있었느냐?
창선   (당황+민망) 저.. 전하..께오서 대령숙수에게..
이헌   (꿈뻑꿈뻑) 대령숙수에게..
창선   (곤란해 미치겠는) 이, 입맞춤을... 하셨사옵니다.

이헌　(당황) 내가 대령숙수에게 입맞춤을...?!

그제야 팟! 팟! 하고 떠오르는 어젯밤의 기억.

F.C_ 이헌, '이대로 잠시만 있거라' 말하던 컷컷 / 눈물 흘리며 지영의 입에 입맞춤하던 컷컷

이헌, 충격으로 멍해진 표정.

F.C_ 지영, '어젯밤 일, 기억나세요?' 묻던 컷 / '밤 술 조심하세요!' 말하며 나가던 컷컷

이헌　(초조한 표정으로) 하.. 어찌해야 한단 말인가?
(E) (휙 고개를 내리고) 이대로 모른 척하는 것이 피차 편하겠지..?
(한숨 내쉬며 멈춰) 아니다. 대령숙수에게 그런 행동을 했으니,
그래도 내가 달래줘야 하는 게 아닌가.
(그러다 고개를 다시 세우고) 헌데, 대체 내가 왜 이런 고민을 해야 하지?
(E) (뻔뻔하게) 나는 이 나라의 왕이고. 연숙수는 대령숙수에 불과한 것을!
생각할수록 참으로 어처구니가 없다! (쯧!)

갸우뚱하며 쳐다보는 창선,
이헌, 어느새 허리를 곧추세우고 어깨를 쫙 펴고 앉는다. 하지만, 서탁에 손가락을 톡톡- 거리고.

5. 봉덕궁 / 침전 앞 / 이른 아침

지영이 침전에서 나와 투덜거리며 걷고 있다. 생각할수록 화가 난다.

그 자리에 우뚝 멈춰 서고.

지영　(돌아서 침전 보며) 와, 기억이 안 난다고? (삿대질) 나쁜 시키! 필름 끊긴 건 이해한다 이거야. 그래도 그렇지. 너무 뻔뻔한 거 아냐? 사과까진 바라지도 않아!
　　　하 진짜 황당해 죽겠네. (하는데)
공길　(E) 무슨 고민이 있소? 왜 거기 계속 서 있는 거요?
지영　! (순간 표정 확 구겨지고 돌아보면)

일각의 낮은 담 위의 공길이 휙~ 날랜 동작으로 내려와 지영의 앞에 서며 씩 웃는다.

지영　(경계하며) 누구시죠? 저 아세요?
공길　나 모르시겠소~?
지영　(쯧!) 모르니까 물어보죠. 새로운 숙수는 아니실 테고.. (하는데)

햇살 아래 선 공길이 차르륵 머리를 흔든다. 라라라라랄라리라~ 어디선가 상큼한 노래가 흘러나온다.
그를 둘러싼 공기가 느릿하게 변하면서 분위기가 샤방~ 그제서야 공길을 알아보는 지영.

INS_ 처용탈을 벗으며 머리를 샤방~ 날리고 처음으로 얼굴을 드러내던 공길 컷

지영　(조금 놀라서) 어? 그, 그때 그 광대, 공길?!
공길　(뻔뻔+능청) 맞소~ 그때는 초면에 미안했소.
지영　(건성으로) 뭐, 그거야 너무 지난 일이라 (하다가, 멈칫 굳으며)
　　　설마, 또... 이번에도 놀이랍시고 나 속이려는 거 아니죠?
　　　미리 말해두는데, 나 대령숙수로 승진했어요. 종6품! 재부!

공길	(귀여워서 피식 웃는) 하이구.. 무서워라~ 종6품~
지영	(뒤끝!) 엇! 지금 웃은 거예요? 경곤데..?
공길	(찌그러지며) 아, 알겠소. 다신 그러지 않겠소. (하고는) 헌데, 그때 그 나인은 괜찮소? (무심히 혼잣말처럼) 길금이라고 했던가?

지영, 그제야 팟! 하고 길금의 얘기가 생각나고.

F.C_ 4부, 공길이 나타나 도와줬다고 말하며 기절하는 길금 컷

지영	(어쩐지 조금 당황한 목소리로) 길금씨야 잘 있죠.
	(조심스레) 근데, 그때 혹시 봤어요? 대체 누가 그런 거예요?
공길	놋 봤소. 헌데 복색이 궁녀였소이다. 그년 치맛자락을 봤거든.
지영	(믿을 수 없다는 듯이) 궁녀라구요? 대체 누가...!
공길	그러게나 말이오~ 길금이에게 당분간 조심히 다니라고 일러두시오.
지영	(기가 죽어) 예.. (얄밉지만) 뭐, 어쨌든 길금씨도 그때 일을 고마워하고 있어요.
공길	(빙긋) 별거 아니오~ 나도 누군가를 찾다가 그런 것뿐이니까.
지영	...? (보는) 누굴 찾아요?
공길	(피식) 때로는 모르는 게 약이오~

환한 미소 짓는 공길. 재주를 획획 넘으며 '그럼 다음에 또 봅시다!' 하고 바람처럼 사라진다.

| 지영 | (감탄스러운) 와, 담 넘는 것 좀 봐. 홍길동인 줄. |
| | (걸어가며, 혼잣말처럼) 근데 여긴 왜 있던 거지..? |

6. 봉덕궁 / 궐 일각 (으슥한 곳) / 이른 아침

공길, 일각에 숨어서 지영의 가는 모습을 지켜보며.

공길 (E) 당신을 지켜보다 보면.. 곧 잡게 되겠지.

가슴팍에서 비녀를 하나 꺼낸다. 속이 비어있는 특수한 비녀다!

F.C_ 4부, 길금을 넘어뜨린 추월이 머리에서 비녀칼을 빼든 뒷모습 컷 / 도망치던 추월의 뒷모습을 보던 공길 컷 / 땅에 떨어진 추월의 비녀칼을 집어 드는 공길의 손 컷 / 가슴 속에서 오래된 비녀통을 꺼내 추월의 비녀칼을 꼽는 떨리는 손 컷 / 칼과 몸통이 합체된 '비녀' 컷

공길 (E) 누이가 죽어서도 손에 쥐고 있던 이 비녀의 주인을 찾았으니까.! (비녀를 움켜쥐고)

과거 누이의 모습을 떠올리는 공길.

꼭두쇠 (E) 자홍원에 끌려갔다가.. 죽어 나왔다.. 이게 다 망할 놈의 왕 때문이다!

7. 공길의 회상 / 과거 / 낡은 초가집 창고 / 밤

썩은 멍석에 돌돌 말린 시체를 보고 있는 공길.
믿어지지 않는 눈으로 공길이 미친놈처럼 멍석을 풀어 헤친다.

꼭두쇠 이놈아! 그거 풀어 헤쳐서 무엇하냐! 쯧쯧.. 하... (고개를 돌리고 눈물을 삼키는)
공길 (눈물 흘리며) 궁에 가면 호의호식한다면서...! 이 꼴이.. 이 꼴이 뭐야... 으아아아!

파리해진 낯빛의 공길의 누이가 속옷 치마저고리를 입고 눈을 감은 채 누워있다.

공길, '옥단 누님...!' 흐느끼며, 떨리는 손으로 누이의 얼굴을 쓰다듬는다. 그리고 손을 쓰다듬듯이 만지는데.. 손에 무언가 꼭 쥐고 있는 공길의 누이..

공길, 뭔가 이상함을 감지하고 누이의 손을 억지로 편다. 보면 속이 비어있는 추월의 특수비녀 몸통이다.

공길　　(특수비녀를 누이의 손에서 빼서 충격적인 눈으로 보는) !

8. 현재 / 봉덕궁 / 궐 일각 (으슥한 곳) / 이른 아침

특수비녀를 가슴 속에 넣는 공길, 휙휙 재주를 넘으며 바람처럼 사라진다.

9. 봉덕궁 / 자홍원 / 행운당 / 이른 아침

톡톡톡 서안을 두드리며 생각에 잠겨 있는 목주.

목주　　추월이 게 있느냐?

'예, 마마' 문이 급히 열리고 추월이 급히 들어와 목주의 맞은편에 앉는다.

추월　　마마, 무슨 일이십니까.
목주　　경합 때 말이다. 공길이.. 그놈이 널 보지 못한 것이 확실한 것이냐?
추월　　(면목 없는 표정) 예, 마마. 심려 마십시오.

목주	(느닷없이 웃음을 터뜨리고) 천한 광대 놈이 귀녀에게 연심이라도 품은 것인가..?
추월	? (보면)
목주	광대 공길이라는 그놈 말이다. 일찍이 남의 일엔 관심이 없던 놈이다. 도승지 임가 놈이 여인도 붙여주고 돈도 쥐여줘도 꿈쩍 않던 놈이야.. 헌데, 그놈이 훼방을 놓았다...? 재밌구나.
추월	만약 광대 놈이 남몰래 귀녀에게 연심이라도 품고 있다면, 사사건건 방해가 될 것입니다.
목주	(O/L) 그럴까? 광대의 연심이 커져서, 품어서는 안 될 마음이 생기고, 귀녀와 이어지기를 바라기 시작하면서...
추월	(멈칫 보는)....
목주	전하를 배신한다면... (미소로) 꽤 재밌어질 거 같은데...?
추월	! (간파하고) 하오나, 그렇게 말을 만들기엔, 광대가 귀녀에게 연정을 품었다는 것이 아직 확실하지 않습니다.
목주	(여유 있는 미소) 추월아, 본래 진실이란, 한 사람 생각에서 시작되어, 두 사람이 말하면서 소문이 되고, 세 사람이 듣게 되면 사실이 되는 것이다.
추월	(눈을 빛내며) 하오면..
목주	(여유 있는 미소로) 광대 놈과 귀녀, 둘을 소문으로 엮어라. 전하의 귀녀에 대한 연심이 나날이 커져서, 조금 더 결정적이고 재미있는 순간이 올 때까지.
추월	(번뜩이며) 예, 마마. 허면 대왕대비전에 말을 흘리겠습니다. (미소)
목주	그게 좋겠다. (비싼 패물을 하나 꺼내주며) 허나 그 전에, 믿을 만한 사람을 시켜, 공길이란 놈에 대해 자세히 알아오거라. 그놈에 대한 건 뭐든 말이야. 귀녀의 일에 갑자기 나서는 이유를 알아야겠다.
추월	(받아 넣고) 예, 마마. (일어서면)
목주	(눈빛 반짝) 아 참! 그리고 상선 영감에게 일러, 오늘 상참이 끝나면 내가 전하를 잠시 뵙기를 청한다고 말씀드려라.

추월   예, 마마 그리 전하겠습니다.

송재   (E) 전하, 대신들의 반응이 심상치 않사옵니다.

10. 봉덕궁 / 침전 마루 / 이른 아침

이헌과 마주 앉아 독대 중인 송재. 창선이 상소를 들고 들어와 일각에
쌓아 두고 나가면.

이헌   이 상소들은 다 뭐냐.
송재   (상소를 하나 위에 올리며) 보시면 아시겠지만,
         황해도 관찰사가 공납하는 인삼의 양을 줄여 달라는 상소이옵니다.
이헌   (한순간 싸하게 표정 내려앉으며) 공납하는 인삼의 양을 줄여 달라?
송재   예, 최근 개성에 인삼 밀무역이 횡행해 진상할 인삼이 턱없이 부족하
         다 하옵니다.
         나흘 뒤에 한양에 당도할 명나라 사신단도 이 문제를 거론할 것이라 예
         상되옵니다.
이헌   (매서운 눈빛으로) 뭐라?! 조선의 인삼을 뒷구멍으로 사들이고도 모
         자라, 외교 문제로 가져온다..? 조선의 인삼은 명이 다 갖겠다는 것이냐?!
송재   (깜짝) 아직 확실치 않습니다. 고정하십시오. 전하.
이헌   (분을 삭이며) 그래서, 이번 사신은 누구냐?
송재   이번 사신은, 황제의 신임을 등에 업고 권력을 움켜쥔 8명의 태감,
         황궁 8호(虎)의 수장격인 우곤이라 하옵니다.
이헌   (상소가 찢어질 듯 움켜쥐고) 우곤..?! 2년 전, 공녀를 더 이상 받지 않
         겠다고 마무리 짓고 돌아간 사신에게 엄벌을 내리라 했다는 그 환관이
         아니냐!
송재   (...) 예, 맞습니다. 전하.
이헌   (분노) 대체 무슨 꿍꿍이지? 대체 왜 그런 자가 이번 사신으로 오는 것

이냐! 그자의 속내를 좀 더 분명히 알아 오거라! 당장!

송재 (긴장) 예, 전하. 원접사에게 연통을 보내서 사신의 목적을 자세히 알아보겠습니다.

이헌 (분한 얼굴로 씩씩대고) ....

송재 (분위기를 변화시키려 눈치를 보며) 전하, 하온데 어젯밤 주안상을 드시면서 대령숙수와 흠흠.. 흠.. 하셨다는 것이 사실이옵니까?

이헌 (인상 팍- 쓰고 보며) 뭐...라?

송재 아, 아니옵니다. 이제 상참에 가시지요. (일어서는)

이헌 (급히) 잠시만! (하면서 아무렇지 않은 척) 앉거라.

송재 (앉으며) 예..

이헌 (꿍얼꿍얼) 내 술을 마시고, 발칙한 여인에게 은혜를 내린 것 같은데.. 감사하게는 여기지 못할망정, 안 그래도 못난 얼굴에 된서리가 내리니.. 참으로 그 꼴이 가관이다..

송재 발칙한 여인이요?

이헌 (큼큼..) 그래.

송재 (피식 웃는)

이헌 (당황) 엇! 네 지금 웃은 것이냐?

송재 (한심하다는 듯 보며) 전하~ 자고로 여인이라 하면~ 선물에 약한 법이지요.

이헌 선물? 은혜를 내린 걸로도 모자라 선물까지 줘야 하느냐?

송재 못난 얼굴이 더 못나지면 매일 그 얼굴을 보는 전하께서 괴로우니 드리는 말씀입니다~

이헌 그건 그렇지.. 허면, 그런 여인은 무엇을 해줘야 마음이 풀리겠느냐? ....비단, 비녀, 가락지?

송재 절대! 여인에게는 아무 선물이나 하시면 아니 되옵니다.

이헌 허면!

송재 (조심스레) 좋아하는 것을 찾아서 해주는 것이 핵심이옵니다~

이헌 (황당) 좋아하는 게 무엇인지.. 내가 어떻게 안단 말이냐?

송재 그래서! 여인이 참으로 어려운 것 아니겠습니까~ 당장 대왕대비마마

를 보면 패물보다는 책을 좋아하시고~ 숙원마마를 보면 책보다 패물을
좋아하십니다.
같은 여인일지라도, 이렇게 모두 좋아하는 것이 다 다릅니다~ 잘 생각
해 보십시오~

이헌　　(곰곰이 생각에 잠기고) 음..

송재　　(씨익)

11. 봉덕궁 / 편전 외경 / 낮

창선　　(E) 주상전하 납시오!

12. 봉덕궁 / 편전 / 낮

이헌, 어좌에 앉는다. 한민성, 박원준, 성인재, 유문정, 김양손, 임서홍,
임송재 등 신하들이 서 있다.
유형민은 안 보인다. 긴장감이 흐르는 편전 안.

한민성　　전하, 나흘 후면 황제의 칙서(勅書)를 가진 명의 사신단이 한양에 도착
하옵니다.

이헌　　(못마땅) 들었다. 준비는 어찌 되어 가는가?

한민성　　이미 영접 도감을 설치하였고, 원접사(遠接使)로 예조참판 유형민 대
감이 수행원을 거느리고, 의주로 떠났사옵니다.
자막 | 원접사 : 중국 사신을 맞이하는 관직

유문정　　도성으로 들어오는 남대문부터 태평관까지 사신단이 오는 길을 닦게
하였습니다.

성인재　　또한, 사신의 흥을 돋우도록, 광대를 동원하여 대대적인 환영식을 준
비해 두었사옵니다.

박원준 그리고, 공식 일정이 끝나면 한강에 배를 띄워 조선 문신들과 시회를 열도록 단단히 준비시켜 두었습니다.

이헌 허면, 반송 준비는 어찌 되어 가느냐?
자막 | 반송 : 사신이 돌아갈 때 환송하는 일

임서홍 명으로 귀환할 때 가져갈 예단과 은 2백 관을 따로 해놓았다고 합니다.

이헌 (황당하고) 뭐라?! 은 2백 관..?!

임송재 (한숨)...예, 그뿐이 아닙니다. 국경까지 옮기는 것만 해도 수레당 8명씩 60여 명을 붙여야 하옵니다. 또 국고의 절반이 거덜 나는 것이옵니다.

한민성 (송재 노려보며) 전하, 이것은 명과 원만한 관계를 위하여 감내해야 하옵니다.

유문정 하오나, 은괴 2백 관이 지나친 것은 사실입니다.

성인재 맞습니다. 지난번 사신 때도 이 정도는 아니었습니다만.

한민성 지난번 사신은, 명에서도 유명한 문신으로 그다지 돈을 밝히는 사람이 아니었소이다. 허나, 지금 오는 태감은 명에서도 기고만장하고 탐욕스럽기로 유명하다 합니다.
넘치는 것은 빼면 되지만, 부족한 것을 그때 가서 채우려면 늦습니다. 일단은 이리 준비하는 것이 맞소이다.

박원준 (성인재와 유문정 보며) 나도 영상대감과 같은 생각이오.
이번 사신 정사는 어떤 요구를 할지 모르고 그들의 위세와 영향력을 무시할 수는 없소이다. 아무런 잡음 없이 마무리하는 것이 최선이 아니겠습니까!

이헌 그만! 그만들 하라! (벌떡 일어선다)

대신들, 조용해지며 고개를 조아린다.

이헌 국고는, 백성이 흘린 피와 땀, 고혈로 만들어진 것이다.
헌데, 어찌 국고를 지킬 방책 하나 없이, 그들의 비위를 맞추고 눈치만 살피는 것이냐!
어떤 자들인지 몰라 예단과 은괴 2백 관을 준비해? 하..

자네들이 이러고도 백성을 위한다 할 수 있느냐?!
정녕 나라와 백성을 위한다 할 수 있냐 이 말이다!!
한민성 하오나 외교의 문제는 우리의 입장만 내세울 수 있는 것이 아니옵니다.
이헌 (살기) 조선 백성의 혈세는, 조선 왕실의 것이다!

무거워진 편전의 공기. 이헌의 살기에 고개를 들지 못하는 신하들.

이헌 명에 보낼 예단과 은괴의 수를 최대한 줄이고,
사신단을 영접하는 행사 규모도 최소한으로 준비하라!

대신들 마지못해 '예, 전하.. 분부대로 거행하겠나이다' 대답히면,
이헌, 불편한 심기를 드러내듯 곤룡포 자락 펄럭이며 편전을 나가는.

13. 봉덕궁 / 편전 밖 / 낮

대전 최상궁과 나인들, 창선이 뒤를 따르고 있는 가운데, 이헌이 침전
쪽으로 걸어가는데,
그 뒤로 빈 가마를 들고 따르는 별감들.

수혁 (급히 달려와 예를 갖춘다) 전하!
이헌 (창선과 최상궁을 향해) 잠시 물러나거라.

창선과 최상궁, '예, 전하' 조아리며 한참 뒤로 물러서고.

이헌 (작게) 무슨 일이냐.
수혁 (작게) 오늘 아침 반촌에서 쓰러져 있는 이장균을 발견했사옵니다.
이헌 (불길한 표정으로)... 살아는 있는 것이냐?
수혁 예, 하오나 상처가 깊어 의식이 없사옵니다.

이헌	(흥분해서) 지금 어디 있느냐? 사초는?
수혁	(주변을 살피고) 사초는 발견하지 못하였고,
	일단 안전한 곳으로 옮겨 의원 치료를 받게 하였사온데..
이헌	헌데..?
수혁	자취를 감추고 사라졌사옵니다.
이헌	(표정 험악해지고) 사라졌다..?!
수혁	예, 누군가 침입한 흔적이 없는 것으로 보아, 스스로 모습을 감춘 듯하옵니다.
이헌	(분노) 몸도 성치 않은 이교리가 대체 어디로 숨었단 말이냐!
수혁	아직도..... 누군가 이장균의 목숨을 노리고 있는 것이 분명하옵니다.
이헌	(E)(분한 표정, 주먹을 꽉 움켜쥐는) 대체 누구냐.. 누가...!
	입이 무겁고, 날랜 군사 서넛을 뽑아 이교리를 찾아라!
수혁	예, 전하.
이헌	서둘러야 한다.
수혁	(예를 갖춰 인사하고 사라지는)

자홍원에서 온 상궁과 얘기 나누던 창선이 쪼르르 달려와 '전하' 부르고 고개를 숙인다.

이헌	(보면)
창선	숙원마마께서 잠시 뵙기를 청하옵니다. 자홍원으로 듭시지요.
이헌	오늘은 내 아무도 만나고 싶지 않다. (휙 가는)
창선	하오나..

이미 앞장서 저만치 걷고 있는 이헌. 뒤를 따르는 창선과 최상궁을 비롯한 대전 상궁 나인들.

14. 봉덕궁 / 자홍원 / 행운당 / 낮

목주가 더욱 풍성한 가채를 뽐내며 경대 앞에 앉아 있다.
궁녀1, 2가 목주의 단장을 도와주며, 옷매무새와 머리를 만져주고 있
는데.
진주 떨잠 머리꽂이를 대보며.

목주　　다른 것은 없느냐?
궁녀1　(나비 떨잠 머리꽂이를 건네며) 나비 떨잠이옵니다.
목주　　(보고) 그래, 이게 좋겠다.

궁녀1, 2가 나비 떨잠 머리꽂이를 머리에 꽂고 있는데.
급히 문이 열리고 들어오는 추월. 예를 갖춰 고개를 주아리고 일가에
앉는다.

추월　　(다른 궁녀들에게 위엄 있는 목소리로) 다들 나가 있거라.

궁녀1, 2가 예를 갖춰 인사하고 뒷걸음질로 나간다.

목주　　무슨 일이냐?
추월　　(바짝 긴장해서) 전하께서 편전을 나오셨사온데, 침전으로 향하고 계
시다 하옵니다.
목주　　(표정 험악해지고) 뭐라? 내가 뵙기를 청한다는 말을 상선이 전하기는
한 것이냐?
추월　　예, 마마. (고개를 숙이고)
목주　　(분노로 서안을 탁! 내려치고) 정녕.. 이리 나오시겠다...?

15. 봉덕궁 / 침전 가는 길 (수라간 일각) / 석양

이헌, 무겁게 가라앉은 표정으로 생각에 잠겨 걷고 있다. 뒤를 따르고

있는 창선, 최상궁과 대전 나인들.

창선   (급히 달려와) 전하, 이쪽은 수라간으로 가는 길이옵니다.

          이헌, 우뚝 멈추고 고개를 들어 보면 담장 너머 수라간이 보인다.

이헌   내가 여길 왜..

          F.C_ 초가집에서 지영이 이헌의 어깨에 연고를 바르던 모습들 컷컷 /
          밝고 귀여운 모습들 컷컷

이헌   (E) 마음은 이리 무거운데.. 왜 네가 생각나는 것이냐...

          천천히 고개를 숙이는 이헌. 침전으로 돌아간다.

16. 봉덕궁 / 침전 온돌방 / 석양

          침전으로 들어온 이헌. 침상에 기대어 앉는다. 지치고 고독한 이헌의
          모습.

수혁   (E) 누군가 이장균의 목숨을 노리고 있는 것이 분명하옵니다.
이헌   (E) (생각에 잠겨) 사초는 나조차도 본 적이 없거늘...
          대체 누가, 왜, 이토록 치밀하게 이교리를 쫓고 있단 말인가...
최상궁   (E) 전하, 최상궁이옵니다.
이헌   들라..
최상궁   (들어와 예를 갖추고) 전하, 오늘 석수라는,
이헌   (O/L) 되었다.
최상궁   (놀란 채) 예..? 하오면,

이헌   (서늘하게) 그만! 그만하고 나가라. 오늘은 아무것도 먹고 싶지 않다.

       최상궁, 예를 갖추고 황급히 나간다.
       이헌, 다시 생각에 잠기며 분노로 주먹을 꽉 움켜쥐고.

17. 봉덕궁 / 자홍원 / 행운당 / 석양

       목주, 생각에 잠겨 손가락을 토독토독 하고 있다. 추월, 긴장된 표정으
       로 목주를 보고 있다.

목주   전하께선 수라도 거르고 침전에만 계신다? 뭔가 이상하구나..
추월   (긴장해서 보는)....
목주   혹 들었느냐? 어젯밤 운영정에서 주안상을 든 대령숙수와 입을 맞추셨
       단 얘기 말이다.
추월   예, 허나 그 일은 전하께서 술에 취하시어,
목주   (O/L) 모든 일엔 조짐이 있는 법이다. 어찌 그것이 취해서뿐이겠느냐?
추월   허면..?
목주   대령숙수라는 존재 자체가 눈엣가시다.
추월   어찌하면 좋겠습니까?
목주   만나주시지 않으면, 내가 찾아뵙는 수밖에.. (생각에 잠겼다가)
       얼마 후에 문안진후가 있지 않느냐?
추월   예, 이틀 후면, 제산대군께서 입궁하시는 날이옵니다.
목주   그날, 내가 전하께 음식을 올려보는 것은 어떻겠느냐?
추월   (눈을 빛내며) 전하의 마음을 되돌릴 좋은 방책이십니다.
목주   (악의적인 미소) 어떤 음식이 좋을까...

18. 봉덕궁 / 수라간 / 석양

한가한 분위기. 지영과 길금은 일각에서 나인들 데리고 수라상에 올릴
유기그릇 위생 상태를 체크하고,
엄숙은 아궁이와 번철의 그을음을 보며 수라나인들에게 잔소리 중이고.
맹숙은 숫돌에 칼날을 갈고 있다.
이때, 민숙과 심숙이 하급 숙수들과 장작을 들고 들어온다.
윤내관이 들어온다. 일어서는 숙수들 일동. '설리 어른 오셨습니까~'
인사하고.

| 윤내관 | 전하께서 오늘 석수라를 거르신다 하시네.. |

윤내관   전하께서 오늘 석수라를 거르신다 하시네..

지영   예... (하다가 놀라) 예? 저녁 수라를요? 왜요?

윤내관   그건 모르겠네. 오늘은 수라고 뭐고 아무것도 들이지 말라고 이르셨
           다네.

지영   (의아한) 수라를 거르시다니 이상하네요...

윤내관   (한숨) 그러게 말이네. 수라를 거르시는 건 좀처럼 없는 일이라 말이야.
           걱정이네..

지영   (윤내관에게) 제가 일단 저녁 수라를 만들게요. 그래도 안 드시면 어
           쩔 수 없구요.

윤내관   방법이 있겠나...?

지영   해보는 데까진 해봐야죠. (으쓱)

심숙, 민숙, 길금 모두가 조용히 일어나다가 놀라 지영을 보면.
지영, 수라간에 나가서 앞치마를 질끈 묶고, 칼을 들고 반짝이는 날을
노려보는 모습에서.
맹숙수, 그런 지영의 모습을 보며 생각이 많아지는 표정. 주머니 속의
비상을 꺼내 만지작.

#19. 봉덕궁 / 침전 복도 / 저녁 + 다음 날 밤 / 수라상 몽타주

1. **저녁, 침전 복도.**

   지영이 수라상과 함께 들어선다.

   최상궁이 막아선다. / **꼬꼬뱅 (와인찜닭)**

2. **다음 날 아침, 침전 복도.**

   지영이 수라상과 함께 침전 앞에 선다.

   최상궁이 '조반 들이겠사옵니다' 안에선 대답이 없다.

   최상궁, 지영에게 고개를 젓는다. / **프렌치 조식 정찬**

3. **점심, 침전 복도.**

   지영이 수라상과 함께 선다.

   최상궁이 '낮것상 들이겠사옵니다' / **치킨 프리카세**

   역시 대답이 없다. 최상궁, 힘없이 지영을 본다,

   지영, 한숨을 쉬면서 수라상을 들고 돌아서는.

4. **저녁, 강녕전 입구.**

   지영이 수라상을 들고 다시 들어선다.

   식가마와 수라나인들이 뒤를 따르고 있다.

   최상궁이 고개를 절레절레. 실망하는 지영.

   / 포토푀 (프랑스 보양식)

20. 봉덕궁 / 지영의 처소 앞 / 밤

풀이 죽은 모습으로 어깨가 축 처져서 처소로 들어서는 지영과 길금.
어깨 두들기며 '아이구 어깨야' 하며 먼저 들어가는 길금. '아가씨, 안 들
어가신당가요?' 하며 들어가고.
'먼저 들어가' 하며 마당에 남는 지영. 하늘을 보면 높이 솟은 보름달이
보이고.

지영   (혼잣말처럼) 하... 내가 어쩌다가 여기까지 왔지...
라 뿌알레 도르 우승한 게 엊그제 같은데.. 참 전생 같다..

어느새 눈가에 눈물이 맺히고.. 훌쩍.

지영   그나저나 아빠는 잘 계실까.. 보고 싶다.. 아빠..
전하처럼, 밥 굶고 계시면 안 되는데.. (한숨 내쉬고)

둥근달 속에 이헌의 얼굴이 보이는 지영. 스스로의 상상에 깜짝 놀라
머리를 흔드는 지영.

지영   미쳤네 미쳤어! 후~ 그나저나 저 인간은, 배도 안 고픈가..
사람 밥심으로 사는 건데, 대체 뭐 때문에 그러는 거야?

다시 달을 보며 한숨을 푹 내쉬는 지영.

21. 봉덕궁 / 침전 앞마당 / 밤

지영이 보던 달을 보는 이헌. 얼굴이 반쪽이다. 침전 앞마당을 거닐고
있다.

F.C_ 초가집에서 지영이 열심히 비빔밥을 버무리던 컷 / '아~' 하며 수
저를 들던 모습 컷 / '먹어요~ 안 먹어요 진짜?' 하며 이헌을 채근하던
컷 / 평상에 잠든 이헌에게 더러운 이불을 덮어주며 '복수다' 하며 웃는
지영의 얼굴 컷컷

다음 순간, 꼬르륵. 꼬르륵. 배가 고픈 이헌.

이헌   (혼잣말처럼) 배가 고파서 네가 떠오른 것인지,
네가 떠올라서 배가 고픈 것인지... 알 수가 없구나. (피식) 창선!

창선이 쪼르르 달려와 선다. '예, 전하.'

| 이헌 | 저녁 수라는 언제 오는 것이냐?
| 창선 | (얼굴이 환해지며) 지, 지금, 저녁 수라라 하셨습니까?
| 이헌 | (가며) 그래, 허기가 지는구나. (앞서가는 이헌)

뒤따르는 창선과 대전 최상궁과 나인들.

22. 봉덕궁 / 침전 / 밤

지영이 치킨 수프가 담긴 작은 상을 들고 최상궁과 함께 들어온다.

| 이헌 | 오랜만이구나, 대령숙수.
| 지영 | (하고 싶은 말이 많지만) 예, 오랜만이옵니다, 전하.
| 이헌 | (짐짓 아무렇지 않은 듯) 그래, 오늘 저녁 수라는 무어냐?
| 지영 | 종일 아무것도 드시지 않아, 속을 달래려 '치킨 수프'를 끓였습니다.
행여나 탈이 나실 수 있어, 찬도 입맛을 돋우는 동치미만 올렸구요.
| 이헌 | (시장기 도는 얼굴로) 수우프..?
| 지영 | 예, 말하자면, 닭고기 국물로 맛을 낸 미음과 같은 건데, 외국에선 수
프라 합니다.
| 이헌 | (최상궁을 보며) 기미하거라.
| 최상궁 | (환한 얼굴) 예, 전하. (기미하고)
| 이헌 | (수프를 먹기 시작한다)... 음.... (만족스러운 표정) 맛있구나. (환한
미소)
| 지영 | (왠지 이헌이 먹는 모습을 보며 가슴이 뭉클하고)...
| 이헌 | .. (말없이 먹는)

23. 봉덕궁 / 침전 밖 / 밤

왠지 뿌듯한 기분으로 침전을 나오는 지영.
하늘을 본다. 왠지 기분이 좋다.
발걸음도 가벼운 지영. 수라간을 향해 걷다가 멈추는 지영.

지영   응? 이 감정 뭐야? 나 지금 왜 이렇게 뿌듯해?

지영, 사방을 두리번.. 춤을 추듯 스텝을 밟으며 수라간으로 향하고.

24. 봉덕궁 / 침전 / 밤

침전 창문으로 그런 지영의 뒷모습을 보고 있던 이헌. 풉- 웃음이 터졌다.

이헌   (E) (손톱만큼 멀어진 지영을 보고) 너를 보면...
       (가슴에 손을 대 보는데.. 두근두근) 왜 가슴이 이리 뛰는 것이냐..

25. 제산대군 저 / 외경 / 밤

26. 제산대군 저 / 사랑채 / 밤

제산대군과 김양손이 차를 마시며 독대 중이다. 말없이 차를 마시는 두 사람 사이엔 긴장감이 흐르고.

제산대군   얼마 전이 자네 동생 김이손의 기일이었지 않나..?

김양손 (침통한) 예... 대군. 참으로 황망하게 가버렸지요..

제산대군 (가슴 아픈 듯 보며) 그렇지.. 무인사화 때 황망히 간 자네의 동생,
　　　　　나의 벗들, 다른 대감들의 형제들.. 때문에 우리가 이리 모이게 된 것
　　　　　이지 않는가..

김양손 (차를 마시며) 예...

제산대군 그런데... 왜, 허락도 없이 살곶이 숲에 자객을 보냈는가?

김양손 ...! (번뜩 보면)

제산대군 (가슴 아픈 표정) 사화로 가문이 멸문지화를 당할 뻔하고,
　　　　　전하의 스승이란 이유로 홀로 살아남은 것이 치욕스러웠겠지..
　　　　　(타이르듯) 그렇다고, 이리 단독 행동을 벌이시면 되겠는가.

김양손 (침통하게) 소신이 생각하기엔 이보다 더 좋은 기회는 없을 것이라 생
　　　　　각되어... (부복하며) 송구하옵니다.. 대군..

제산대군 (매서운 표정으로) 무인사화 이후 잠잠했던 전하의 어심을 건드렸으니,
　　　　　자네가 발각되는 날엔, 우리 모두 대가를 치러야할 걸세.

김양손 (무거운 표정)...

27. 서낭당 뒤편 / 밤(새벽)

　　　　김양손, 검은 복면의 자객에게 땅문서와 엽전 꾸러미를 툭 건넨다.

김양손 여주 일대의 땅문서다. 이 정도면 자네 가족이 평생 먹고살 걱정은 없
　　　　　을 것이야.

자객(공길)...

김양손 살곶이 숲 암살의 배후가 나라는 사실을 제산대군께서 아셨다.
　　　　　이제 죽은 듯이 살아야 한다. (가는)

자객(공길)... (조용히 챙기는데)

　　　　슬며시, 뒤에서 나타나는 덕출. 칼을 빼어 들고 공길에게 다가선다.

핵! 칼을 휘두르는 순간,
재빠르게 몸을 돌려 피하는 공길. 덕출이 칼을 들고 죽이려 달려들면,
왈패들이 퇴로를 막는다.
왈패들을 피하며 덕출의 칼을 피하던 공길, 길가에 각목을 하나 잡고
방어하다, 덕출의 칼이 스치듯 공길의 어깨를 베고 지나간다. 공길, 재빠
르게 몸을 놀려 담을 넘고, 휙휙 바람처럼 빠르게 사라지는 공길.

덕출　(공길을 쫓아가며) 잡아라!

우르르 덕출을 따라 공길을 뒤쫓는 왈패들.

28. 어느 폐가 / 밤(새벽)

들창으로 달빛이 들어오는 어느 폐가 안. 머리에 썼던 복면과 피 묻은
옷이 바닥에 떨어져 있다.
다친 어깨에 천을 싸매고 있는 자객의 뒷모습.. 상처를 다 감싸고 옷을
갈아입고 나자 돌아선다..
달빛에 비친 자객의 얼굴... 공길이다!

공길　(픽 웃고) 김양손의 배후가 제산대군이었어? 썩을 놈들~ 구린내가 진
동을 하는구나~

29. 제산대군 저 / 외경 / 아침

30. 제산대군 저 / 사랑채 / 아침

덕출이 침통한 얼굴로 앉아 있다. 칼(장검)을 닦고 있는 제산대군.

제산대군   허면, 자객을 또 놓쳤다는 말이냐...?
덕출   송구합니다. 대군나리.
제산대군   보통 놈은 아니구나.. 쥐새끼 같은 놈...
덕출   반드시 잡아서 후환을 없애겠습니다,
제산대군   (칼을 덕출의 목에 겨누고) 너는 이미 그자를 놓쳤고,
덕출   (긴장한 얼굴로 보면) 대군,
제산대군   (칼을 덕출의 목에 대고) 그놈을 다시 찾을 수 없을 것이다.
덕출   (뭔가 깨달은 듯) 허나, 주상을 암살하려고 했던 놈입니다.
           다시 모습을 드러낼 것입니다.
제산대군   또다시 실패한다면... (난초를 슥 베어버리고) 이젠 니놈 목이 날아갈
           것이다.
덕출   (부복하며).. 명심하겠습니다.

검을 검집에 넣고 떨어진 난을 밟고 뒤돌아서는 제산대군.

31. 봉덕궁 외경 / 아침

목주   (E) 전하께서 어젯밤부터 대령숙수가 차린 수라를 드시기 시작했단 말
           이냐?

32. 봉덕궁 / 자홍원 / 행운당 / 아침

의미심장한 표정으로 앉아 있는 목주와 추월.

추월   (눈을 빛내며) 예, 마마. 대전 나인에게 분명히 그리 들었습니다.

목주	(기다렸다는 듯한 미소) 지금 즉시 수라간으로 가서 기별을 넣거라.
	미식가이신 전하를 위해 오늘 문안진후 때는 이 숙원이 낮것상을 준비
	할 거라고. (쪽지 건네주며) 이것은 맹숙수에게 따로 전하고.
추월	(받아서 품에 넣고) 예, 마마.
목주	(분한 듯한 미소) 내 오늘은 그냥 넘어가지 않을 것이다.
	함부로 태양을 가까이하면 화를 당한다는 것을..
	대령숙수에게 내 몸소 알려줄 것이야. (악의적인 미소)

33. 봉덕궁 / 수라간 / 아침

심숙수, 씻은 각종 야채 종류의 재료를 들고 들어와 일각에 펼쳐놓는다.
조리대의 도마 위에서 탁탁, 두툼한 돼지고기를 분리하고 있는 엄숙
수와 맹숙수.
민숙수는 아궁이 불을 보며, 물을 더 올리고.
지영은 채소를 다듬으며 음식 준비에 여념이 없고, 길금이 옆에서 돕
고 있다.
이때, 들어오는 윤내관. 지영을 비롯한 숙수들 일동. '설리 어른 오셨
습니까~' 인사하면.

윤내관	(길금에게 소고기 건네며) 소고길세. 반촌에서 아주 좋은 것으로 구했네.
지영	(고기 보며) 와~ 갓 잡은 건가 봐요? 마블링도 좋고.. 윤기가 도는 게..
	엄청 싱싱하네요?
길금	(받아서 냄새 맡고) 흠흠.. 마저라~ 신선한 괴기 특유의 꼬소한 냄새가
	나뿌네요..
맹숙수	고기는 사옹원에도 있는데, 왜 반촌까지 다녀오셨습니까?
윤내관	오늘은 전하의 문안진후가 있는 날이라 제산대군께서 입궐하신다네.
	이걸로 특별한 수라를 만들어 보게.

자막 | 진후 : 어의가 왕의 건강 상태를 살피고 진찰하는 일

지영	(손 앞치마에 닦으며 걸어와, 조심스레) 문안진후? 그게... 뭐죠?
윤내관	사옹원 제조영감이신 제산대군이 문안을 오시어, 어의와 함께 전하의 건강 상태를 세밀하게 살피는 날이란 뜻이라네.
지영	아~ 건강검진?!
윤내관	건강검진..? 뭐, 말하자면 그런 셈이지.
지영	네~ 그럼, 오늘은 전하와 제산대군(?)께서 식사를 같이하세요?
윤내관	그렇네~ 낮것상은 함께 드실 수 있도록 준비하게~ (나가는)
지영	예에. 알겠습니다~

숙수들 일동, 나가는 윤내관의 등에 대고 '살펴 가십시오' 인사하고.

시영	(엄숙수에게) 근데 저, (조심스레) 제산대군은 어떤 분이세요? 제가 뵌 적이 있나요?
엄숙수	아~ 그러고 보니 대령숙수는 한 번도 뵌 적이 없겠구만. 굳이 따지자면, 전하의 부친이셨던 선왕의 사촌쯤 되시지.
지영	아~ 종친이시구나~ (하다가 멈칫 표정 굳고) (E) 잠깐.. 제산대군...? 반정으로 왕이 되는 건 진명대군 아니었나...? 아.. 헷갈리네.
맹숙수	(깐마늘을 들고 씻으러 일각으로 걸어가며) 왜 그러시오?
지영	아, 아니에요. (행주에 칼을 닦으며) 저, 오늘 중요한 손님이 오신다니까~ 메뉴.. 아니 음식 회의를 좀 할까요? (나가면)

길금과 숙수들 일동, '마뉴?' '회의?' 갸웃하며, 각자 하던 일들을 정리하고는 뒤를 따르는데.
추월이 들어온다. 추월이 '이보게! 맹숙수' 부른다. 맹숙수, 추월을 보고 냉큼 걸어가 앞에 서고.

| 맹숙수 | (긴장하는 표정) 무슨 일이십니까. |
| 추월 | (쪽지 건네며) 오늘 낮것상은 마마님께서 직접 준비할 것이라 이르셨네. |

자네는 여기 적힌 음식을 준비하게.

맹숙수　(의아한 표정으로 쪽지 받으며) 낮것상을 말입니까? 하지만 대령숙수
가 있는데..

추월　여러 소리 말게. 이따가 마마께서 직접 상을 가지러 올 것이네. (가는)

맹숙수　예, 알겠습니다.

맹숙수, 쪽지 펴보면, 백마자탕(白麻子湯)과 황자계혼돈탕(黃雌鷄餛
飩湯) 두 가지 암탉요리가 적혀있다.

맹숙수　(흠칫) 암탉요리...?

34. 봉덕궁 / 수라간 회의실 / 아침

엄숙, 심숙, 민숙이 일각에 편하게 자리를 잡고 앉아서 지영과 길금을
보고 있다.
뒷모습만 보이는 지영과 길금. 일각에서 지영이 길금에게 '아니, 거기
좀 더 둥글게..' 등등의 얘길 하고, 길금은 그 얘길 들으며 그리고 있다.
지영, '오~ 다 된 거 같애' 하면, 길금이 '워메~ 참말로 신기하다요'

지영　(걸어와 중앙에 서서) 오늘, 특별한 손님이 오신다고 하니 별식을 준비
할까 해서요. (길금에게 눈짓) 길금씨!

길금　야! (돌돌 말린 그림을 들고 지영의 옆에 선다)

지영　근데, 맹숙수님은 안 오세요?

맹숙수　(들어오며) 왔소이다. 헌데, 오늘 낮것상은 숙원마마께서 직접 올리신
다고 합니다.

엄숙수　아니~ 그게 무슨 소린가?

맹숙수　저에게 문안진후 때 전하와 대군께서 드실 낮것상을 준비하라는 명이
내려왔습니다.

엄숙수	흠.. 그래? 이것 참.. 허면, 자네가 오늘 수라를 지휘하는 건가?
맹숙수	예. 송구합니다. (지영 눈치 보며)
엄숙수	에이~ 자네가 송구할 일은 아니지~ 우리가 무슨 힘이 있나.
지영	(으쓱) 근데, 전하의 명이 내려온 게 아니라서, 이거 좀 곤란한데요?

엄숙수 흠.. 그래? 이것 참.. 허면, 자네가 오늘 수라를 지휘하는 건가?

맹숙수 예. 송구합니다. (지영 눈치 보며)

엄숙수 에이~ 자네가 송구할 일은 아니지~ 우리가 무슨 힘이 있나.

지영 (으쓱) 근데, 전하의 명이 내려온 게 아니라서, 이거 좀 곤란한데요?
맹숙수님은 숙원마마의 명이시니.. 제가 굳이 말리진 않을게요.
하지만, 제가 차리던 낮것상은 원래대로 진행할게요.

길금 맞지라~ 가만히 넋 놓고 있다가 전하께서 나는 그런 거 시킨 적이 없
다 해불문 우리 모두 목이 달아나는 건디요?

맹숙수 흠.. 허흠.. 알겠소. 민숙아, 넌 나와서 나를 돕거라.

민숙수 예~ 알겠습니다~ 형님. (나가고)

지영 (길금과 엄숙, 심숙 보며) 자, 그럼 설명 시작할게요!

그림을 쫙 펴드는 길금.

지영 (미소) 오늘의 요리는 바로, 슈니첼! (Schnitzel)

엄숙, 심숙, 그림을 보며 감탄한다.. '오...'

지영 한마디로! 한국 사람이라면, 남녀노소 구분 없이 누구나 환장하는 돈
까스죠!

35. 봉덕궁 / 수라간 / 슈니첼 몽타주 / 낮

1. 지영이 소고기를 두드리는 시범을 보여준다. 지켜보던 엄숙수가 따
   라 하며 소고기를 두들기면.
2. 지영, 그릇에 계란 푸는 것을 보여준다. 심숙수가 다른 그릇을 놓고
   따라 한다.
3. 지영, 고기에 튀김옷을 입히듯 진가루(밀가루)와 계란을 순서대로

묻힌다.

지영을 보고 다른 고기에 열심히 튀김옷을 입히며 따라 하는 길금.

4. 지영, 밀가루물을 살짝 튀겨 만든 눈꽃튀김을 다시 고기에 입히고,
끓는 기름에 넣으면 촤아악… 기분 좋게 튀겨지는 소리!

진가루물을 다시 소고기에 입혀서 눈꽃튀김을 만든다.

튀는 기름에 아뜨뜨 하며 물러서는 숙수들. '저 귀한 콩기름을'(엄)
'물 끓이듯 써버리네'(심) '아가씨 기름 좀 아껴쓰쇼잉~ 아뜨거'(길)

지영　이렇게 두드린 소고기에 밀가루를 묻히고.

숙수들 일동　진가루를 묻히고..

지영　계란을 입혀서 빵가루를 입히면.. 어, 빵가루가 없으니..

숙수들 일동　계란을 풀어서 빵가루.. 빵~??

지영　눈꽃튀김으로 튀김옷을 입히고 기름에 넣으면? 게임 끝.

눈꽃처럼 튀겨진 먹음직스러운 슈니첼이 예쁜 백자 접시 위에 놓이고,
번철에 산딸기와 설탕을 넣고 졸인 소스를 만들어 종지 그릇에 담으며.

지영　이런 말이 있어요~ 신발도 기름에 튀기면 맛있다. (찡끗)

뿌리채소(냉이, 달래 등)를 같은 방식으로 튀겨서 곁들여 그림처럼 놓고.
조선판 '눈꽃 슈니첼'을 완성하는 지영. 길금과 엄숙, 심숙은 신기하게
바라보며 감탄하고.

길금　와~ 멋져부러라. 아가씨 굿!

지영　잠깐, 아직 안 끝났어. 이거 칼로 잘라 먹는 건데, (일각에서) 작은 칼이
어디 있더라?

엄숙수　지금 수라상에 칼이라고 했나?

심숙수　작은 칼이든 큰 칼이든 수라상에 칼이 올라갔다간 우리 모두 무사치 못
할 거요.

| 지영 | 그래요? 아~ 칼이 위협적이다? (씨익) 그럼, 컷팅을 해서 올리면 되죠. |
| 길금 | 워따 말 한번 요사스럽소. 커..티잉? |

엄숙, 심숙, 저마다 한마디씩 '카팅?' '코통?' 하면,
어느새 작은 칼로 슈니첼을 깔끔하게 커팅하는 지영의 손놀림.
커팅한 슈니첼 위에 타르타르소스와 산딸기를 세팅하며 완성한다.
손 탁 털며 지영, 씨익! 엄숙, 심숙, 길금 '우오오' 신기한 듯 보다가, 고
개를 돌려 맹숙수를 보는데...!
맹숙수 '백마자탕'을 그릇에 담고 고명으로 데친 미나리, 오이채, 버섯을
얹는다. 그 옆, 민숙수가 가마솥에서 암탉을 누렇게 익힌 황자계혼돈
탕을 그릇에 담는다.
수라나인1, 2가 물에 데친 파와 김치 등 각종 나물을 상에 올린다.

| 추월 | (E) 숙원마마 납시오. |

숙수들, 일렬로 고개를 숙이고 선다. 이제 막 상차림이 끝난, 맹숙수도
고개를 조아린다.

| 목주 | (도도하게 걸어 들어와 맹숙수 앞에 서고) 어찌 되었느냐? |
| 맹숙수 | 예, 숙원마마, 상차림이 끝났습니다. |

그 사이로 도도하게 걸어가는 목주.
상 앞에 서면, 추월이 쪼르르 달려와 숟가락과 젓가락을 올린다.
목주, 백마자탕, 황자계탕의 국물과 각종 찬을 조금씩 맛본다.

| 목주 | (맹숙수 보며) 음.. 이만하면 되었다. 수고했다. (지영과 다른 숙수들 쫙 보면) |

흠칫, 놀라며 각자 딴청을 하는 지영과 길금, 엄숙, 심숙, 민숙. 일동.

목주, 지영을 도도하게 깔아보며 무시하듯 스쳐 지나가는데 지영과 눈이 마주치고.

추월   네 지금 어느 안전이라고 눈을 동그랗게 뜨고 있는 것이냐?
지영   (황당) 예? (으쓱) 저 안 봤는데..
추월   (인상 쓰며) 네 지금 말대꾸를 하는 것이냐?!
지영   말대꾸? (후… 참는데)… 저 그게 아니구요.
목주   (O/L) 그만!

지영, 추월 돌아보면.

목주   어여쁜 것을 보면 눈길이 가는 법이지. (하면서)

목주 나가면서 툭 건드려 슈니첼 접시가 엎어진다. '음..?' 하는 목주. 흠칫 놀라는 지영과 숙수들!

목주   (소스가 튄 치맛자락을 살피며) 주방이 이리 어수선해서야. 시간도 없는데..
추월   마마, 얼른 새 옷을 준비하겠습니다. 자홍원에 들렀다 가시지요.
목주   (홱 가버리며) 서둘러라.
추월   예, 마마. (뒤로 빠지면)

추월, 지영 서로 노려보다가, 추월이 나인들을 이끌고 나가는.

지영   (행주를 집어 던지며) 오 쉣!! (부글부글)

36. 봉덕궁 / 침전 마루 / 낮

이헌이 옷을 입고 있고, 일각에선 어의가 침통을 치우는 중이다. 의녀 2명이 옆에 보인다.

그런 이헌을 바라보고 있는 제산대군.

제산대군   허허~ 사옹원 제조로서 묻겠네. 그래, 전하의 용태는 어떠하신가.

어의   예, 단식으로 위가 많이 허해지신 게 아닌가 살펴보았사온데, 건강하시옵니다.

           허나, 위가 놀랠 수 있어 당분간 차가운 음식을 금해야 할 듯싶사옵니다.

제산대군   허면, 식후에 도라지즙이나 콩자반을 드시면 어떻겠는가.

어의   탁월한 선택인 듯하옵니다.

제산대군   전하께서는 어떻게 생각하시는지요?

이헌   숙부께서는 수라간에는 코빼기도 비치지 않으시면서, 한 달에 한 번 진후 때만 유독 진심이십니다.

제산대군   사옹원 제조로서 전하의 건강을 챙기는 것은 당연한 일 아닙니까~

이헌   이럴 때만 직책을 강조하십니다. (피식) 네, 자~알 먹겠습니다.

제산대군   허면, 수라간에 자~알 일러놓겠습니다.

37. 봉덕궁 / 침전 밖 / 낮

목주가 추월과 함께 침전 입구에서 최상궁을 본다. 평소보다 많은 수라상 앞에서 최상궁 난감한 얼굴이고.

목주   (추월 보면) ..

추월   뭐 하십니까. 어서 고하십시오..

최상궁   (하.. 기막혀 하며, 침전 안을 향해) 전하, 낮것상이옵니다.

이헌   (E) 들이거라.

목주, 살랑거리며 수라나인들과 함께 중원반 2개를 이끌고 먼저 들어간다. 추월은 물러서서 복도에 남고.
뒤이어 지영이 수라나인들과 낮것상 소원반, 책상반을 들고 조아리며
들어가고.

38. 봉덕궁 / 침전 마루 / 낮

어의가 일어나 예를 갖추고 나가면, 최상궁과 목주, 지영과 4명의 수라
나인들이 낮것상을 놓고 최상궁의 눈짓에 뒤로 물러난다.
목주, 일각에 앉아 미소 짓는다. 이헌, 당황한 표정인데, 제산대군은, 의
미심장하게 지영을 본다.

목주	전하, 강녕하셨사옵니까. (대군 보며) 대군마마, 오랜만에 뵙사옵니다.
이헌	(흠..흠) 숙원, 이게 어찌 된 일이냐?
목주	오늘 점심에 문안진후가 있다 하여, 소첩 부랴부랴 낮것상을 준비해 보았습니다.
이헌	허면, 이것을 다 네가 만들었느냐?
목주	소첩, 맹숙수의 도움을 받아 전하와 대군마마께 올릴 특별식을 만들었사옵고, 다른 낮것상은.. (지영을 보며) 대령숙수와 수라간 숙수들이 준비한 것이옵니다.
이헌	허면, 수라간에 얘기해서 낮것상을 하나만 들였어야 하는 게 아닌가.
지영	(E) 그래~ 내가 잔소리 들을 줄 알았다.. 아우 속 시원해~ 사이다~!
목주	(기다렸다는 듯이) 저는 분명 그리 일렀사온데.. 수라간에 가보니 대령숙수가 준비한 낮것상이 있었습니다. 제 음식만으로는 부족하다 여겼던 것인지.. (말끝을 흐리며 의미심장한 미소로 지영을 보는)
지영	(E) 음? 뭐지? 이 유치한 디스는?
이헌	(감싸주듯) 대령숙수는, 대전에서 직접 내려온 하달이 없어서 그랬을 것이다.
목주	(움찔) 허면, 낮것상은 원래대로 드시고, 제 보잘것없는 음식은 정성으

로 보시지요.

이헌　　　(미소) 그래, 알겠다.

제산대군　허허~ (눈을 빛내며) 숙원마마의 정성이 참으로 갸륵합니다.

　　　　　(지영을 보며) 흠흠... 저쪽이 대령숙수신가..?

이헌　　　(흠흠..) 예, 이쪽이 수라간의 새로운 대령숙수이옵니다.

제산대군　허허. 소문이 자자하던 연숙수구만. 반갑네.

지영　　　(공손히) 오늘 오신다 듣고 특별한 요리를 만들어봤는데, 입에 맞으실

　　　　　지 모르겠습니다.

제산대군　(미소) 오~ 그러한가? 기대되는군.

　　　　　(E) 미색이 뛰어나고, 두려움이 없는 말투라..

이헌　　　기미하거라.

최상궁, 이헌의 앞에 놓인 백마자탕(白麻子湯)과 제산대군의 앞에 놓
인 황자계혼돈탕(黃雌鷄餛飩湯) 두 가지를 모두 기미한다.

이헌　　　음.. (오랜만에 본 듯) 이것은.. 초계탕이냐?

목주　　　이 백마자탕은, 어린 암탉인 연계를 장시간 고은 국물에

　　　　　잘게 찢은 닭고기와 마자(참깨)를 갈아 넣고 만든 냉국이옵니다.

　　　　　오장을 보호하고 삼복의 더위를 물리치며, 약이 되는 음식이라,

　　　　　전하를 위해 특별히 만들었사옵니다.

이헌　　　흠.. 그렇구나. 찬 음식을 피하라 하였는데..

목주　　　(흠칫)

제산대군　(말을 돌리듯 자신의 탕을 보며) 흠흠.. 허면, 이것은 무엇입니까?

목주　　　이 음식은 황자계혼돈탕이라 합니다.

　　　　　털이 누런 암탉인 황자계 뼈를 푹 고아 만든 것인데,

　　　　　양념한 닭고기 소를 넣고 만두처럼 빚어 삶은 것이 특징입니다.

　　　　　주당이신 대군마마를 위해 속이 편안한 요리로 준비했습니다.

제산대군　(간파하고) 아이구~ 좋습니다. (냄새를 맡으며) 냄새가 아주 담백하네.

최상궁이 기미하면, 이헌과 제산대군, 수저를 들고 국물을 한 모금씩 맛본다.

이헌　헌데, 두 가지 다 암탉으로만 만든 요리구나. 연유가 무엇이냐?
목주　(기다렸다는 듯이) 그렇습니다. 암컷들은 겉을 어떻게 꾸며도 속은 똑같으니, 이 음식을 본으로 삼으시어, 여인을 멀리하시고, 오직 종묘와 사직을 위해 힘쓰시길 바라는 마음으로 올렸사옵니다.. (의미심장하게 지영 보는)
이헌　(차가운 표정) 숙원의 뜻이 참으로 갸륵하구나. 내 명심하도록 하지.
지영　(E) (황당한 표정으로) 그, 그럼 내가 암탉?? 하 ..진짜 황당하네.

지영과 목주의 눈빛이 서로 불꽃 튀는 가운데.

제산대군　(말을 돌리듯) 흠흠.. 허면 대령숙수가 특별히 만든 찬은 무엇인가?
이헌　그래, 오늘은 어떤 것이냐?
지영　전하의 입맛을 찾아드릴 '슈니첼'을 준비했습니다.
이헌　순희텔?
제산대군　하하 이거 참.. 전하.. 그것이 아니옵고 (귀에 대고) 순채, 잘 모르시겠지만, 순채라고 연잎과 비슷하게 생긴 나물이옵니다. 수운~ 채!
이헌　아 순채요, (갸웃하며) 저것인가?

최상궁이 눈짓을 하면, 수라나인들이 슈니첼 접시의 뚜껑을 든다. 드디어 모습을 드러내는 슈니첼.
전혀 예상치 못한 음식이 나오자 멍하니 바라보는 이헌과 제산대군.

제산대군　(뚱하니) 이 찬의 이름은 무어라고?
지영　'비프 슈니첼'이요.
제산대군　바보 스님처..?
이헌　(피식, 잘난 척) 숙부도 참, 아까는 분명 순채라 하셨지 않습니까.

제산대군 어흠! (괜한 헛기침 여러 번)

지영 (입술을 깨물며 웃음 참고 고개를 숙이고)..

목주 (무시하듯) (E) 또, 또 괴이한 요리.... 허나 오늘은 통하지 않을 것이다.

목주가 못마땅한 표정을 짓는데, 이헌과 제산대군, 슈니첼을 유심히 보
다가, 이헌의 눈짓에 최상궁 기미하고.
이헌과 제산대군, 젓가락을 든다.

이헌 (슈니첼 한 조각을 들며) 흠.. 산딸기가 부침개 위에 피어난 듯.. 한 폭
의 그림 같구나.

제산대군 (유심히 들어보며) 찬만 먹어도 배가 부르겠네. 이 하얗게 뿌려진 것은
바락이냐?

지영 이건 타르타르소슨데요, 새콤달콤하면서 크리미한 맛이 납니다~
더 달콤하게 드시고 싶으시면, (쨈을 가리키며) 이 산딸기쨈에 찍어 드
시면 되구요.

이헌 타루 그림에 째믈 찌, 찍어?

제산대군 (아는 척) 아~ 산딸기 쨈물~~!

지영 (시늉하며) 예~ 이렇게~ 푹~ 찍!먹!

이헌 찍먹이라..

제산대군 이렇게 말이냐. (푹 찍는다)

군침이 도는 표정으로 슈니첼을 들어서 소스에 찍어 먹는 이헌, 제산
대군. 너무 맛있다. 눈이 커진다.

제산대군 아니, 이 맛은... !!

이헌 겉은 바삭하면서 속은 촉촉하고 쫄깃하구나.

지영 전하, 그것을 줄여서 '겉바속쫄'이라고 합니다~

이헌 것봐.. 속쫄?

제산대군 옳거니! 거봐라 속은 쫄깃하다는 뜻이렷다! 으흐흐흐~

지영   예, 겉은 바삭하고 속은 쫄깃하다 줄여서..

목주   (황당한 표정) 별걸 다 줄이는구나..

지영   네, 별.다.줄. (E) 괜한 트집은~! 야 목주, 나도 한마디 해줘?!

이헌   (말없이 하나 더 찍어 먹는데)

지영   (회심의 미소) 저... 전하, (제산대군을 보며) 대군나리, 채소는 안 드십
         니까?

이헌과 제산대군, 보면 슈니첼과 함께 뿌리채소 튀김이 있다.

이헌   (채소를 들어 올리며) 이것 말이냐?

지영   예, 그것도 함께 드시면 고기의 느끼함을 잡아줄 것입니다.

제산대군   (먹자마자 인상 쓰며) 으~ 쓰다.

이헌   (먹고) 음.. 숙부의 말처럼 쓰구나.

지영   (기다렸다는 듯이) 보통 채소를 먹을 때 뿌리는 거들떠보지도 않고..
         잎과 줄기만 드시면서 쓰다고들 하십니다. 사실, 영양가는 뿌리에 더
         많이 있지요.
         이처럼 뿌리를 살피지 못한 채, 겉모습만으로 사람을 잘못 평가하게 되
         실까 걱정이 됩니다.. (슬쩍 숙원 보는)

목주   (E) 네년이...? 감히...!

제산대군, '제법이군..' 하는 표정 짓고, 이헌, 목주와 지영의 불꽃 튀는
눈빛을 보며 난감하다.

이헌   이야기를 듣고 보니, 쓰긴 한데.. 확실히 입맛이 깔끔해지는 것도 같
         구나. (흐뭇) 채소의 뿌리를 늘 기억하겠다.

지영   감사합니다. 전하.

제산대군   흠흠.. 그럼 이제 음식을 좀 먹어볼까요?

이헌   예, 숙부. 편히 드시지요.

이헌과 제산대군이 음식을 먹기 시작한다. 목주의 삼계탕도 맛보고,
지영의 슈니첼도 먹고.
먹느라 무아지경의 두 남자.

목주　　(E) (지영을 노려보며) 절대, 절대 네년을 가만두지 않을 것이다...!

지영　　(E) 약 오르지? 그니까 선 넘지 마라~ 니가 아무리 희대의 악녀라도,
　　　　　난 미래에서 왔다고. 너보다 많이 안다고~~

Cut to_ 목주의 삼계음식은 거의 남았고, 지영의 슈니첼은 흔적도 없이
싹 비워진 상태다.
이헌과 제산대군이 만족스러운 표정으로 서로를 바라본다.

제산대군　전하께서 모처럼 맛있게 드시는 모습을 보니 제 기분이 다 좋습니다.
　　　　　(이헌 보며) 전하, 숙원마마와 대령숙수에게 큰 상을 내려야겠어요.
　　　　　숙원마마께서는 혹시 원하시는 게 있으십니까?

목주　　오직 전하의 건강과 안위만을 걱정할 따름입니다.

제산대군　(목주 보며) 참으로 현숙하고 현명하십니다.

이헌　　(목주 보며) 고맙구나. 숙원.

제산대군　(지영 보며) 연숙수, 자네는 따로 원하는 것이 있는가?

지영　　원하는.. 거요? 어 그게.. (망설이면서 목주를 보는)
　　　　　(E) 저 여자 있는 데서 가방 얘기를 할 수도 없고... (고민)

이헌　　(지영을 유심히 보는)

F.C_ 이헌, 송재가 '본디 여인이란 선물을 좋아합니다' / '좋아하는 것을
해주는 것이 핵심이지요' 컷

이헌　　(흠흠 기침하고) 말해보거라. 무엇을 원하는지.

지영　　저는 사실... 신선하고 새로운.. 식재료를 만날 때가 좋아요..
　　　　　그런 걸 볼 때면 가슴이 설레고 좋습니다.. (미소) 사실 사옹원에 다 있

잖아요. 마음만 받겠습니다.

이헌　　(피식) 훗 고작 나물 따위라니..

제산대군　호오~ 대령숙수답구만..

목주　　(비아냥) 뭔가 아주 큰~걸 원하는 눈치입니다.

지영　　(E) 야~! 큰 걸 원하는 건 너지~!

이헌　　허허 정말이냐?

지영　　(정색) 아, 아닙니다. 진짜 아니에요.

제산대군　허허허허 나물이라면~ 내 사용원 제조로서 얼마든지 보내주마~

하하허허 하며 서로 보는 이헌과 제산대군. 이헌을 보며 미소 짓는 지영. 그런 지영을 흘끔 노려보는 목주.

39. 봉덕궁 / 몽타주 / 낮

1. 침전 앞마당.
   뿌듯한 얼굴로 음식 수레에 이헌이 다 먹은 낮것상의 그릇을 옮기고 있는 지영의 모습.
2. 자홍원, 행운당.
   씩씩거리며 앉는 목주, 맞은편에 앉아서 부채질을 해주는 추월.
3. 집으로 돌아가는 제산대군의 가마 안.
   생각에 잠겨 의미심장한 표정을 짓고 있는 제산대군.

40. 봉덕궁 / 침전 서재 / 저녁

일기장(망운록)에 '슈니첼'을 그리고 다 그린 후, '겉바속쫄'이라 언문으로 쓰는 이헌.

F.C_ '채소를 먹을 때 뿌리는 보지도 않고...' 얘기를 하던 지영의 모습 컷컷

이헌　　(E) 어떠한 상황에서도 밝고 지혜롭고,

F.C_ '..이 숙수들의 팔을 자르는 것은 대비마마에 대한 불효입니다' 얘기를 하던 지영의 모습 컷컷

이헌　　(E) 경쟁하던 다른 숙수들을 살려줄 정도로 어진,

F.C_ 정자에서 입맞춤하던 지영의 모습 컷컷

이헌　　(E) (현숙한) 여인이구나.

깊은 한숨을 내쉬며 지영을 그리는 이헌.

41. 임서홍, 송재 가택 / 외경 / 밤

42. 임서홍, 송재 가택 / 사랑채 / 밤

서책과 문서들 사이에 앉아서 대신들이 올린 장계를 살펴보고 있는 서홍과 송재.

서홍　　(장계를 탁 덮고) 사신단 당도하는 날이 코앞인데, 잉~ 뭔 말들이 이리 많은지~ 쯧쯧.
안 되겠다~ 그새 감이 떨어졌는지~ 내용이 눈에 안 들어와.
송재　　(미소).. 아버님, 조금 쉬었다 하시지요. 소자가 좀 더 보겠습니다.

| 서홍 | (방긋) 효자야~ 우리 아들~ (일어나 몸을 좌로 우로 움직이며 휙휙 펴고) (그러다 문득) 헌데, 아들아. |

서홍 (방긋) 효자야~ 우리 아들~ (일어나 몸을 좌로 우로 움직이며 휙휙 펴고)
(그러다 문득) 헌데, 아들아.

송재 예, 아버님~ (보면)

서홍 대령숙수하고 주상께서는 잘돼 가시냐? 네가 만든 판이 잘 돌아가느냐?

송재 예~ 전하께서는 이제 연숙수에게 줄 선물을 고민하시기에 이르렀습
니다~

서홍 (눈을 빛내며) 그으래~? 여인에게 줄 선물을 고민한다면 맘이 동하신
게 아니냐?
(급히 앉으며) 그쪽은 네가 전문이니 확실한 걸루다 전하께 슬쩍 찔러
드리거라. 쇠뿔도 단김에 빼야 하지 않겠느냐?

송재 연숙수 줄 선물을 제가요? (하다가 문득 가방이 생각난다) 아.

서홍 뭐 좋은 게 생각난 것이야?

송재 예, 귀녀가 애타게 찾는 것이 하나 있긴 하온데..

서홍 그게 뭐냐?

송재 경기감영에서 연숙수를 데려올 때, 애타게 찾고 있던 봇짐이 하나 있었
사온데, 그것을 소자가 챙겨두었사옵니다.

서홍 봇짐? 거기 중요한 물건이라도 들었느냐?

송재 예, 하도 애타게 찾기에 금덩이라도 있는 것인가 싶어..
제가 안을 살펴보았는데, 요상한 물건들뿐이었사옵니다..

INS_ 지영의 가방에서 물건을 꺼내는 송재. 파우치, 립스틱, 손거울 등
이다.

서홍 그럼, 돌려줘도 별문제 없겠구나..
아무튼 귀녀가 애타게 찾는 물건이라니, 전하께 어서 드리거라.

송재 예, 아버님께서 콕 짚어 주시니~ 소자 머리가 또 팽팽 돌아갑니다.
전하가 연숙수에게 선물로 가방이를 찾아주면.. 사이가 좋아지겠네요.
(눈빛 주고)

서홍 (눈빛 받는) 가방이?

43. 봉덕궁 / 수라간 외경 / 낮

44. 봉덕궁 / 수라간 / 낮

한가로운 수라간 오후 풍경. 아궁이 앞에 모여 앉아서 잡담 중인 숙수들 일동.

지영　(스트레칭하며) 이렇게 한가로운 게 대체 얼마 만이야~

길금　(스트레칭을 보며) 아가씨 시방 뭐 하시는 거래요?

지영　(스트레칭하며) 스트레칭이야. 길금씨도 따라 해봐~ (어깨 펴고) 이렇게~

길금　(끙끙) 수투레총? 아따 뭔 자세가 요로코롬~ 힘들다요?

지영　몸의 근육을 풀어주는 거야~ (소나무처럼 휘어지며)

길금　그나저나, 임승지 어르신은 요즘 코빼기도 안 보이시네요. 가방 찾는 게 보통 힘든 게 아닌갑소.

지영　그러게 말야. 가방은 언제쯤 오는 거야~ 이거 어디 가서 따져야 돼?

길금　(꺾어지며) 윽~ 이참에 전하께 한번 말씀드려 보는 것도 방법이지라~

이때, 창선이 다급히 들어온다. '대령숙수 안에 있는가?'

지영　(화들짝) 예! 여기 있어요.

창선　(미소) 전하께서 급히 찾아 계시네.

지영　(걱정) 갑자기.. 무슨 일이신데요..?

창선　(미소) 어서 따라오게.

창선이 앞장서면, 조용히 뒤를 따르는 지영.

이헌　(E) 가방이?

45. 봉덕궁 / 장원서 입구 / 낮

송재가 이헌에게 가방을 건네주며 얘기 중이다. 멀찍이 대전 상궁과 나인들이 서 있다.

송재 (눈을 빛내며 고개 끄덕) 예, 연숙수가 애타게 찾던 것이지요.

이헌 아~ 이것이 미래에서 왔다고 하며 찾던 그 물건이구나!

송재 예.. 맞사옵니다.

이헌 어찌하여 이걸 자네가 가지고 있는가?

송재 전하께서 벼랑에 던져 버리신 그다음 날 제가 아랫것들을 시켜 챙겨두었사옵니다.

　　　이것을 연숙수에게 선물로 주시면 분명 좋아할 것이옵니다.

이헌 (웃으며 툭 치고) 이 사람 참.. 하하.. (하다가 문득)

　　　헌데, 내가 연숙수에게 줄 선물을 찾고 있다는 것은 어찌 알았느냐?

송재 (찡끗) 척하면~ 앱니다~

이헌 (큼큼...) 고맙구나.

송재 전하, 근데 이번에 오는 사신단 말입니다.

이헌 사신단이 왜?

송재 사신 정사 태감 우곤이 숙수를 셋이나 대동했다 하옵니다.

이헌 숙수 셋? (웃음) 과인의 미각이 거기까지 소문이 난 것인가.

송재 아마도 전하의 입맛을 홀려 뭔가 얻어내려 하는 것 같사옵니다.

이헌 원하는 것이라?

송재 그것이 무엇인지 당장 알 수는 없사오나, 대국의 사신이니...

　　　꽤나 큰 요구겠지요. 저희로서는 감당하기 힘든.. 그런 것 말입니다.

이헌 (픽 웃고) 세 명의 숙수와 큰 요구라..

46. 양주 벽제관 / 낮

잘 차려진 요리상을 마뜩잖게 보고 있는 우곤 뒤로, 수행원 2명(관료)과 3명의 숙수들이 서 있다.

당백룡(남, 40대 한덩치), 아비수(여, 20대 날렵), 공문례(남, 30대 중반). 땀을 흘리며 눈치를 살피는 조선측 통역, 조심스레 말문을 여는 원접사(遠接使) 유형민.

유형민   (통역에게) 음식이 마음에 안 드시냐고 물어보거라.

조선 통역 (명) 음식이 마음에 안 드시는지, 물어보십니다.

우곤   (명) 이런 걸 어찌 먹으라고 내놓은 것이냐!

조선 통역 (유형민을 보며 조심스레) 먹기 싫다고 하십니다...

우곤, 당백룡을 향해 눈짓을 하면, 당백룡, 고개를 끄덕인다.

Cut to_ 테이블 위 도마 위에 경두부가 놓여 있다.

일각에 놓인 화로 위에는 끓고 있는 주전자가 보이고, 그 옆으로는 도자기 그릇이 놓여 있다.

당백룡, 허리에서 중국식 칼 차이다오를 꺼내 휘리릭~ 아주 빠르고 정교하게 경두부를 다다다다 내리치고! 이어 칼날을 눕혀 경두부를 삭- 떠낸 다음 도자기 그릇에 던지듯 넣는다.

그러더니 죽순과 버섯, 전복 등의 해물을 삽시간에 썰어 다시 도자기 그릇에 넣고.

다시 휘리릭, 칼을 돌려 허리춤에 꽂고, 주전자를 높이 들어 끓고 있는 찻물을 도자기 그릇에 쪼르르 따르는데..! 그릇 안의 재료들이 둥실 떠오른다.

도자기 그릇을 가볍게 툭툭 건드리고 뚜껑을 덮어 유형민에게 내놓는 당백룡.

우곤   (명) 드셔 보시오.

조선 통역 (유형민에게) 드셔 보시랍니다.

유형민, 의아하게 보며 뚜껑을 여는데... 두부의 꽃이 활짝 피었다. 놀라는.

우곤　(명) 놀라지 마시오, 두부를 실처럼 가늘게 썰어 꽃을 피운 것이오.

조선 통역　(유형민에게) 놀라지 마시랍니다. 두부를 실처럼 가늘게 썰어 꽃을 피운 것이랍니다.

유형민, 한 숟갈 떠서 입에 넣는데.. 사르르 녹는다.. 천상의 맛에 할 말을 잃고 슬픈 표정이 되는.

우곤　(중국어로) 이것이 바로 대국의 요리다. 가서 조선의 왕에게 전해라. (히죽) 조선의 음식은 못 먹겠다고.

조선 통역　(!!)....

47. 봉덕궁 / 장원서 토실 안 / 낮

지영, 창선과 장원서 토실 안으로 들어와 보면, 일각엔 각종 채소가 텃밭에 심어져 있고,
다른 쪽엔, 감나무, 대추나무, 귤, 참외, 석류 등등.. 과일나무가 있다.
또 다른 일각엔 맨드라미, 민들레, 작약, 제비꽃 등 화초가 아름답게 가꾸어져 있다.

지영　(주변을 둘러보며) 우와~ 이런 데가 다 있었네요.

창선　장원서다. 왕실에 올리는 꽃과 과일, 채소를 키우는 곳이지. (하는데)

지영　(E) 와~ 여기가 장원서? 역사책에서나 보던... 세계 최초의 온실...!
믿어지지 않네. (감탄)
귤나무, 감나무 좀 보세요~ (작약꽃 앞으로 달려가 냄새) 음~ 향기 죽인다~

이헌   (E) 이리 오거라.
지영   (보면)

이헌이 보자기에 싼 뭔갈 들고 저만치 서 있다. 지영 다가가면, 창선, 물러난다.

이헌   촌스럽기는...
지영   처음 보니까 신기해서 그러죠~ (으쓱)
이헌   (허세 가득한 미소) 앞으로 이곳을 자유롭게 이용하거라.
지영   (놀라) 예?
이헌   흠흠.. 식재료가 싱싱해야 더 맛있는 것을 많이 만들 것이 아니겠느냐.
지영   (절로 입이 귀에 걸리고) 그럼, 자유이용권..?
이헌   뭐, 말하자면 그런 셈이지. (짐짓 아무렇지 않게) 선물이다.
지영   (나무 하나를 발견하며) 선..물...?
이헌   그래, 어디 한번 둘러보거라~
지영   ...

이헌이 앞서가면 지영 따라가면서 신기한 듯 과일나무를 요리조리 살펴보는데.

이헌   그 나무는 편도(扁桃)다. 찌그러진 복숭아지. 파사국(波斯國, 페르시아)
        상인이 바친 것인데.. 먹지는 못하고, 관상용이지.
지영   (미소) 전하, 이거 먹는 거예요.
이헌   (피식) 맛이 떫어서 영 먹을 수 없다.
지영   열매는 그렇죠. 이건 씨를 먹는 거거든요.
        제가 있던 곳에서는 이 씨앗을 아,몬,드 라고 불러요.
이헌   아묜드..?
지영   (발음 이상한 이헌이 귀여운, 픽 웃고)
이헌   이쪽으로 와보거라. (앞서가면)

48. 봉덕궁 / 장원서 / 토실 안쪽 일각 / 낮

지영과 이헌이 깊숙한 안쪽에 들어선다. 입구 쪽과 분위기가 사뭇 다르게 '독'이라 쓰인 줄이 처져 있다.

이헌	이곳은 독초를 연구하는 곳이다. 가까이 가지 말거라. (하는데)
지영	(그렇구나.. 하는 표정으로 보다 헉! 놀라서는 쪼르르 달려가 독초 이파리를 본다)
이헌	어허! 독초라 하지 않았더냐. (지영 팔을 잡으며) 만지지 말거라!
지영	(흥분) 전하!! 이건.....!!...... 고추...! 고추라구요!!
이헌	곳...초?
지영	이거, 어디서 난 거예요?
이헌	몇 해 전에 난파한 서역인을 구해준 적이 있는데 고맙다며 이걸 주었지. 헌데, 맛이 맵고 독해서 먹다가 죽은 자도 있었다. 여기선 독으로 쓰려고 기르는 게다.
지영	와~ 고추를 예전에는 무기로 썼다더니 진짜네 진짜~ (신나고) 이게 웬 횡재냐구요~
이헌	(끔뻑) 횡..재?

지영, 이헌의 양팔을 잡고 콩콩 뛰며 해맑게 웃는다.
이헌, 지영의 웃음을 자신도 모르게 멍하게 본다.

이헌	그, 그렇게 좋으냐?
지영	완전요~!! (하는데)
이헌	그럼 이건 어떠냐? (보따리를 내민다) 옜다.
지영	(받아 들고) 이게 뭐예요..?
이헌	오다 주웠다.
지영	(?) 오다 주웠다구요? (요리조리 살피며) 이게 뭔데요?
이헌	(회심의 미소) 네가 그토록 찾던 '가방'이다.

지영, 설마, 하면서 떨리는 손으로 보자기를 풀어 보는데.. 정말 그토록 찾던 가방이다!
지영, 감격에 겨워 폴짝폴짝 뛰며 자신도 모르게 이헌을 안는다. 어느새 눈가에 눈물이 맺히고.

지영   전하, 너무 감사해요.. 정말 감사해요... (믿어지지 않아) 대체 이걸 어떻게 찾으셨어요?

이헌   (그런 지영의 모습이 너무 귀엽고) 말하지 않았느냐.. 오다 주웠다고.

지영   너무... 너무... (그동안 고생한 기억이 회한처럼 밀려들어 눈물)... 좋아서, 믿어지지가 않아요.. (가방을 꼭 끌어안고) 진짜...

이헌   허허.. 별것도 아닌 걸 가지고, 흠흠

지영   (활짝 웃으며) 별거 아니라뇨. 이게 얼마나 소중한 건데요.

이헌   (픽 웃고) 이제 마음이 풀렸느냐? 운영정에서의 일은 내가 미안했다.

지영   (감동받은 표정) 지금 사과하시는 거예요? 그럼 선물도... 제 기분을 풀어주려고..?

두 사람을 축복이라도 하듯, 장원서의 아름다운 꽃들 위로 나비들이 그림처럼 날아다니고,
신비로운 분위기와 기쁨, 감격에 겨운 지영의 표정.
이헌, 그런 지영을 지그시 바라본다.

이헌   (두근) 그래.. 그렇다.

지영   (조심스럽게) 왜요...?

이헌   왜냐니...

이헌, 자연스럽게 지영을 잡고 돌려세운다. 천천히 진심을 담아 지영과 눈을 맞추는 이헌.

이헌   (바라보며 어쩐지 멍해지는) ...그건 니가...

지영   (E) ....설마...?!

지영, 문득 어떤 느낌에 놀라 안 그래도 큰 눈이 더욱 커지자, 이헌이 붉어진 얼굴로 돌아선다.

이헌   (E)... 여인으로 보이기 시작했으니까.
       (돌아서며 괜히 헛기침)... 마, 만든 음식이.. 좋아서다..
지영   !! (가까이 다가가 슬쩍 보며) 근데.. 그런 얘기를 왜 돌아서 하세요..?
이헌   (흠칫 놀라 몇 걸음 뒤로 가며 작아지는 목소리) 흠흠.. 아니 그, 그건,
       뭐, 그러니까..
지영   (잘 안 들려서 다가가며) 뭐라구요? 전하! (하는데)

뒷걸음질치다 장원서 화단에 처진 줄을 밟아 어느 순간 균형을 잃고 휘청하는 이헌.
'전하' 지영, 이헌을 잡아주려고 손을 뻗는데 '어?! 어!!' 하며.. 그대로 이헌과 함께 넘어지는 지영.
들고 있던 가방과 고추들이 하늘 위로 떠오르고, 겹쳐진 두 사람 위로 흩날리는 꽃잎들...
서로의 얼굴을 가까이서 바라보는 이헌과 지영. 두근두근 붉어진 얼굴로. 엔딩.

<5부 끝>

제 6 부

1. 봉덕궁 / 장원서 / 낮

(5부 엔딩에 이어서)

정신을 차리고 화들짝 일어나 붉어진 얼굴로 돌아서는 지영. 이헌 역
시 놀라 퍼뜩 일어서고.
지영, 가방을 끌어안고 망연히 서 있다가.. 두근두근.. 이 감정이 당황
스러워 슬쩍 이헌을 본다.
이헌, 역시 슬쩍 지영을 보다가 눈 마주치자 화들짝 놀라 시선 돌리고.

이헌　　(괜히 지영을 향해 정색하며 버럭) 너 때문이다! 네가 계속 가까이 다가
　　　　오지 않았으면, 여기서 내가 넘어질 일도 없었다!

지영　　(당황) 아니, 왜 화를 내고 그래요? 넘어질 수도 있죠. (으쓱) 전 괜찮
　　　　아요. (하고 치맛자락을 탁탁 터는데) 아얏! (팔목을 보면, 슬쩍 까진)
　　　　어? 까졌네?

이헌　　(놀라서 지영의 팔목을 잡고) 어디 보자. (자세히 살피며) 그냥 까진 게
　　　　아니지 않느냐! (호호~ 불며) 어의를 불러야겠다.

지영   (어쩐지 따뜻해져서 미소) 전하, 이런 상처는 수라간에서도 늘 생겨요.
      괜찮아요. 진짜.

이헌   (안타깝고) 그랬느냐...? 몰랐구나. 내 수라간에 얘기해서 칼을 뭉툭
      하게 해야겠다.

지영   (O/L) (눈시울이 붉어져) 아뇨, 가방을 찾았으니, 이제 돌아갈 거예요.

이헌   가방이 때문에 돌아...가다니?

지영   (비련의 여주인공 눈빛으로 가방 들어 올리며) 이 가방 안에!

이헌   (O/L) (귀여워서 피식 웃고는) 가방이 안에?

지영   (가방 안에 손을 넣어서) 망운록이 있으니까요... (휘적휘적) 어? (눈이
      커지고) 어??

지영, 가방을 거꾸로 들고 탈탈 턴다. 화장품 파우치, 립스틱 등 온갖
잡동사니만 수두룩 쏟아진다.

지영   (믿을 수 없고) 어디 갔지?! (가방을 뒤집어서 보고) 이 안에 있어야 되
      는데..? (다시 탈탈) 어?! (가방을 찢어먹을 기세로 이리저리 보며) 이럴
      리가 없는데..?
      (충격으로 멍한) 내 망운록! (결국 터지는) 내 망운로오옥!!!!

이헌   (말리며) 진정하거라, 연숙수. 가방이 안에 책 같은 건 없었다.

지영   (정신줄 붙들고) 이 가방 누구한테 받았어요?

이헌   송재한테 받았다.

지영   송재면.. 그 도승지.. (털썩!)

송재   (E) 분명, 가방이 안에는 처음부터 책이 없었습니다.

2. 봉덕궁 / 침전 / 낮 (온돌방)

이헌이 중앙에 앉아 있고, 그 앞 서탁 위에는 지영의 가방이 올려져 있다.

그 앞, 양 갈래로 앉은 송재와 여전히 충격으로 멍한 지영.

<table>
<tr><td>이헌</td><td>확실한 것이냐?</td></tr>
<tr><td>송재</td><td>예, 전하. 제가 어느 안전이라고 거짓을 아뢰오리까.</td></tr>
<tr><td>지영</td><td>(의심 가득한 눈빛으로 송재를 보며) 그럴 리가 없어요. 분명 이 안에 있었다니까요.
(간절한 눈빛으로) 혹시 가지고 계시는 거라면, 지금이라도 돌려주세요...</td></tr>
<tr><td>송재</td><td>(괴롭고) 허허..! 내 모른다 하지 않았느냐! 정말 모른다!
알면, 당장이라도 돌려주고 싶구나.</td></tr>
<tr><td>지영</td><td>(절망하는 표정) 아..</td></tr>
<tr><td>이헌</td><td>(그 모습에 마음이 아프지만) 연숙수, 내 생각엔 말이다.
가방이가 벼랑 끝에서 떨어질 때, 책이 살곳이 숲 어딘가에 떨어진 것 같다.</td></tr>
<tr><td>지영</td><td>! (눈빛 흔들리며) 립스틱이며 파우치며 다 있는데... 하필 책만요?</td></tr>
<tr><td>이헌</td><td>(고민하다가) 그게 아니면, 왜 책만 없겠느냐? 생각해 보거라. 도승지가 연숙수의 책을 숨겨서 얻을 게 무어냐?</td></tr>
<tr><td>지영</td><td>(의미심장하게 송재 보며) 그건 모르죠.</td></tr>
<tr><td>이헌</td><td>(??)</td></tr>
<tr><td>송재</td><td>(지영을 노려보며) 내 분명 아니라고 했다.</td></tr>
<tr><td>지영</td><td>(홱 시선 외면한 채 깊은 한숨) 후~</td></tr>
<tr><td>이헌</td><td>(두 사람을 보다가) 그럼 이건 어떠냐?</td></tr>
<tr><td>지영/송재</td><td>(이헌을 본다) !</td></tr>
<tr><td>이헌</td><td>사신단이 가고 나면 내 군사들을 풀어 살곳이 숲에서 '망운록'을 찾도록 하마. 그래도 안 되면 '상'을 걸고 전국 곳곳에 '망운록'을 찾는 방을 내려주겠다. 어떠냐?</td></tr>
<tr><td>지영</td><td>(잠시 흔들렸다가, 이내 마음을 다잡고) 약속하신 거예요?
(간절하게) 전하, 정말로 저는 돌아가야 할 집이 있습니다. 미래로 가야 한다구요.</td></tr>
</table>

이헌과 송재가 서로 의미심장하게 눈을 맞추고.

이헌   그래. 니 얘기가 사실인지 아닌지는 내 모르겠다만,
          네가 그토록 찾는 책이니, 내 어떻게든 찾아보마.

지영   (깊은 한숨) 알겠습니다... 조금 더 기다려야죠.. (힘없이 일어나고)

어깨가 축- 처져 나가는 지영. 그런 지영을 보는 이헌과 송재.

3. 수라간 / 낮

길금, 엄숙, 맹숙, 민숙, 심숙이 술잔을 들고 모여 서 있다.

엄숙수   석탄향(惜呑香) 이라고 들어들 봤는가?
          전하께서 이 술을 마시고 이렇게 말했다지.
          '맛이 달고 향기로워 입에 머금고 차마 삼키기가 아깝다'고.
          각설하고, 자, 자, 수라간을~ 위하여~! (외치면)

일동, '위하여~!' 외치며 모두 한 잔씩 쭉 마시는데, 이때, 지영이 멍한
표정으로 들어온다.
다들 사레들린 듯이 케케켁 대며, 술잔을 재빨리 치운다.

엄숙수   (환하게) 아니, 이게 누구야! 대령숙수~ 아닌가.
맹숙수   오셨소.
길금   아따~ 아가씨 오셨서라~
민숙/심숙 오셨습니까~ 대령숙수~
지영   아 예.. 좀 늦었죠?
          근데.. (킁킁) 이게 무슨 냄새예요? 혹시.. 술 마셨어요?

엄숙수가 숨겼던 술병을 꺼낸다. 맹숙, 민숙, 심숙이 멋쩍은 표정이고.
길금은 외면한다.

맹숙수   엄숙수 형님께서.. 좋은 술을 빚으셔서.. 맛을 좀 보고 있었소.
지영   (냄새 맡고) 진짜 술이네... 막걸린가요?
엄숙수   아니~ 석탄주라고. 이레 동안 숙성시킨 걸 오늘 아침 개봉한 건데~ 한
          잔씩만 하려고~
          (눈치 보다가) 이왕 이렇게 된 거, 대령숙수도 한잔 드셔 보실 텐가?
길금   (슬쩍 잔을 건네며) 아가씨~ 입만, 아니 맛만 보시랑께용~
지영   (멍하니 술잔 보고 있으면) ...
민숙수   술 못 드십니까?
지영   그선 아닌데... (고민하다가, 에라 모르겠다~ 술잔을 들고 마시는데)
일동   (오~ 환호하는데)

Cut to_ (서태지와 아이들, 컴백홈) '난 지금 어디로 쉬지 않고 흘러가
는가~' 지영, 취했다.
길금과 어깨동무를 한 채, 수저를 마이크처럼 잡고 열창 중이다. '반복
됐던 기나긴 날 속에 버려진'
'컴백홈~' 하면 따라 부르는 길금, '콤박홈~' 하며 그 가락에 맞춰 몸을
흔들고.
취하지 않은 엄숙수, 맹숙수, 민숙수, 심숙수는 입이 딱 벌어져 지영과
길금을 보고 있다.
지영, 술에 취해 노래방에 온 듯 열창하는 모습에서.

타이틀. **"폭군"** 뜨면,
식칼이 슝! 하고 날아와 꽂히고 칼자국 사이로 흘러내린 글자가 문장
을 완성한다.
"폭군의 셰프"

4. 봉덕궁 외경 / 밤

5. 지영의 처소 / 밤

지영, '하아.. 아.. 음..' 숙취에 괴로워 몸부림치며 신음한다.
문득 어떤 현실감에 반짝 눈을 뜨는 지영. 벌떡 일어나면, 길금이 걱정
스런 얼굴로 지영을 보고 있다.

지영　　길금씨, 나 왜 여깄어? 수라상은?

길금　　걱정 마셔라, 오늘 석수라는 엄숙님이 올리라는 하명이 있었지라.
　　　　그란디, 무슨 일 있으셨소? 망운록 망운록 하면서 엄청 우셨소잉~

지영　　그니까.. 그게... (하다가 눈물이 후두둑 떨어지고) 내 가방을 찾았는
　　　　데... (울먹울먹)

길금　　(O/L) 망운록은 없었다고라..?

지영　　(놀라) 어떻게 알았어?

길금　　취해가꼬~ 그것만 계속 얘기했응게요~

지영　　(한숨) 하.. 그랬구나... (울컥) 이제 어쩌지?

길금　　우짜긴 뭘 우째요.. 주상전하께서 찾아 주신다고 약조도 하셨담서요..

지영　　(화들짝 놀라) 어머! 그것까지 얘기했어?

길금　　야~ 전하께서 그 정도로 밀어주불믄, 뭘 찾아도 찾지 않겠어라~?

지영　　아 몰라몰라~ (이불을 뒤집어 쓰고)

길금　　(달래듯) 아가씨~ 쪼까 지달려 보자구요잉~

지영　　(이불을 뒤집어쓴 채로) 아~ 미치겠다~~~

길금, 한숨 푹 내쉬며 그런 지영을 안타깝게 보고.

6. 봉덕궁 / 침전 후원 뒤뜰 / 밤

후원을 거닐며 복잡한 심사를 달래다가 문득 멈추고 밤하늘을 바라보
는 이헌. 쏟아질 듯 반짝이는 별들.

이헌　왔던 곳으로 돌아간다..?
대체 어디로 자꾸 간다고 하는 것이냐. 미래라니..

궁시렁대는 이헌을 멀리서 바라보는 창선. 옅은 미소를 띤다.

7. 봉덕궁 / 편전 외경 / 낮

8. 봉덕궁 / 편전 / 낮

이헌을 중심으로, 임송재, 임서홍, 성인재, 유문정, 김양손, 한민성, 박
원준 심각하게 앉아있다.

이헌　(어이없고) 그러니까.. 명국 사신은 조선의 음식을 못 먹겠다?
박원준　예, 전하, 양주에 원접사로 가 있는 유대감에게 그리 전갈을 받았사옵
니다.
한민성　하오나 정성껏 차린 음식을 맛이 없다고 트집 잡는다는 것은,
사신 접대를 소홀히 한다는 명분으로, 분명 무언가를 요구하려는 게 아
니겠사옵니까.
이헌　지난번, 사신 편에 보낸 물목이 어찌 되는가.
임서홍　명주, 모시, 백지, 화문석, 초피(貂皮), 수달피(水獺皮), 제주마 그리고
해동청이었사옵니다.
이헌　인삼은 없었군. (생각에 잠기며)... 역시 그 때문인가.

유문정   전하, 어찌하면 좋겠사옵니까.
성인재   사신단 입에 맞는 명나라 음식을 준비하는 게 어떻겠습니까?
유문정   향화인 집성촌에 음식 솜씨 좋은 한족들이 있습니다.
이헌   (피식) 아니다!

한민성파 대신들, 어떤 기대감으로,
성인재파 대신들은 어떤 긴장감으로 이헌을 본다.

이헌   굶겨라.

한민성파 대신들, '하...' 탄식의 반응 보이며 인상을 찌푸리고,
성인재파, '피식..' 어이없다는 반응 보이고.

한민성   하오나 전하, 그것이야말로 명의 사신이 원하는 명분이 아니겠습니까?
박원준   맞사옵니다. 정말로 굶겼다가 지난번처럼, 잡물을 강매라도 하면 어찌
        합니까.
이헌   (짜증) 그렇게 겁들이 많아서 무슨 외교를 하겠느냐!
성인재   전하의 말씀이 옳습니다! (한민성파 보며) 대감들, 걱정만 하고 있으실
        게 아니라, 방책을 세워야지요!
유문정   맞습니다! 전하의 말씀대로 명의 눈치만 보다가 실리를 놓치게 되는 수
        가 있어요.
이헌   조용, 조용하라.

성인재파가 고개를 조아린다. 한민성파가 성인재파를 노려보고.

이헌   숙수를 셋이나 대동하고 왔다고 하니, 정말로 굶지는 않겠지.
        그들이 어떤 생각을 가지고 있건 간에,
        우리가 그 의도대로 움직여선 아니 된다. 알겠느냐?
임서홍   참으로 현답이시옵니다~ 전하~

한민성파, 대답 없이 '하…' 탄식하듯 한숨 쉬며 고개를 조아리면,
성인재파, 비웃듯 한민성파를 보고.

이헌 오늘 상참은 이만 파한다. 의전에는 문제가 없도록 하라.

대신들, 일제히 '예 전하~'. 이헌, 편전을 나간다.
한민성파 대신들, 웅성웅성 '어쩌려고 저러신단 말인가'(박) / '그렇다고
진짜 음식을 아니 내놓을 수는 없는 일 아니오! 허허!'(한) 하면,
성인재파 '일단 만나면 방도가 생길 것입니다!'(성) / 등 소란스럽고.

임송재 (대신들 앞으로 가서) 굶겨라~ 정말 소신은 생각지도 못한 답변입니다.
하오나, 전하께서 정말 굶기라는 뜻이겠습니까?
의전은 제대로 하라셨으니, 하마연을 준비해야지요~ (감탄하며 나가고)
자막 | 하마연 : 사신단 환영 연회

임서홍 옳거니! 허허. (따라 나가는)

9. 봉덕궁 / 수라간 / 외경 / 낮

10. 봉덕궁 / 수라간 / 회의실 / 낮 / 교차편집

'안에들 있는가?' 하면서 회의실 문이 벌컥 열리고, 윤내관이 들어온다.
깜짝 놀라서 벌떡 일어서는 숙수들 일동 '허흠! 윤내관님 오셨습니까'
'오셨습니까' 등등 인사하면.

윤내관 드디어..! 명 사신 행렬이 궁에 당도하였다고 하네. 서둘러 다과를 준
비하시게!
조선 음식이 입에 안 맞아서 통 먹지 않았다니까, 연숙수가 실력 발휘

좀 해줘야겠네.

지영 (퉁퉁 부은 눈으로) 우리 음식이 입에 안 맞았다구요?

윤내관 (흠칫 놀라서) 자네, 눈이 왜 그러나?

지영 (고개 돌리며) 아, 예 뭐, 쫌.. 그럴 일이 있어서요.

엄숙수 (껴들며) 정말로 오는 내내 굶었답니까?

윤내관 그렇다고 들었네만..

맹숙수 이번 사신 정사는 명에서도 식도락으로 유명한 환관이라고 들었소..
각별히 음식에 신경을 써야 할 겁니다.

지영 (심드렁하게) 환관이요?

윤내관 그렇다네. 이번에 온 사신은 명나라 황제를 태자 시절부터 업어가며 키
웠다는, 실세 중의 실세이니, 온갖 산해진미를 먹어보지 않았겠나..

지영 (시큰둥하게) 그럼 그분이 못 드셔본 다과를 준비해야겠네요.

윤내관 (반색) 그런 게 있겠는가~?

지영 (한숨 내쉬며) 예... 입에 맞으실진 몰라도. 방금 떠오른 게 있어요.

윤내관 (가슴 쓸어내리며) 다행일세. 헌데, 그렇다 해도 걱정일세..
이번에 온 사신은 좀 괴팍하다고 하니..

지영 괴팍? (혼잣말처럼) 내 상황보다 괴팍할까. (깊은 한숨)

윤내관을 비롯한 숙수들 일동 지영의 심기 불편함에 흠칫 놀라서 눈치
보고.

엄숙수 (큼큼 헛기침하며) 저도 들었습니다. 여흥을 빌미로, 어마어마한 실력
을 가진 명나라 숙수들을 대동해 조선의 숙수들과 요리 경연을 벌인
다지요~

맹숙수 형님도, 그 풍문을 들으셨습니까?
(진심으로 걱정된다는 듯) 의주, 평양, 양주 지금까지 거쳐온 곳마다 조
선의 숙수들은 모두 눈 뜨고 개망신을 당했다고 들었습니다.

지영 ...

이헌과 임송재, 임서홍, 한민성, 박원준, 유형민, 성인재, 유문정, 김양
손 등등 대신들이 긴장한 채 엄숙하게 사신단과 마주 보고 서 있다.
위풍당당한 사신단 사이에 흡사 무림의 고수 같은 분위기를 풍기는 당
백룡(남, 40대)과 아비수(여, 20대), 공문례(남, 30대)가 보이고, 한가운
데 태감 우곤(남, 40대)이 이헌에게 예를 갖춰 인사한다.
두 사람 사이에 성인재가 서서 동시통역을 한다.

이헌　　먼 길 오시느라 고생이 많으셨소.
　　　　헌데, 조선의 음식이 입에 맞지 않아 고생을 하셨다 들었는데...

싱인새　(명나라 말로) 먼 길 오시느라 고생이 많으셨습니다... (이하 동일)

우곤　　(명나라 말로) 예, 다행히 명나라 숙수들을 데려온 덕분에 굶지는 않았
　　　　습니다.

성인재　명의 숙수들을 데려와 다행히 굶지는 않으셨다 합니다.

　　　　대신들.. '흠흠..' 언짢은 기색. 이헌의 흥미로운 표정.

이헌　　참으로 대단한 숙수들인가 봅니다.

우곤　　(명) 예, 요리뿐 아니라 제 호위도 겸하고 있지요. 먼저,

엄숙수　(E) 먼저,

12. 봉덕궁 / 수라간 / 회의실 / 낮 / 교차편집

어느새 엄숙수의 곁으로 모여든 지영과 길금, 윤내관과 숙수 일동, 귀를
쫑긋 세우고 듣는데.

엄숙수   이자는 명나라 숙수들 중 대령숙수 격인데,
         백 년 전 반역죄로 멸문당한 무림세가, 사천당문의 마지막 후예로...

13. 당백룡의 과거 / 중국 대륙 사막 / 낮 / 교차편집

         모래바람이 부는 황량한 허허벌판. 칭따오 객잔 현판을 들고 가는 당백
         룡의 뒷모습.
         쓸쓸한 뒷모습에서 무림 고수의 아우라가 느껴진다.

엄숙수   (E) 대륙의 유명한 객잔은 모두 꺾고, 현판을 떼갔다는 전설의 숙수지.

14. 현재 / 태평관 / 앞마당 / 낮 / 교차편집

         당백룡, 앞에 나가서 이헌에게 포권을 취한다. 무공으로 다져진 근육질
         풍채에 형형한 눈빛이다.

우곤   (명나라 말로) 사천요리의 대가..
성인재   ... 당백룡이라 하옵니다.

지영   (E) 그건, 너무 소설 아니에요?

15. 봉덕궁 / 수라간 / 회의실 / 낮 / 교차편집

         길금과 숙수들 일동, 옆에서 듣던 윤내관 눈치주듯 지영을 보면.

지영   (까칠하게) 아니, 너무 무협지 재질이라. 계속하세요.

맹숙수   (눈치 보며) 다음은 그 당백룡의 조카이자 수제자인데,

16. 아비수의 과거 / 아비수의 수라간 / 밤 / 교차편집

아비수, 어둠 속에서 불붙는 웍질. 웍질을 할 때마다 야채, 고기, 해산물 등 재료가 바뀌어 튀어 오른다.

맹숙수   (E) 사천요리를 타지방 요리와 결합해 새로운 전통을 만들어 내는 숙수지요. 한마디로,

17. 현재 / 태평관 / 앞마당 / 낮 / 교차편집

긴 머리를 묶어내린 미녀숙수 아비수, 절도 있는 동작으로 이헌에게 포권을 취한다.

우곤   (명나라 말로) 사천요리의 선녀, ..
성인재   .. 아비수라 하옵니다.

18. 봉덕궁 / 수라간 / 회의실 / 낮 / 교차편집

지영   (생각에 잠겨) 그 정도면, 요리 연구가 수준인데..
엄숙수   다음은, 공자의 후손으로 알려진 가장 비밀스런 숙수로,

19. 공문례의 과거 / 중국 수라간 / 낮 / 교차편집

어둠 속에서 눈을 가리고, 차이다오를 휘두른다. 후두둑 떨어지는 죽순,
모양과 간격이 일정하다.

엄숙수　(E) 중국의 4대 요리 중 산동요리의 대가라 하네.
　　　　칼날처럼 정교한 요리 솜씨가 일품이라 알려져 있지~

20. 태평관 / 앞마당 / 낮 / 교차편집

단단하고 과묵한 인상의 30대 남자 공문례, 이헌에게 포권을 취한다.

우곤　　(명나라 말로) 산동 쿵푸요리의 대가, 공문례.
성인재　.. 공문례라 하옵니다.
　　　　자막 | 쿵푸요리 : 역대 제왕이 공자를 모시는 제사에 바치는 요리

21. 봉덕궁 / 수라간 / 회의실 / 낮 / 교차편집

길금, 숙수들 일동, 윤내관 긴장한 얼굴이고.

지영　　이건 뭐 요리영화 한 편 나오겠는데요? 궁금하긴 하네요.
길금　　(감탄) 참말로 대단하신갑네요~
엄숙수　하... 잠시 유학 가서 배운 나와 본토의 숙수들은 비교할 수도 없네..
맹숙수　...(말잇못)
윤내관　(겁먹은 표정으로 지영 보며) 괘.. 괜찮겠나?
지영　　갑자기 옛말이 떠오르네요? 아니, 여기선 요즘 말이려나?
　　　　소문난 잔치에 먹을 거 없다~ (팔 걷어붙이고) 나가요~ 시간 없어요~
　　　　어서요~

지영, 길금과 윤내관, 숙수들 일동을 몰아대며 밖으로 나가고.

22. 태평관 / 앞마당 / 낮 / 교차편집

범상치 않은 세 요리사의 모습을 가만히 응시하는 이헌. 뭔가 꿍꿍이
가 있는 듯 묘한 미소를 띄우는 우곤.
그들을 보는 성인재의 의미심장한 표정과 대신들 각각의 알 수 없다는
듯한 표정.

우곤   (명나라 말로) 전하께서도 미식가라 블렀소.
         이번 참에 진정한 맛이 무엇인지 그대에게 알려 드리리다.
성인재   이 숙수들로, 미식가이신 전하께 진정한 맛을 알려 드리고 싶다 합니다.
이헌   (피식) 고맙소. 기대하지. 허나 내게도 특별한 대령숙수가 있다 전하
         거라. 진짜 조선요리의 맛이 어떠한지 사신단에게 제대로~ 알려주겠
         다고.
우곤   (명, 사신단의 통역을 듣고) 안 그래도 한양에 도착하면서 그 얘길 들
         었소. 귀녀숙수가 궁에 있다고. (비웃듯) 참으로 궁금하오이다.
이헌   (성인재 통역 듣고, 미소) ..곧 맛보게 될 것이오. 안으로 드시지요.

연회장으로 자리를 옮기는 우곤과 이헌. 사신단과 대신들 일행도 따라
움직인다.

23. 봉덕궁 / 수라간 / 낮

수라간 일각, 어둡고 그늘진 곳에서 참나무통의 뚜껑을 열고 면포를 벗
기는 지영.
안에 꽉 찬 수유(酥油)버터가 모습을 드러낸다. 지영, 버터를 주걱으로

퍼내어 들고 선다.

| 지영 | (미소) 오늘 다과에 쓰일, 비장의 무기예요. '버터'.
| 숙수들 | (엄) 밧터? /(심) 보토? /(맹) 벌터? /(민) 버트?

길금, 쿵쿵, 숙수들, 눈앞의 누르스름한 고체 덩어리(버터)를 걱정스레
바라보고. 찍어 먹어보고. '으~'

| 엄숙수 | (못 믿겠다는 듯이) 이걸로 사신단의 입맛을 사로잡을 수 있겠나?
| 지영 | 자고로 분위기를 좋게 만드는 데는 단 게 최고거든요,
| | 명나라 사신이면, 먼 길 오느라 피곤했을 테니.. 달콤함으로 승부를 걸
| | 어 보자구요.
| 심숙수 | (손가락으로 찍어 먹어보며) 근데 이건 어떻게 만든 것이오?
| 지영 | 소젖을 끓여 표면에 뜨는 찌꺼기를 모아서 만드는 거예요.
| 길금 | (쿵쿵) 워매~ 며칠 전부터 뭘 또 만드시나 했더니~ 요거시였소잉~
| | 시큼하면서도 참말로 진하고 꼬소한 향이 나네요~

24. 태평관 / 연회장 / 낮

찻상이 차려져 있는 탁자 중앙, 황금색 보료로 치장된 상석에 황제의
칙서가 놓여 있고,
이헌과 우곤, 마주 앉아 외교 문제를 논의 중이다. 성인재와 사신단 통
역이 동시통역 중이다.
뒷줄에 임송재와 성인재, 우곤의 뒤에 사신단 부사 2명이 서고, 그 뒤로
당백룡, 아비수, 공문례가 서 있다.

| 이헌 | 결국, 지난번에 보냈던 물품 외에 공녀 쉰 명을 더하고,
| | 조공할 인삼의 양을 두 배로 늘리란 얘기가 아니오.

송재	(명) 공녀는 더 이상 보내지 않기로 지난번에 끝난 얘기가 아닙니까.
이헌	(우곤을 노려보며) 이것이 진정 황제의 명인가?
우곤	(명, 뻔뻔하게) 지금 나를 의심하는 것인가? 나는 황제 폐하의 명을 받들 뿐이오.
이헌	(생각하고) 허면, 황제께서 특별한 이유 없이 말을 바꾸시는 것인가..? 지난번에 얘기했듯, 공녀는 더 이상 보낼 수 없소. 그리고 인삼은… (한쪽 입꼬리가 올라가며) 귀국의 회사품(回賜品)이 뭔지에 따라 생각해 보겠소.

자막 | 회사품(回賜品) : 황제가 내리는 답례품

우곤	(명) 난징 원진의 고급 비단과 서적, 홍차, 백차, 황차를 비롯한 명국의 10대 명차, 그리고 정화백자 100섬입니다.
이헌	(혼잣말처럼) 지난번과 같군. 헌데, 명나라의 회사품은 그대로면서, 우리에게만 공물의 양을 늘리라…?
우곤	(성인재에게 명나라 말로) 전하께서 무어라 하신 것이냐?
성인재	(명) 전하께서는 왜 우리만 공물의 양이 늘어야 하는지 궁금해하십니다.
우곤	(명) 뭐라? 조선의 왕이 감히 대명의 황제 폐하 명에 토를 다는 것인가?!
성인재	(고개를 조아리고)..
이헌	(인상 쓰며) …

이헌과 우곤이 서로 노려보자, 순간 분위기가 험악해진다.

25. 봉덕궁 / 수라간 / 낮

지영, 도마에서 마카롱 반죽을 밀고, 숙수들이 모두 지켜보는데, 맹숙수는 버터를 손가락으로 맛보며.

| 맹숙수 | (한참을 보다가) 아~ 이거 혹시, 수유차에 들어가는 수유가 아니오? |
| 지영 | 수유차요? 아~! 궁중 차 중에 구기자차에 버터를 섞어 만든 수유차가 |

있었죠? 맞아요~ 수유하고 버터는 같은 말이에요.

INS_ 구기자차에 버터를 넣는 (얼굴 없는) 숙수의 손길. 교자상에 정성
스럽게 놓이는 수유차.

민숙수　(걱정스런) 그래서, 이 수유로 대체 뭘 만든다는 겁니까? 그 수제비 반
죽은 또 뭐고..

맹숙수　(인상 험악해지며) 설마, 수유차에 수제비는 아니겠지..?

지영　(아궁이 일각으로 걸어가며) 오늘 만들 다과는.. (씨익)

창선　(E) 전하, 다과상 들었사옵니다..

26. 태평관 / 연회장 / 낮

찻상에 놓이는 각종 (흑임자, 인절미, 쑥 색) 마카롱을 호기심으로 바라
보는 우곤과 이헌.
지영, 최상궁을 필두로 소반을 든 2명의 수라나인들이 마카롱 소반을
나누어 주고 있다.
뒤에 서 있던 당백룡과 아비수, 공문례가 눈을 빛내며 지영을 유심히
본다.

우곤　(명) 이게 무엇인가?

사신단 통역　무어냐고 물으신다.

지영　(손으로 가리키며) 이것은 '마카롱'입니다.
달달해서 기분을 좋게 만들어 줍니다. (미소) 서역에서 간식으로 먹는
것인데, 이건 흑임자와 인절미, 쑥이 들어간 조선식 마카롱이에요.

우곤　(통역을 듣고) 흠... (명, 마카롱을 신기하게 보며) 마크론? 무엇으로 만
든 것인가?

지영   (통역 듣고) 흑임자와 아몬드 가루와 버터, 달걀 흰자와 설탕을 넣어서 반죽했구요.

INS_ 흑임자, 아몬드 가루, 버터, 흰자와 설탕을 섞고 수저로 죽어라 휘젓는 지영. '머랭'(Meringue)치기.

지영   위에 얹은 캐러멜은 탱자청과 물로 만들었습니다.

INS_ 층층이 쌓아올린 마카롱 위에 부어내리는 캐러멜 시럽이 햇빛에 반짝인다.

우곤   (명) 캐러멀이 뭔가?
지영   일종의 시럽인데요. 이 캐러멜의 달콤함은 그간 쌓인 여독을 한 방에 날려드릴 겁니다.
우곤   (통역의 말을 듣고) 흠...
이헌   (우곤에게) 자, 설명은 그쯤하고 이제 맛을 보시지요.
우곤   (명, 심드렁한 표정으로 숙수들을 돌아보며) 먼저 맛보거라.

당백룡과 아비수, 공문례가 3색 마카롱을 하나씩 먹는다. (공문례는 입만 댔다 떼는 걸로)
공문례는 무표정.. 당백룡과 아비수, '바사삭' 소리가 나자 각자의 성격대로 놀란 표정을 짓는다.
우곤, 그들의 반응을 보고, 마카롱을 하나 베어문다.. 눈이 커지고..!
머리 뒤에서 폭죽이 터진다.
알록달록 색색의 폭죽이 펑펑 터지면서 입안에서 마카롱의 맛이 폭발한다.
이헌, 송재, 성인재도 한 입씩 먹어보는데... 눈이 튀어나올 만큼 맛있다..! 난생처음 맛보는 달콤함!

이헌   (일부러 심드렁한 얼굴로) 맛이 어떠신가?

우곤   (말잇못)...

성인재   (명) 맛이 어떠냐고 물으십니다.

우곤   (명) 놀랍다.. 이 요리사는 누군가?

성인재   (이헌에게) 연숙수에 대해 물어봅니다.

이헌   (흡족한 미소) 이 여인이, 아까 내가 말한 대령숙수.. 연지영이다.

지영   (고개를 숙이며 예를 갖추고) 대령숙수 연지영이라 하옵니다.

우곤, 감탄하며 고개를 끄덕. 당백룡과 아비수, 공문례와 의미심장한
눈빛을 주고받는다.

우곤   (명, 공손히) 전하, 연숙수의 다과 맛이 아주 훌륭합니다.
         이참에 대국의 맛도 보여드리고 싶은데...

이헌   얼마든지요.

우곤   (명) 아니, 이럴 게 아니라 조공의 조건을 걸고 양국이 맛 대결을 펼치
         면 어떻겠습니까?

성인재   (이헌에게) 공물의 조건을 걸고 연숙수와 명국의 요리사들이 경합을
         하면 어떻겠냐 묻습니다.

이헌   ! (E)(피식) 듣던 대로.. 결국 목적은.. 경합을 핑계로 공물을 더 받겠다
         는 것인가?

지영   ! (E) 헉! 중국 요리가 얼마나 다양한데, 요리 경합이라니..
         (이헌 보며) 안 한다고 해. 어서. (미소 지으며 희미하게 고개를 젓는)

이헌   (지영의 눈빛을 힐끗 보고 오해하며) 오호~ 그거 좋은 생각이다.

지영   (E) 뭐? 뭐 하는 거야 지금? 폭군! 제정신이야?! 우린 아무 준비도 없구!
         저쪽은 작정하고 왔잖아! 보면 몰라? 안 돼~ 안 돼! (손을 살짝 흔드는데)

이헌   (지영이 흔드는 손의 손가락 수를 세어보며 또 오해하고) 헌데, 사신 정
         사가 데려온 화부가 셋이니, 조선도 세 명의 숙수가 붙어 경합을 하면
         어떻겠는가?

우곤   (명)(눈을 빛내며) 오호~ 그거 재밌군!

지영   (E) 우씨~ 속 터져 증말!! 지금 뭐 하자는 플레이아~ 뭐, 티, 팀전~?!!

우곤   (명) 허면, 요리 승부는 세 번으로 하되,

맛평은 전하와 내가 하고, 동수일 땐.. 전하와 내가 인정하는...

공신력 있는 자에게 맛평을 받는 것으로 하는 게 어떻겠습니까?

이헌   (통역 듣고) 오~ 좋은 생각이다.

지영   (E) 진짜.. 돌겠네 증말.. 하~ (머리 뒤에서 김이 솟는다)

우곤 '껄껄' 웃고 이헌을 본다. 지영만 영혼이 이탈한 표정이다.

27. 봉덕궁 / 장원서 / 낮

이헌과 지영이 장원서 가장 안쪽에서 마주 보며 대화 중이다.

지영   전하, 저한테 한마디 상의도 없이 이러시면 안 되죠. 정치는, 정치로 해
        결하셔야죠.

이헌   요리가 곧 정치다. 칼과 창, 외교 행사와 문서로만 정치를 하는 것이 아
        니다. 서로의 식문화로 교류하면서 정치 문제를 해결하는 것이 얼마나
        평화로운 일이냐.

지영   (휙 돌아서고) 아무런 준비도, 정보도 없이 팀전을 하라구요? 어우~ 난
        못해요!

이헌   ...티임저언?

지영   (돌아서 다시 간절히 보며) 전하, 이 내기 그냥 무르시면 안 될까요?

이헌   (놀라) 설마, 자신이 없는 것이냐?

지영   (한숨) 아니, 자신이 있고 없고의 문제가 아니구요.
        솔직히.. 저한테 갑자기 나라의 운명을 짊어지라 하시면... 어떡하나
        구요~

이헌   어떡하냐니..? 과인이 인정한 조선 최고의 숙수다. 네가 아니면 누가
        한단 말이냐? 과인과 이 나라 만백성을 위해서, 한번 해 보거라.

지영　　(답답) 답답하시네 증말! 제가 왜 만~백성을 위해서 그래야 하는데요.

이헌　　너는 조선의 대령숙수다. 만백성을 살리는 일이 어찌 너와 무관할 수 있겠느냐?

지영　　(ㅅㅂ) 만약 그러다 지면요?

이헌　　(당연히) 응당, 대역죄인이 되겠지.

지영　　(황당) 그럼 저더러 준비도 안 된 경합에 이번에도 목숨을 걸라는 말씀이세요?

이헌　　허나, 명과의 경합을 거부한다면, 이 또한 대역죄가 될 터!
　　　　대령숙수를 당장 엄벌에 처하라는 상소가 빗발치다가.. (애석하게) 결국엔.. 쯧.

지영　　(충격) 그럼, 경합을 거부해도 죽고, 져도 죽는단 말이잖아요? 지금?

이헌　　(피식) 이제야 알아들었구나.

지영　　Wow~! 이건 뭐, 그냥 무조건 이기란 소리잖아요~ 준비할 시간도 없는데..

이헌　　당나라의 숙수 '선조'가 음식만 잘해 최초의 화부(火夫)가 되었더냐?
　　　　진정한 숙수는, 시간을 탓하지 않고 재료를 잘 선별하여 맛의 안배에 능한 법이다.
　　　　자막 | 선조 : 중국 최초의 여성 요리사 / 화부 : 중국에서 요리사를 지칭하는 말

지영　　하지만, 매사 목숨을 걸라 하시면 어떡해요. (하아... 한숨 내쉬고)
　　　　이번엔 정말 힘들어요.

이헌　　(궁리 끝에 돌아보며) 경합에서 이기면, 망운록을 반.드.시 찾아주마.

지영　　(깜짝 O/L) 그건, 이미 약속한 거잖아요? 망운록 찾아서 돌아가게 해준다고.

이헌　　책을 찾아준다 했지, 너를 돌아가게 해준다고 약조한 적은 없다.

지영　　(경악)... 예..?! 왜, 왜 이러세요.. 무섭게..?

이헌　　(얼굴 들이대며) 돌아가고 싶다면... 이겨라. 무조건!

지영　　(!!).....

대왕대비　(E) 명나라의 숙수들과 조선의 숙수들이 경합을 한단 말입니까...?

28. 봉덕궁 / 대왕대비전 / 낮

인주대왕대비와 한민성이 작은 다과상을 두고 근심 어린 표정으로 앉아 있다.

한민성 예, 대체 이를 어찌하면 좋겠습니까?

대왕대비 한동안 조용히 지낸다 싶었는데, 이번엔 주상께서 큰 실수를 하신 듯하네요...

한민성 음.. 대령숙수의 요리 실력에 국운을 걸어야 하는 것입니까?

대왕대비 연숙수가 아무리 뛰어나다 해도 명나라 최고의 숙수들을 이긴다는 보장은 없지요.
큰 곤란에 빠지기 전에 대책을 세워야겠어요.

한민성 대책이라면...?

대왕대비 (의미심장한 표정)... 이번에 온 사신이 우곤이란 환관이라지요?

한민성 예, 그렇다 합니다.

대왕대비 저런 짓을 함부로 벌이는 걸 보니, 나와 황실의 관계를 잘 모르는 자인 것 같습니다.
내 서신을 한 통 드릴 테니 명나라 황실로 보내세요.

한민성 예, 대왕대비마마.

29. 제산대군 저 / 사랑채 / 낮

제산대군과 목주가 마주 앉아있고. 지영이 만든 3종 마카롱이 한 개씩 놓여 있다.

제산대군 (눈이 커지며) 이것이 오늘 사신단이 먹은 다과다.

목주 환관 우곤을 감탄하게 만들었다는 그것입니까?

둘이 하나씩 맛을 본다. 눈이 커지는 두 사람.

제산대군 과연, 재주가 보통이 아니구나. 까투리 솜씨도 일품이었는데..
목주   (맛있지만 일부러) 저는 너무 달아서 못 먹겠습니다. (툭 던지고)
         이런 실력으로 명나라와의 요리 경합을 망치기라도 하면 어찌한단 말
         입니까. 대령숙수 대신 다른 숙수를 내세워야 합니다.
제산대군 (보며) 맹숙수 말이냐? (한숨) 너는 한낱 숙수년을 어쩌지 못해 요란을
         떠는 것이냐?
목주   .... (입술을 깨물고)
제산대군 당분간 작은 소란은 삼가거라. 거사가 끝나기 전까지는 말이다.
목주   하오나,
제산대군 (O/L) 새겨듣거라. 기다리면 언젠가 그년을 너에게 선물로 주마.
목주   (마지못해).. 예, 대군.
제산대군 이번 경합으로 주상은 낭패를 당하고, 인삼채굴권을 얻은 태감 우곤은
         우리에게 조선의 하늘을 바꿀 명분을 가져다 줄 것이다.
         경솔하게 우곤의 요리 경합을 받아들인 주상의 자업자득이지. 일이 쉽
         게 풀리는구나.
목주   어차피 그년의 잔재주로 명나라 최고 숙수들을 이기긴 어렵겠지만.
         운도 좋은 계집이라 주상께서 도와주시면, 만에 하나 어떨지 모르겠습
         니다.
제산대군 아무리 주상이 용을 써도 연숙수는 결국 이길 수 없을 것이다.
목주   (밝아지며) 그리 말씀하시니, 명나라와의 요리 대결이 갑자기 기대가
         됩니다. (마카롱 집어들고) 경합에서 져도 주상이 그년을 싸고돌 수 있
         을지~ 후후..

30. 태평관 / 사신단 쳐소 / 밤

성인재 (명)(E) 제산대군께서 보내신 것이오.

우곤, 조심스럽게 원보(元寶)[2) 궤짝을 열어보면, 말굽 모양의 은덩이가
가득하다.
술상 앞에 우곤과 성인재가 마주 앉아 있고, 주위에 다른 사신들은 보이
지 않는다.

우곤   (명, 미소) 내게 따로 할 얘기라도 있는 것인가?
성인재   (명) 저희 전하께서 정신이 온전치 못하시오.
         시도 때도 없이 발작을 하시고, 헛것을 보십니다.
우곤   (!!) 저런!
성인재   (명) 발작을 할 때마다 괴이한 일들을 벌이시니, 조선은 이 문제를 하루
         빨리 해결해야 합니다. 이 사실을 왕제께 살 말씀드려 주시오.
우곤   (명, 의미심장하게 보며).... 조선의 하늘을 바꾸려는 것인가?
성인재   (침묵)..
우곤   (명) 내가 얻는 것은...?
성인재   (명) 이번 경합에서 반드시 이기게 해드리겠소.
         허니, 조건을 크게 거시오. 공녀를 쉰이 아니라 백으로,
         인삼 진상은 두 배가 아니라 조선 팔도의 인삼채굴권으로...
우곤   (명, 의미심장한 미소) 말만 들어도 즐겁구려 허허허~ (한잔하며)
         (웃음기를 지우고) 허나, 우리 명나라 최고의 화부들이 이 요리 경합에
         서 이기는 것은 너무나 당연지사인데, 어찌 그걸 도와준다고 말하는 것
         인가?
성인재   (명, 의미심장한 미소) 대인! 만사에 장담하는 것보다 위험한 것은 없
         소이다.
         조선의 대령숙수는 보통 여인이 아니오. 이미 맛을 보시지 않았습니까?
         늘 본 적도 없는 요리를 하지요. 결코 쉬운 상대가 아닙니다.
우곤   (명) 허허허, 하나만 확실하게 합시다. 정말.. 조선의 인삼채굴권을 양
         도할 것인가..?

---

2) 원보 : 말굽 모양으로 된 은덩이. 보통 한 덩이의 무게가 50냥 가량이다

성인재   (명, 미소) 대인이 원하는 바가 무엇이든 얻게 되실 것입니다.
우곤   (명) 만약, 거절한다면?

성인재, 품에서 제목이 없는 책 한 권을 꺼낸다.

성인재   (명) 그동안 태감께서 받으신 물품의 목록과 날짜입니다.
우곤   (명, 들춰보며) 성대감!! (노려보는) 황제의 사신인 날 겁박하는 겐가?
성인재   (명) 감히 그럴 리가요. 이건 두고 가겠습니다.
         (명) 우리의 오~랜 의리를 생각하신다면 도와주실 거라 믿습니다.
우곤   (명, 책을 들어보면, 上권이다) 오랜 의리라.. 그럼, 하(下)권은..
         허허허 재미있군. 한잔하시오.
성인재   (명) 허허허 예~ 대인! (술잔 내밀며) 편히 받겠습니다.

31. 태평관 / 처소 입구 / 밤

떠나가는 성인재의 뒷모습을 바라보는 우곤이 손짓하자, 슥슥 숨어 있
던 숙수들이 모습을 드러낸다.
(명나라 말로 대화)

우곤   하하, 참으로 잔망스러운 인사다.
         한 임금을 섬기는 신하들이 두 마음을 품고 있는 걸 보니, 이 나라도 국
         운이 다했구나.
당백룡   무슨 말씀이십니까?
우곤   너희가 신경 쓸 일이 아니다. 그보다, 조선의 대령숙수가 보통 여인은
         아니라더구나.
당백룡   (보며) 그 다과 말씀이십니까? 잔재주일 뿐입니다. 진짜 요리에는 통하
         지 않습니다.
우곤   승부는 신중해야 한다. 대국의 자존심이 걸려 있다.

잔재주라곤 하나, 사실 좀 궁금해졌다. 궁중숙수들의 실력이 어느 정도
인지..

아비수   제가 한번 시험해 볼까요?

당백룡   (엄하게) 함부로 나서지 마라. 아비수.

우곤   아니다. 백룡.

당백룡   예. 대인!

우곤   이번 경합으로 조선 왕의 기세를 확실히 꺾어야 한다. (아비수를 보며)
해보겠느냐?

아비수   예, 맡겨주시지요. (포권하는데 이상한 기운에 휙 둘러보면)

당백룡/공문례   (동시에 돌아보고)

당백룡은 우곤의 앞을 몸으로 가리고 선다.
공문례는 양산을 펼쳐 우곤의 뒤를 보호하고,
아비수는 양손에 중화식도 차이다오를 꺼내 들고 쏜살같이 담장 쪽으
로 다가온다.
담장에서 휙 사라지며 몸을 숨기는 공길.

공길   허, 죽일 기센데? 설마, 내 기척을 느낀 거야? (하며 휙 사라지는)

32. 봉덕궁 / 침전 뒤뜰 / 밤

뒷짐을 지고 서 있는 이헌. 공길이 방금 전의 상황을 보고 중이다.

이헌   그렇게 고수란 말이냐..?

공길   예, 보통 숙수들은 아닌 듯하옵니다.

이헌   (혼잣말) 헌데, 우상대감이 그곳에 있었다...?

공길   ......

33. 제산대군 저 / 사랑채 / 밤

제산대군이 중앙에 앉아 있고, 양 갈래로 마주 앉은 성인재, 유문정, 김
양손.
성인재가 우곤과 만났던 일을 보고 중이다.

제산대군 허면, 명의 사신과 얘기는 잘 끝난 것인가?

성인재 예, 대군. 걱정 마십시오.

제산대군 음.. (차를 마시고)

유문정 말만 오고 갔을 뿐인데, 섣불리 믿을 수 있겠습니까?
우곤은 보통 교활한 인물이 아닙니다.

성인재 (품에서 치부책 (下)권을 꺼내며) 사신 우곤의 치부책입니다.
상(上)권을 우곤에게 주고 왔습니다.

제산대군 (미소) 잘하셨소.

김양손 헌데, 진정 조선의 인삼채굴권을 다 넘겨도 괜찮은 것입니까?

제산대군 지금은 한쪽 팔을 내어주고라도 조선의 명줄을 지킬 때입니다.
왕실이 바로 서야 나라가 바로 서지 않겠습니까.

성인재 (의미심장한 표정) 그렇습니다. 이 나라의 종묘와 사직을 위해서 치러
야 할 작은 희생일 뿐입니다.

유문정 일도양단! 다들 결심이 섰으니 뒤돌아보지 말고 앞으로 나아가야 합
니다. 경합에서 명나라 숙수들이 이길 수밖에 없는 길을 모색해야지요.

제산대군 다들 총력을 다해 힘써주시기 바랍니다. 이번 경합은 새로운 조선 왕
조의 시발점이 돼야 합니다... 반드시.

제산대군, 차를 마시며 고개를 돌리면 문갑 위에 곱게 놓인 비단봉투
가 보인다.
카메라, 그 속으로 쑤욱- 들어가면 봉투 안의 사초. **'모월 모일 중전 연
씨 폐위되다..'** 라는 글자가 보인다.

김양손   이제 저 사초를 꺼낼 날이 오겠군요.
제산대군   그렇소.. (신중한) 때가 오고 있습니다.

34. 봉덕궁 / 수라간 / 낮 (다음 날 아침)

지영을 비롯한 길금과 숙수들 일동, 툇마루에 앉아 쫙악 펼쳐진 고추의
씨를 빼고,
꼭지를 따서 손질된 고추를 말리려고 다른 소쿠리에 담고 있다.

지영   이거 만진 손으로 눈 비비시면 안 돼요~ 큰일 납니다~
엄숙수   알았네~ 사신단 경합 때 필요하다니까 씨도 빼고 뚜껑도 따고 있긴 한
데~ (심숙 보면)
심숙수   (이미 눈을 비빈) 진작 말을 해야 될 거 아니에유~ 이걸루 대체 뭐 할라
그러는 거예유.
지영   (안타깝게 보며) 그게, 말렸다가~ 가루로 만들고 그다음 장으로 담그
려고요~
맹숙수   (고추씨 빼며) 먹고 죽은 사람이 있을 정도로 맵다던데, 이걸로 무슨
양념장을 만든다고...
민숙수   (고추 꼭지 따며) 저, 정말 궁금해서 그러는데, 말리면, 먹을 수 있긴
한 겁니까?
지영   (고추 따서 한입 베어 물며) 봤죠? 이거 독초 아니에요~ 그냥도 먹는
다구요. (으쓱)
길금   다들 봤지라? (꽉 찬 소쿠리 들고 자리 옮기며) 경합 때 쓰일 비장의 재
료라고 하잖아요! 말들 참 많소잉~ 싸게싸게 씨들 빼쇼잉~!

엄숙, 맹숙, 심숙, 민숙 경악하는 표정. 지영, 고추를 씹어 먹으면서,
아무렇지 않게 다시 고추씨 빼고.
맹숙, 질 수 없다는 듯이 고추를 한입 물어본다. 음..? 태어나 처음 맛보

는 매운맛에 얼굴이 빨개지지만, 여전히 지영에게 질 수 없다는 듯이 아무렇지 않은 척 참고 큼큼..
엄숙과 심숙도 맹숙 보면서 괜찮은가 싶어 먹어보는데, 이내 '으 매워~!' 뱉는다.
길금과 지영, 그 모습 보면서 '킥~' 웃음이 터지지만 모른 척하며 고추를 따고,
이때 윤내관이 들어온다. 지영을 비롯한 숙수들 '설리 어른, 오셨습니까~' 인사하면.
윤내관 인사를 받아주며 '안녕들 하신가~' 하며 지영에게 다가와 서고.

윤내관   연숙수, 전하께서 잠시 보자고 하시네.
지영   (손을 앞치마에 슥슥- 닦으며 보는) 제가 부탁드린 통행패는요?
윤내관   (곤란한 표정) 가보면 알게 될 걸세.
지영   (미심쩍고) 예. (숙수들 보며) 잠시 다녀올게요. (가는)

'예~' 대답하고, 윤내관에게 '설리 어른~ 살펴 가십시오~' 인사하는 숙수 일동과 길금.

35. 봉덕궁 / 침전 / 낮

괜시리 멋있는 척, 서안 앞에 앉아 한 손으로 턱을 괸 채 혼자 책장을 넘기고 있는 이헌.
그런 이헌을 묵묵히 바라보고 있는 지영.. 기어이 한숨을 내쉬고.

지영   (조심스럽게) 전하, 저... 나중에 올까요?
이헌   (그제야 책을 탁 덮으며 우수에 찬 듯) 참으로 가슴 벅찬 내용이다.
        (잠시) 그래, 통행패가 필요하다고?
지영   아, 저 그게.. 경합에 쓸 새로운 장 때문에요. 방앗간에 직접 설명하고

맡겨야 해서요.

이헌   방앗간? 허면 운종가에 가는 것이냐?

지영   네. (으쓱)

이헌   (보다가) 그런 이유라면, 내가 함께 가야겠다.

지영   (놀라서) 네? (걱정스레).. 전하께서 직접이요? 이렇게 쉽게 궁을 비우셔도 괜찮으세요?

이헌   (화를 버럭) 궁을 쉽게 비운다니! 경합에 필요한 장이라면서! 지금 이보다 중한 일이 또 있느냐!

지영   (눈치) 그렇긴 한데...

이헌   너는 얼른 가서 채비나 하거라!

지영   예에~ 예. 저는 딱히 채비랄 게 없으니, 밖에서 기다릴까요?

이헌   응? (숙수복을 보며) 지금 대령숙수의 옷을 입고 저자를 활보하겠단 소리냐? 잠행복으로 갈아입어야 될 것이 아니냐!

지영   잠행복..? (생각하고) 갈아입을 옷이라고는.. 초가집에서 입던 길금씨 옷밖에 없는데...

이헌   (한숨) 쯧쯧. 이리 한심해서야.. (곰곰) 따라오거라. (일어서는) 창선!

지영   (?!)

36. 봉덕궁 / 침전 우측방 / 낮

영화 〈프리티 우먼〉의 음악이 깔리며, 심드렁한 표정으로 앉아 있는 이헌.
그 앞, 가림막 너머에서 상의원의 침방상궁과 나인들의 손길에 의해 옷이 입혀지는 지영.
지영, 얼떨결에 갖춰 입고 이헌의 앞으로 나선다.
이헌, 신중한 얼굴로 지영의 발끝부터 머리끝까지 확인하다가 슬며시 고개를 젓는다.

침방상궁, 예를 갖춰 조아리며 지영을 데리고 다시 가림막 너머로 들어
간다.
다른 한복으로 갈아입혀지는 지영. 다시 이헌의 앞에 나서고. 계속 퇴짜
를 놓는 이헌.
지칠 정도로 옷을 갈아입고 나서기를 반복하다가 마침내,
지영이 아름다운 쓰개치마를 한 손에 걸치고, 화사한 옷고름에 복주머
니까지 달린 치마를 입고 아름다운 꽃신까지 신은 완벽한 양반가 규수
의 모습으로 이헌의 앞에 서는데,
비로소 이헌 고개를 끄덕인다. (속으로 눈부신 미모에 놀란 이헌)

지영	저, 잠시 방앗간만 가는 건데... 이렇게..까지.
이헌	(시크하게) 계무문 앞에서 보자. (가는)

자막 | 계무문 : 봉덕궁의 북문. 왕이 잠행할 때 출입하는 월문

지영	네? 어디요?

지영, 휙 가버린 이헌 쪽을 보다가 얼떨떨한 표정으로 자신의 옷을 본다.

37. 지영과 이헌의 몽타주 / 낮

1. 계무문 앞,

지영이 아름다운 자태를 뽐내며 양반 아가씨처럼 고운 한복을 갖춰
입고 '손질한 말린 고추 보따리'를 들고 기다리는데,
비단 도포 차림으로 멋지게 변복한 이헌이 나온다. '가자!' 앞장서고.
조용히 멀리서 뒤를 따르는 변복한 수혁.

2. 벚꽃이 흐드러진 운종가,

길거리의 곶감, 포목점의 비단들, 각종 나물을 늘어놓고 파는 노점들
을 지나치다 어느 족두리전 앞에 당도한 지영, 어느 나비 노리개를 보자
멈춰서 만지작거린다. '어? 이거 망운록에 있던 거랑 비슷한 거 같네'

하면 주인, '10닢입니다요' 외친다.

지영, 웃으며 '아니에요~ 괜찮습니다~' 인사하고 가면, 이헌, 옆에서 슬쩍 그 노리개를 보며 지나치고.

3. 방앗간 앞,

지영, '여기다' 하며 들어가려는데, 이헌, '난 잠시 좀 다녀올 데가 있다'라고 말한다.

지영, '그럼 이따가 요 앞에서 만나요~' 하며 들어가려는데. 이헌이 '잠시만' 하더니 엽전 꾸러미를 하나 건넨다. 지영, 자신의 복주머니를 꺼내 옆전 두 닢을 보여주며. '저 돈 있어요' 하면, 이헌 피식 웃으며 '넣어 두거라' 하고 가버린다.

38. 운종가 / 방앗간 / 낮

소가 돌리는 방앗간. (혹은 사람이 밟고 있는 디딜방아)

지영이 준비된 보따리를 방앗간 주인에게 건네준다. 값을 치르는 지영.

주인	(보따리 풀어보고) 이런 건 또 처음 빨아보네. (독한 냄새에) 큼큼, 대체 이게 뭐요?
지영	(미소) 고추라는 건데, 빨을 때 좀 매워서 힘드실 거예요~ 잘 좀 부탁드릴게요!
주인	알겠소. 다섯 닢이오.
지영	다섯 닢이요? 두 닢이라고 들었는데.. (돈이 부족해서 놀라다가 이헌이 준 꾸러미 꺼내며) 이거 안 받았으면 큰일 날 뻔했네. (주인에게) 단골 되면~ 좀 깎아주세요~ 잘 좀 부탁드려요~

39. 운종가 / 족두리전 앞 / 낮

이헌, 수혁과 함께 족두리전 앞에 다시 가서 선다.

주인 또 오셨네~ 아까 예쁜 아가씨께서 만지작하시던 나비 노리개 장식 사러
   오셨소?

이헌 (큼큼) 그렇네. 그걸로 주게.

주인 10닢!

이헌 (수혁을 보고)

수혁 (소매에서 10닢을 꺼내 준다) 세어 보시오.

주인 (받고 나비 노리개를 건네며) 좋은 인연 되시구려~

이헌 (나비 노리개를 받아 들고 흡족한 미소) …

40. 운종가 / 방앗간 앞 / 낮

지영, 빈손으로 방앗간 앞에 서 있다.

지영 대체 왜 안 와..? 후~ 진짜. (좀이 쑤시고) 구경하고 있다보면 오겠지..?
   (저자를 걸어가며 구경하는)

다음 순간, 이헌과 수혁이 도착한다. 수혁은 온갖 비단옷감, 부채, 꽃신
들로 양팔에 쇼핑백이 가득이고.

이헌 (주변을 두리번) 응? 대령숙수는, 여태 나오지 않은 것인가..?

수혁 들어가 볼까요?

이헌 그리하거라. (부채질하며)

수혁이 안으로 들어가면, 어디선가 돌풍이 불어온다. 갓 잡고 하늘을
올려다 보는 이헌.

(E)   쏴아아아~~~ (여우비 소리)

41. 봉덕궁 / 수라간 뒷마당 / 낮

비바람에 말리던 고추가 바닥에 뒹군다. 잡히는 대로 빠르게 소쿠리에 고추를 넣고 있는 길금.

길금   오매~ 여우비네~ 어째야 쓰까~ 햇빛이 이렇게 쨍한디... (정신없이 담는데)

이때, 누군가 길금의 앞에 선다. 길금이 불어오는 바람에 눈을 가늘게 뜨며 슥- 보면, 사신단 통역이 든 우산 속에 아비수가 서 있다. 길금의 소쿠리에서 아무렇지 않게 고추를 빼서, 냄새를 맡는 아비수.

아비수   (명) 톡 쏘는군.. 이 향은 뭐지..? (슥- 옷에 닦고, 한입 베어무는) 음...?
길금   (?) 시방 누구쇼잉? 여기 아무나 오면 안 되는디?
통역   이분은, 명나라 숙수 아비수님이다.
길금   (!) 오메~! (뒷걸음질치다가 수라간으로 달려가며) 즈기요! 엄숙수님! 맹숙수님!

아비수와 통역, 먹이를 쫓듯이 맹수의 눈빛으로 천천히 길금을 따라서 걷고.

42. 봉덕궁 / 수라간 / 낮

비바람에 날리는 면포를 줍는 나인들. 말리던 나물들을 안쪽으로 치우는 하급 숙수들.

아궁이에 장작을 넣고, 하늘을 올려다 보는 심숙수 '날씨가 왜 이려~'
양념장에 두릅나물을 무치는 맹숙수. 소쿠리에서 씻은 대파를 꺼내서
탁탁-탁탁- 썰고 있는 민숙수를 보며,

엄숙수 (파 들어보며) 민숙~ 대파 써는 실력이 많이 늘었네~

민숙수 고맙습니다 형님~ (하는데)

길금 (헐레벌떡 뛰어 들어와) 즈, 즈기요! 명나라,

맹숙수 숨넘어가겠다. 천천히 말해보거라.

길금 명, 명나라~ (침을 꿀꺽 삼키고) 숙수가 수라간에 왔당께요!

숙수들 !!

다음 순간, 바람을 일으키며 수라간에 들어오는 아비수와 통역.
숙수들 일동, 순간 얼음.
엄숙수, '큼큼,' 앞으로 나서며 아비수를 본다.

엄숙수 수라간의 숙수, 엄가라 하오.

아비수, 엄숙수를 무시하듯 대꾸없이 수라간 곳곳을 보다가 민숙수 앞
에 선다.

숙수들 (심기 불편해져 보는) ....

아비수 (명)(민숙이 썰던 대파를 들어보고 쓰레기처럼 던지는) 칼 솜씨가 형편
없구나.

민숙수 (통역 보며) 뭐, 뭐라는 거요?

통역 (씨익 웃으며) 칼 솜씨가 쓸 만하답니다.

엄숙수 칼 솜씨가 형편없다고 했잖소. 못 알아들을 줄 아는가?

민숙수 뭐.. 뭐요?!

길금과 숙수들 일동, 화가 나서 빙 둘러서는데,

엄숙수 남의 수라간에 와서 이 무슨 무례한 행동인가?

아비수 (명, 피식 웃으며 들은 척도 않고 수라간을 천천히 돌아보며) 너저분하군.

길금을 비롯한 숙수들이 놀람과 화남이 교차하는 표정으로 아비수를 본다.

민숙수 (엄숙 보며) 엄숙수님, 저도 수라간 칼질만 십 년이 넘어요. 저 못 참아요!

심숙수 (파 집어 던지며) 내가 더 못 참겠네. 대파썰기 시합이라도 해봐?

맹숙수 (신중하게 칼 들고 스윽 나서며) 거, 이보시오~

엄숙수 (침 삼키며) 자, 자 다들 진정하게. 사신난이야~ 사신단.

아비수 (명, 통역 듣고 돌아서며) 대파썰기? 그따위 칼질로 말인가?

엄숙수 (반쯤 알아듣고) 그따위 카, 칼질? 지금 말이면 단가? (흥분)

길금 으아~ 똥깨도 즈그 집에선 반은 묵구 들어가는디, 네가 시방 숙수들 맴에 불을 지르는구나.

맹숙수 (긴장하며) 너는 가만있거라.

아비수 (명) 시끄럽군. 원래 빈 깡통들이 요란한 법이지. 대령숙수는 어디 있나?

통역 대령숙수는 어디 있느냐?

민숙수 대령숙수? (코웃음) 네 상대는 나다! 성님들 앞에서 나대지 말고 '대파썰기'로 승부를 내자!

아비수, 통역 듣고 입꼬리가 올라가는데 몹시 서늘하다.

아비수 (명) 어이없는 것들.. 흥! (품에서 차이다오를 꺼내어 날을 만지며) 괜찮겠나!

엄숙수 (순간 쫄아서) 괜찮겠어 민숙? 칼질은 맹숙도 있으니까 너무 부담되면.. 맡겨.

심숙수 (민숙 보며) 보아하니 저짝도 막내숙수 같은데 우리도 민숙수 선에서 정리하는 게 깔끔햐.

맹숙수   (코치하듯) 민숙, 속도도 중요하지만, 균일한 크기로 자르는 게 관건
         이다.
민숙수   (눈을 빛내며) 명심하겠습니다. 형님.

         민숙수, 손을 탁탁 털며 비장한 눈빛으로 아비수 앞에 선다.
         아비수, 비웃듯 민숙을 노려보는데.

         Cut to_ 아비수와 민숙, 각각의 조리대 위에 한 뭉치의 파를 각각 놓고
         서 있다.
         맹숙, 심숙, 길금이 긴장된 얼굴로 보면, 엄숙수가 가운데서 수저로 그
         릇을 '탕!' 치며 신호를 준다.
         수라간에 퍼지는 두 숙수의 '다다다다다' 경쾌한 소리. 민숙과 아비수의
         대파썰기가 시작되었다.

43. 운종가 / 방앗간 앞 / 석양

         어느새 비가 그친 하늘을 올려다보고 있는 이헌과 수혁.

이헌   (걱정) 대령숙수는 대체 어딜 갔단 말이냐. 길도 모르면서.
수혁   송구하옵니다. 뒷길은 보았으니 윗길을 보고 오겠사옵니다.
이헌   다녀오거라. (쓰게 피식) 길이 엇갈릴 수 있으니, 나는 여기서 기다리마.

         수혁이 가고 나면 보라색 아이리스를 한 아름 들고 오는 지영.
         지영, 이헌을 보자 긴장이 풀린 얼굴로 뛰어와 해맑게 미소 짓는다.

이헌   대체 어딜 다녀오는 게냐!
지영   기다리다가 요 앞에서 꽃을 좀 따서 오는 길이에요.
이헌   비도 오는데 잘도 다녔구나. (궁금한 듯) 그건 또 뭐냐?

지영	(이헌에게 훅 내밀며) 아이리스예요, 마음의 안정을 돕는 꽃인데.
이헌	아이리수? (만져보며) 이건 '붓꽃'이다~
지영	북꽃?

순간, 동네 아이들이 지영 뒤로 떠들며 뛰어간다. 순간 균형을 잃고 비틀거리는 지영.
지영을 확 낚아채서 잡아당기는 이헌.
지영, 두근두근, 본의 아니게 이헌의 품에 안겼다가 뒤로 빠지고. 그 바람에 진창 떨어진 아이리스.

| 지영 | 아, 정말.. 아까비.. (울상을 지으며) |
| 이헌 | 더 좋은 꽃을 보여주마. 그만... 돌아가자. (먼저 돌아서 걷고) |

지영, 아쉬운 듯 눈치를 보며 땅에 떨어진 꽃을 줍는다.

이헌	(지영을 보며) 어허! 어서 따라오지 않고 뭘 하는 게냐.
지영	(울상) 하.. 잠시만요. (아깝게 떨어진 꽃을 보면)
이헌	(다가와서 서고) 땅에 떨어진 것은 줍지 않는다.
지영	(서운해서) 이 꽃, 기다리면서 전하께 드리려고 딴 건데.. 약재로도 쓰이고, 마음의 안정을 돕는 그런 꽃이어서.. 방에 두시면 좋거든요..
이헌	(어이없어 피식 웃고) 고양이 쥐 생각하는구나. 경합이 코앞인데.
지영	(꿍얼꿍얼) 장원서에 심어둬도 좋구..요. (하는데)

이헌, 듣다가 마음이 움직여 소맷자락을 걷어 올리고, 진흙이 묻은 꽃을 손수 하나 줍는다.

| 지영 | 어?! 전하! (하며 같이 줍는데) |

돌아온 수혁도 같이 주우려고 하는 순간, 눈빛으로 수혁을 제지하는
이헌.

Cut to_ 어느새 아이처럼 해맑은 표정으로 꽃을 다 주워든 이헌.
손등으로 이마를 닦는데, 얼굴이 더럽다. 그런 이헌을 보며 웃음이 터
지는 지영. 마찬가지로 손이 더럽다.

지영   어머, 전하, 얼굴에.. (무심코 진흙이 묻은 손으로 이헌의 볼을 닦다가
더 묻히며) 큭큭.

이헌   응? (인상 쓰고) 지금 뭘 한 것이냐?

지영   아니요. 요기 뭐가 묻어서요. (하고 다시 이헌의 얼굴을 닦다가 다시 큭
큭 터지고)

이헌   (질세라 흙 묻은 손으로 지영의 얼굴을 닦아주며) 너도 뭐가 좀 묻었
구나.

지영   아 정말! (알아채고 피하며) 하지 마요! 하지 마! (웃으며 도망치고)
그만해요!

이헌   (짐짓 서늘하게 두 손 뻗어 다가가고) 이리 오거라. 어서.

지영, '항복~! 졌어요. 내가 졌다구~' 휘릭 도망친다.
이헌, 웃으며 그런 지영을 쫓아가고.
수혁, 무표정한 얼굴로 선물 꾸러미들을 들고 그런 두 사람을 따라가는.

44. 봉덕궁 가는 길 / 밤

반짝이는 밤하늘, 꼬질한 모습으로 봉덕궁을 향해 걷는 지영과 이헌,
뒤에서 오고 있는 수혁.

이헌   네 얼굴이 그게 뭐냐? 못난 얼굴이 더 못나졌구나.

지영	아유~ 송구합니다. 근데, 전하도 만만치 않으세요.
이헌	뭐라? (하다가 다 시든 꽃다발을 흔들며) 오늘은 네가 선물을 바쳤으니, 내 특별히 너의 발칙함을 넘어가 주겠다.
지영	마음에 드신다니, 감사할 따름이네요~ 그나저나 궐을 이렇게 오래 비우셔도 돼요?
이헌	지금 명나라와의 경합에 쓸 재료를 준비하는 것보다 중한 게 어디 있겠느냐?
지영	(깊은 한숨) 그야, 그렇죠.
이헌	헌데, 그 고초장으로 정말 경합을 이길 수 있겠느냐?
지영	장담할 순 없지만, 이번에는 좀 쎈 게 필요할 것 같아서요. 전하께서도 이 맛 아시잖아요. 초가집에서 비빔밥 먹을 때. (으쓱)
이헌	(그때를 떠올리며)…아 그 눈물 나는 맛?!

어느새 궁 계무문 앞에 도착한 일행.
수혁이 멀찌감치 서 있고, 이헌이 꽃을 든 채로, 지영을 바라보고 있다.

지영	그럼 저는 수라간으로 가 보겠습니다. (꾸벅)
이헌	손을 좀 줘 보거라.
지영	(놀라) 손이요? (망설이다가 한 손을 내민다)
이헌	(나비 노리개를 꺼내 손에 쥐여주고) 갖고 싶어 하는 것 같아서 말이다.
지영	(손을 펴보면 그 나비 노리개다!) 아까 그거네요..

F.C_ '망운록에 달려있던 것과 비슷하게 생겼네..' 하며 만지작거리던 지영의 손 컷

| 지영 | (E) 설마, (두근두근) 내가 아까 만지작거리던 걸 본 거야..? |
| 이헌 | (시크하게) 이만 가보마. (멀리 보며) 수혁아~ |

어느새 나타난 수혁이 나머지 선물 꾸러미를 건네고 이헌의 뒤를 따

른다.
훤하고 아름다운 둥근 달빛 아래 뒷짐을 지고 걸어가는 이헌, 선물 꾸러미를 한 아름 안아든 지영.
두근두근 이헌의 넓은 어깨를 본다. 봄바람에 날리는 벚꽃을 맞으며 더없이 설레는 지영.

45. 봉덕궁 / 침전 / 밤

어느새 용포로 갈아입은 손으로 화병에 붓꽃을 꽂는 이헌의 손.

이헌 붓꽃... 붓꽃이라... (설레는 미소)

46. 봉덕궁 / 지영의 처소 / 밤

어느새 숙수복으로 갈아입은 지영. 가지런히 놓인 비단옷과 오늘 받은 선물을 물끄러미 본다.

지영 하... 이러다 경합에서 지면.. 얼굴을 어떻게 보냐... (나가고)

47. 봉덕궁 / 수라간 앞 일각 / 밤

지영, 저녁수라 만들러 들어가려다, 나오던 아비수와 툭- 부딪친다.

지영 앗! 아야..! 괜찮아요? (하고 보는데 아비수다) 어? 명나라..셰프?
아비수 (명) 조선의 대령숙수...? 이제야 온 겐가..
지영 (의아하게 보고) 여긴 웬일이세요?

아비수   (명, 픽) 흥.. (쌩 지나치며) 오늘은 운이 좋았다.
통역   동료들이 목이 빠지게 기다리는 것 같던데.. (가고)
지영   (!) … (쎄한 느낌에 뛰어 들어가는)

48. 봉덕궁 / 수라간 / 밤

지영이 수라간으로 재빨리 들어가 보면, 엄청나게 썰린 대파로 초토화
된 수라간.
손에 상처를 감싸고 지혈 중인 민숙수,
'아이고~' 하면서 여기저기 픽소리를 내며 누워 있는 엄숙수,
고개를 들지 못하고 일각에 쭈그려져 있는 심숙수,
눈물을 흘리며 '아가씨!' 하고 달려오는 길금,
그리고 멍하니 일각에 앉아 있는 맹숙수..
지영, 놀라 숙수들을 바라보며.

지영   아니, 지금 이게 어떻게 된 거예요?
길금   아가씨, 아가씨.. 궁게.. 저 싸난년이... (울먹울먹) 으아아~
지영   (달래며) 괜찮아. 길금씨. 말해봐 천천히.

Cut to_ 빙 둘러앉아 있는 지영과 길금, 엄숙수, 맹숙수, 민숙수, 심숙수.

길금   야, 아비수라던가.. 그 작것이 실력이 엄청나당께요!
          민숙수님과 대파썰기 대결을 하는디요!

INS_ 마치 무예를 하듯 절도 있는 동작으로 대파를 '탁탁탁탁' 썰던 아
비수의 모습 컷컷.
민숙수, 같이 탁탁탁탁 리듬을 타다가, 대파가 두 단째가 넘어가자 '윽'
하며 손을 베고,

민숙수   (다친 손가락을 잡고서) 마치 소림사의 고수처럼 집중력이 흐트러지지
         않는 칼솜씨였소.
엄숙수   그뿐이 아니었네.

         INS_ 심숙수 대결. 심숙은 요란하게 썰다가 균등하지 못한 파들이 쏟아
         진다.

심숙수   사실, 지는 칼질이 능숙지는 않거든요.

         INS_ 대등한 속도로 대파를 '다다다다' 썰며 서로를 보고 있는 엄숙수
         와 아비수.
         하지만 엄숙수, 조급하게 칼질을 하는 바람에 쓸 수 없는 부분까지 (뿌리)
         싹 다 자르고 있다.

엄숙수   나는 조급한 마음에 먹지 않는 부분까지 다 썰었거든.
         하지만 맹숙수가 질 줄은 정말 몰랐네... (하고 맹숙수 보면)

         INS_ 대등하게 '타타타타' 써는 맹숙수와 아비수, 거의 같은 속도, 균일
         한 크기로 잘라 가는데.
         세 단이 되고 네 단이 넘어가면서부터 아비수에게 속도가 뒤지기 시작
         하는 맹숙수, 식은땀이 흐른다.

맹숙수   (멍하니) 내가 칼질로 속도전에서 밀리기는.. 처음이오..
지영   (흥분하며) 그래서 전부 졌다는 거예요?
엄숙수   입이 열 개라도 할말이 없네. (침통한 표정)
길금   우짜면 좋지라. 아가씨..(울먹)

         지영, 분노한 표정으로 조리대를 보면, 선전포고처럼 중앙에 꽂혀 있는
         '아비수가 쓰던 칼' (차이다오)

지영 (다가가 칼을 보고 분노하는) 지금 이거 선전포고예요? 와, 뭐, 남의 주방에 와서 최소한의 예의도 없네?!! 와!!

지영, 흥분해서 왔다갔다 하면 숙수들과 길금은 기가 꺾여 고개를 푹 숙인다.

지영 (균일하고 정교하게 썰린 아비수 파를 하나씩 들어보며) 흥~ 빨리 썰고, 많이 썰고 이게 뭐가 중요해? 인간이 먼저 돼야지. (대파 던지고) 칼질 보니까 알겠네~ 하나도 안 멋있어요~ 겉멋만 잔뜩 들었네..

길금과 숙수들, 그제야 고개를 들고 지영을 보면.
지영, 아비수가 꽂은 칼을 잡고, 절굿공이로 도마를 힘껏 내리치자 칼이 가볍게 뽑힌다. 다들 놀라서 보고!

지영 (결심하고) 다들, 이대로 포기할 거예요?

숙수들, 분한 듯 고개를 돌린다. 지영, 아비수의 칼을 휙휙 돌리다 칼꽂이에 꽂아놓고.

지영 (분한) 수라간을 이렇게 만든 그들에게,
조선 숙수들을 우습게 본 대가를.. 치르게 해줘야죠!

길금과 숙수들, 모두 눈을 빛내며 그제야 목소리를 낸다.

엄숙수 그래, 까짓거 해보자고! (일어선다)
심숙수 절대 안 질 겁니다! 다시는! (일어선다)
맹숙수 다시 붙으면, 칼질의 균형이 뭔지 내 가르쳐 주겠네. (허리를 편다)
민숙수 저도 다시 해보겠습니다~ (일어서며)
길금 말만 하시랑께요~ 지두 어떻게든 돕게써라~

하급 숙수들과, 수라간 나인들 '저희두.. 힘을 보태겠습니다!' 외치면,
지영, '일어나자 수라간~! 싸우자 수라간~! 이기자 수라간!' 선창을 한다!
지영의 구호를 따라 하는 길금과 수라간 숙수들 일동.

지영　　(눈을 빛내며 그들 모두와 눈을 맞추고)....

49. 태평관 / 사신단 처소 / 밤

우곤과 당백룡, 공문례가 차를 마시고 있다. 상황을 보고 중인 아비수.

우곤　　(명) 그래, 조선의 숙수들은 어떻더냐?

아비수　　(명) 대파썰기로 합을 겨루었는데, 기본기가 형편없었습니다.

당백룡　　(명) 조선의 대령숙수도..?!

아비수　　(명) 조선의 대령숙수만 그 자리에 없었습니다.

공문례　　(명, 피식) 피라미들하고 노느라 시간을 버렸군.

아비수　　(명, 고추를 꺼내며) 그렇지만은 않습니다.
　　　　　　조선에 특별한 양념재료가 있다는 걸 알게 됐으니까요.

우곤　　(명) (향을 맡아보며).. 이게 무엇이냐? 마라와 비슷한데 마라는 아니고..

당백룡　　(명) 경합이 시작되면 알겠지요. (바스라뜨리며)

우곤　　(명, 피식) 참으로 궁금하구나. 조선의 왕이 무슨 자신감으로 저리 나
　　　　　오는지..

50. 태평관 / 외경 / 아침

51. 태평관 앞 / 아침

태평관으로 향하는 조정 신하들의 분주한 발걸음.
그 일각에 서서, 한민성과 박원준, 유형민이 얘기 중이다.

유형민 아무리 실력이 출중하다고 하나, 나라의 중대사를 걸고 경합이라니요..
이것 참..

박원준 (한민성 보며) 허나, 명 사신이 숙수를 셋이나 데려왔으니 애초에 작정
한 것입니다.

한민성 대왕대비께서 대책을 강구하고 계십니다. 너무 걱정들 마십시오. (하며
들어가는)

한민성을 뒤따라 들어가는 박원준과 유형민. 뒤이어 태평관으로 늘어
가는 임송재, 임서홍.

임서홍 아들아, 이번 경합에 지면 전하의 체통이 무너질 텐데, 어떤 묘수가 좀
있는 게냐?

임송재 아버님, 걱정 마십시요. 지들이 아무리 날고 기어도 조선 땅입니다.
절대로 저들 뜻대로 놀아나지는 않을 것입니다. 제가 그 꼴은 못 봅니다.

미소 지으며 들어가는 송재, 서홍.

52. 태평관 / 연회장 / 아침

양옆에 도열한 조정 중신들과 사신단 앞에 이헌이 우곤과 대치하듯 마
주 보고 앉아서 시제를 쓰고 있다.
한 글자 쓸 때마다 접어서 상자에 넣는 내관들. 성인재와 사신단 통역
이 동시통역중이다.
그 옆, 지영과 엄숙수, 맹숙수가 우곤과 당백룡, 아비수, 공문례와 대치
하듯 서 있고,

이헌과 우곤이 마지막 글자를 써서 나무상자에 넣으면 이미 수북한 종이 쪽지들이 보인다.

우곤　(명, 예를 갖추며)... 허면, 전하께오서 먼저 뽑으시지요.

이헌　아니오. 사신 정사께서 먼저 뽑으시오.

우곤　(명) 허면 동시에 뽑는 것이 어떻겠습니까.

이헌　(미소) 그럴까요?

이헌과 우곤, 소맷자락을 들어 올리며 신중한 눈빛으로 나무상자 안을 살피다가,
종이 하나씩을 꺼내어 임송재 앞 테이블에 놓으면 송재가 게시판에 붙이고 이헌과 우곤에게 전한다.

송재　없을 무(無)! 고기 육(肉)! 이옵니다.

창선　(크게) 없을 무(無)! 고기 육(肉)! 이오~

사신통역　(크게) (명) 없을 무(無)! 고기 육(肉)! 이오~

대신들과 신하들, 이헌, 수라간 나인들, 명의 요리사들 모두 긴장된 얼굴로 보면.

이헌　허면, 첫 번째 요리는, 그동안 본 적 없는 고기 요리를 하면 되겠군요.

우곤　(명) 맞습니다. 세상에 없는 고기 요리.

영의정 한민성, 심각한 표정으로 두 번째 시제를 뽑으려고 나서는데, 손을 들어 제지하는 이헌.

이헌　(지영에게) 이번엔 네가 뽑아 보거라.

지영　(놀라서) 제가요?

우곤　(명, 그런 이헌을 보고 당백룡을 향해) 백룡!

당백룡   (명, 포권을 취하며) 예. 대인!

이헌이 신뢰의 눈빛으로 고개를 끄덕이면, 엄숙수와 맹숙수도 고개를
끄덕인다.
지영, 긴장된 얼굴로, 당백룡은 당당한 표정으로 시제를 하나씩 뽑아 송
재에게 건넨다.
송재, 마찬가지로 종이를 펴서 모두가 볼 수 있게 합판에 붙인다.

송재   (돌아서며) 알 지(知)! 바꿀 역(易)! 이옵니다.

창선   (크게) 알 지(知)! 바꿀 역(易)! 이오~

사신통역   (크게) (명) 알 지(知)! 바꿀 역(易)! 이오~

마주 보는 이헌과 우곤.

이헌   안다와 바꾼다라..

우곤   (명) 이치가 통하지 않는 글자입니다. 다시 뽑는 것이 어떻겠습니까?

이헌   (생각에 잠겼다가) '안다' 와 '바꾼다'.. 어차피 외교란 게 서로의 문화를
잘 알기 위함이 아니겠소? 그런 의미에서 서로 요리를 바꿔서 해보는
것은 어떠신가?

우곤   (명) 그럼 두 번째 요리로 명은 조선의 요리를, 조선은 명국의 요리를
하란 말입니까?

이헌   바로 그것이오.

우곤   (명) 재미있는 발상입니다 허허.

지영   (우곤 보며) (E) 뭐지? 저 여유는? 조선 요리에도 자신이 있다는 건가..?

이헌   그러면 마지막 세 번째 시제가 남았군.
(대신들을 휙 둘러보다가, 구석에서 귀를 파고 있는 제산대군을 본다)
숙부께서 한번 뽑아 보시겠소?

제산대군   소신이요?

이헌   예, 명색이 대전 수라간 제조이신데, 한번 뽑아 보시지요.

제산대군 (허허 웃으며) 좋지요~ 제가 또 요고요고~ 쪼는 것은 자신 있습니다.

한민성파 대신들, 동요하며 눈살을 찌푸리고.
성인재파 대신들, 긴장되어 보는.

우곤 (명) 공문례!
공문례 (명) 예 대인! (포권을 취하며 나온다)

공문례가 앞으로 나와 제산대군과 마주 보며 인사한다. 두 사람은 나란
히 서서 소맷자락을 들어 올린다.

제산대군 (이헌을 보며) 그럼~ 뽑아 보겠습니다~
(알 수 없는 주문을 외며 나무상자에 손을 넣고)

휘휘, 젓다가 시제를 뽑는 제산대군. 무심히 단번에 꺼내는 공문례.
송재, 둘 다 받아서 합판에 붙인다.

송재 국물 탕(湯)! 인삼 삼(蔘)! 이옵니다.
창선 (크게) 국물 탕(湯)! 인삼 삼(蔘)! 이오~
사신통역 (크게) (명) 국물 탕(湯)! 인삼 삼(蔘)! 이오~

술렁이는 한민성파 대신들 '탕 하면 대륙 아닌가.. 이거 쉽지 않겠는데..'
편안해지는 성인재파 대신들 '됐다' 싶은 표정을 숨기느라 바쁘다.
근심 어린 숙수들의 눈빛.

이헌 (의미심장한 표정) 인삼과 탕이라..
우곤 (명, 만족스런 표정) 허허 ... 탕이 나왔군요
이헌 (표정 숨기며) 그럼, 마지막 요리는 인삼이 들어간 탕입니다.

우곤과 명의 세 요리사들, 의미심장한 눈빛을 주고받는다.

우곤　(명) 전하.

이헌　(보면)

우곤　(명) 음식의 대진이 잘 짜여졌으니, 판을 더 키워보면 어떻겠습니까?

경악하는 대신들! 수라간의 숙수들! 지영도 손에 땀을 쥐고.

이헌　(혼잣말로) 이제 와서 판을 더 키우겠다...? (피식) 어떻게 말입니까?

우곤　(명) 평소 조공하던 물품에 공녀 백을 더하고,
거기에 조선의 인삼채굴권까지 걸면 어떻겠습니까?

놀라는 조선의 대신들, 숙수들, 분노를 감추며 우곤을 보는 이헌.

이헌　(한쪽 입꼬리가 올라가며) 허면, 우리도 조건을 올리겠소.

우곤　(!!)

이헌　조선이 이기면, 명은 앞으로 조선이 바치던 조공의 절반을 받고,
거기에 사탕수수와 진말가루를 조선이 원하는 만큼 입도선매 할 수 있
게 하시오.

우곤과 명의 요리사들 분노와 충격의 표정으로 이헌을 본다.
'그 귀한 사탕수수를?' '진말가루를 원하는 만큼?' '게다가 입도선매라니!'
'말도 안 되는 소리' 술렁이는 사신단들.
지영과 조선의 대신들 긴장하는 얼굴로 우곤과 이헌을 보고..

우곤　(명) 이건, 거의 대국에서 조선에 역조공을 하라는 말이 아닙니까?

이헌　(씨익) 왜, 자신 없소?

우곤　(명) 이것은 황제 폐하와 조정의 의견을 들어야 하는 문제입니다.
제가 혼자서 결정할 수 있는 사안이 아닙니다...

이헌	(피식) 그럼 조건은 원래대로..
우곤	(분노로 슬쩍 성인재를 보면)
성인재	(희미하게 고개를 끄덕)
우곤	(명)(O/L) 허나, 우리가 지면, 이 사안을 황제 폐하께 강력히 주청드릴 것을 약조하지요.
이헌	좋소! 도승지는 사신과 오늘 논의한 내용을 문서로 남기고. 양국의 숙수들이 요리를 정하고 재료를 준비하는 기간은 삼 일.. (하는데)

일각에 선 다급한 지영이 이헌과 눈을 마주치고, 슬며시 손을 쫙 펴서 '5'라는 숫자를 보인다.

이헌	은... 너무 짧으니. 오 일로 정하겠다!
우곤	(명) 알겠습니다. 5일 후.
이헌	(모두에게) 허면, 경합은 5일 후, 미시(未時), 희정당에서 거행한다.

자막 | 미시(未時) : 십이시의 여덟 번째로, 오후 1시부터 3시까지

조선의 숙수들을 향해 서서 선전포고를 하듯 포권으로 예를 갖추는 당백룡, 아비수, 공문례.
분노로 고개 숙여 인사를 하는 지영과 수라간 숙수들 일동.
대치하듯 서 있는 그들의 모습.

지영	(의미심장한 미소) 아비수, 어제 수라간에 차이다오를 두고 갔죠? 제가 태평관 수라간에 자알~ 가져다 뒀어요~
아비수	(통역 듣고) (!!)

당백룡, 공문례가 무심한 표정으로 지영을 보면,
지영, 수라간 숙수들을 통솔해서 여유 있는 표정으로 태평관을 나간다.

53. 태평관 / 수라간 / 아침

당백룡과 아비수, 공문례가 수라간으로 들어선다.
조리대 위에 선전포고처럼 꽂혀 있는 지영이 꽂은 아비수의 차이다오!
날이 다 뭉개져 있다.

공문례　(!!) 무례하군. 이게 조선식인가..
아비수　(칼을 뽑아보고 분노하는) 감히...! 내게 정면으로?
당백룡　(칼을 빼앗아 보고) 날을 완전히 뭉개놨군.. 후후..

백룡, 칼을 휘릭휘릭 놀리다가 허공으로 날리면, 아비수가 휙~! 집아서
칼을 아궁이에 박아 버린다.
쪼개지는 차이다오의 나무 손잡이! 불길 속에서 벌겋게 달아오르는 차
이다오.

54. 봉덕궁 / 수라간 / 아침

버선코 칼을 슉~ 뽑아서 부싯돌에 가는 지영.

지영　(매끈해진 칼을 들고) 기대해라. 사신단. 뜨거운 맛을 보여주마.

지영이 눈을 들어보면, 눈앞에 지영이 직접 먹으로 그린 듯한 압력솥
설계도 그림이 걸려 있는 데서. 엔딩.

<6부 끝>

안녕하세요 김 작가입니다.
이렇게 대본집으로 여러분을 만날 수 있어 무척이나 기쁘고 설렙니다.

사극을 좋아하고, 요리를 사랑하는 사람으로서 이 드라마를 집필하면서
좋아하는 것과 이야기를 만드는 것은 많이 다르구나 하는 것을 새삼 느꼈습니다.
대장금을 보고 자란 팬으로서 제가 쓴 요리 사극이 시청자들을 충분히 만족시
킬 수 있을지.. 걱정도 되었구요..
과연 이 요리들이 지루하지 않게 스토리와 잘 엮어서 전달이 될 수 있을지 하는
고민도 많았습니다. 산가요록, 수운잡방, 도문대작 등을 뒤지고, 프렌치 셰프,
중식 셰프, 궁중 요리 자문 교수님들과 회의하며 정답을 찾아가기 위해 애썼던
수많은 시간들.. 다른 요리 드라마들과의 차별점과 재미적인 표현을 위해 고민
하던 순간순간들..
이 모든 고민은 결국, 이 드라마의 요리가 하나의 캐스팅처럼 중요하게 보여지
기를 바랐고, 폭군과 셰프와 요리, 이 세 가지가 절묘하게 어우러지게 하는 과
정이었습니다.

그런데, 이 모든 것들을 잘 표현하기에 시간이 항상 부족했습니다.

이 작품은 편성 후 방송까지 약 9개월간의 시간 속에 쓰여졌습니다.
주어진 시간이 너무나 짧았기에 우려와 걱정도 많았지만
방송 후 시청자분들의 뜨거운 관심과 많은 사랑을 받으며,
모든 것이 분에 넘치는 행운이 아니었나 생각해봅니다.

기간은 짧았지만, 결코 쉬운 여정은 아니었기에 아쉬움도 많이 남습니다.
하지만 언제고 다시 더 좋은 드라마로 여러분을 만날 것이기에
아쉬운 마음을 접어두고 다음 길을 가려 합니다.
그동안 폭군의 셰프를 사랑해주신 시청자 여러분⋯ 너무 고맙고 감사드립니다.

마지막으로,
저보다 앞서 폭군의 셰프를 4개월간 작업하다가,
자신들의 오리지널 드라마가 편성됨에 따라 폭셰를 떠나야 했던
박찬영, 조아영 작가님께 감사의 말씀을 드립니다.
제가 집필을 하게 되면서 극본은 새롭게 각색되었지만,
앞 회차 대본 곳곳에 그들의 빛나는 숨결이 남아 있습니다.

그리고 4부부터 저의 뒤에서 묵묵히 저를 돕고 마지막까지 함께해 주신
노호성 작가님께 감사합니다.
그분의 노고가 있었기에 쫓기는 시간 안에 대본을 완성할 수 있었고,
제가 버틸 수 있었습니다.

부족한 대본을 빛나는 연출로 완성해주신 장태유 감독님과
빈틈없는 제작을 위해 피땀 흘려 애쓰신 필름 그리다와 스튜디오 드래곤의
모든 여러분께도 너무나 감사드립니다.

기획부터 마지막 방송 현장까지 직접 발로 뛰며,
모든 시간을 함께했던 고아라PD에게도 깊은 고마움을 전합니다.

이 대본집이 나오기까지 애써주신, 출판사 청어람 박문수 실장님과 관계자분들
에게 무한한 감사의 인사를 전합니다.

사랑하는 저의 가족들에게도 감사와 사랑의 마음을 전합니다.

〈폭군의 셰프〉 연출 장태유입니다.

대본집 발간을 축하드립니다.

이 안에는 현장 상황과 시간 제약으로 표현되지 못했던 씬들이 들어있습니다.

모든 배우와 스텝들이 최선을 다해 구현하려 했지만 미처 보여주지 못한 장면들이 있습니다.

연출자도 작품이 DVD나 블루레이로 나오면 영광으로 느끼듯이 대본집은 잘된 작품에게 주어지는 훈장인 것 같습니다.

다섯 번째 사극을 연출하면서 이번에는 편안하고 쉽겠지 하는 마음으로 덤볐던 이 작품이 막상 들어가 보니 생전 처음 접해보는 요리의 세계, 수라간이라는 공간에서 벌어지는 전쟁 같은 셰프들의 상황. 하루에 다섯 끼를 드셨다는 임금님의 수라상은 과연 어떻게 표현돼야 사실감 있을까 하는 끝없는 고민의 늪에 빠져 허우적대다가 촬영이 끝나고 방송이 되었습니다.

이 모든 험난한 과정을 끝까지 완주할 수 있도록 인도해준, 훌륭한 대본을 집필해주신 작가님의 노고에 깊이 감사드립니다.

장태유 감독

여러분들의 사랑으로 이렇게 대본집이 나오게 되었습니다 ♥
저도 이 대본을 읽으면서 어떻게 연기해보면 좋을까,
연지령을 어떤식으로 표현 할 수 있을까. 고민해보고
촬영장에 가면 날들이 기억나네요 :)
저에게도 배우로서 현장의 경험부터 작품의 표현까지
지금까지와는 또다른. 새로움이 많았던 작품이기에
셰프로서 연지령으로서 살아온 이 시간들을 잊지 못할것같아요.
　그동안 〈폭군의 셰프〉를 사랑해주신
　모든 시청자 분들에게 감사드립니다 ♥

윤아

— 연지령 ♥ —

이헌으로 〈폭군의 셰프〉에 참여할 수 있어 큰
영광이었는데, 이렇게 대본집으로 다시 만날 수 있게 되어
정말 뜻 깊습니다 :)

무엇보다 대본집이 나올 수 있었던 건,
〈폭군의 셰프〉를 끝까지 사랑해주신 시청자 여러분 덕분에
가능한 일이었다고 생각합니다.

한 장면, 한 대사마다 큰 의미가 있었던 〈폭군의 셰프〉였기에,
제가 느꼈던 흥미과 감동을 여러분도 대본집을 통해 느껴
보셨으면 좋겠습니다.

다시 한번 큰 사랑 느낄 수 있게 해주시고,
기억해 주셔서 진심으로 감사드립니다 ♡

< 폭군의 셰프 >를 사랑해주셔서
진심으로 감사드립니다! ☺

" 폭군의 셰프 "를 사랑해주신 시청자 여러분
진심으로 감사드립니다.
무더위 속에 촬영했던 .. "힘들었던 기억 "이
여러분들의 사랑으로 "행복했던 추억 .. 으로 바뀌었습니다.
여러모로 힘들시기에 저희 폭군의 셰프 가
조금이나마 위로와 응원이 되었길 바라며 ..
대본집 과 함께 " 폭군의 셰프 .. 오래오래 추억해 주세요 !

-임승재 역

Snny

- 길금, 윤서아 -

아따 ~ 모다덜 폭군의 셰프와
같이 사랑해 주서가꼬
참말로 감사하당게요
저도 겁나게 사랑해요잉 ~ ♡

폭염 속에 고생한 우리모두와
시청자 여러분께 감사드립니다. ♡
- 엄숙수 -

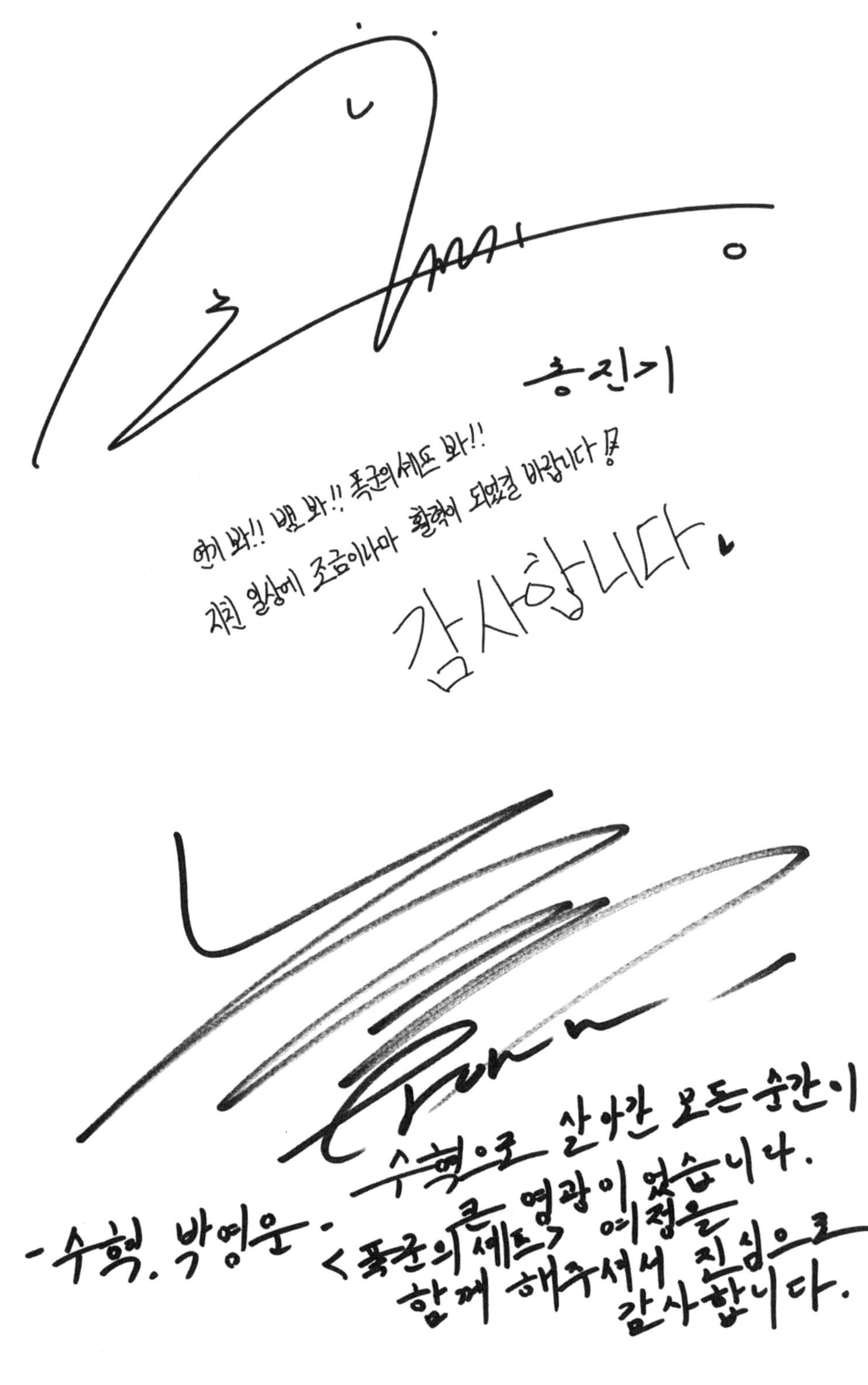

송진기
엣 봐!! 뱃 봐!! 폭군의 셰도 봐!!
지친 일상에 조금이나마 활력이 되었길 바랍니다♬
감사합니다♥
-수혁. 박영운-
수혁으로 살아간 모든 순간이
큰 영광이었습니다.
<폭군의 셰프> 여정을
함께 해주셔서 진심으로
감사합니다.

이주안

폭군의셰프 와 함께해로
를 사랑해주시고
의 `공간`을 아껴주신

모든 분께 감사를 표합니다.